Louis Alexander

Syphilis und Auge

nach eigenen Beobachtungen

Verlag
der
Wissenschaften

Louis Alexander

Syphilis und Auge

nach eigenen Beobachtungen

ISBN/EAN: 9783957004239

Auflage: 1

Erscheinungsjahr: 2015

Erscheinungsort: Norderstedt, Deutschland

Hergestellt in Europa, USA, Kanada, Australien, Japan
Verlag der Wissenschaften in Hansebooks GmbH, Norderstedt

Cover: Sandro Botticelli "Die Verleumdung des Apelles" (1495)

SYPHILIS UND AUGE.

NACH EIGENEN BEOBACHTUNGEN.

DR ALEXANDER,

WIESBADEN.

VERLAG VON J. F. BERGMANN.
1889.

Jacques Daviel.

Ein Gedenkblatt. (Reproduction eines seltenen alten Kupferstich
von F. Devosge.)

Herausgegeben von

Geh. Rath Prof. Dr. **Otto Becker** in Heidelberg.

Preis: M. 3.

Bericht

über den

Siebenten periodischen internationalen Ophthalmologen-Congress

auf Grund der eingelieferten Manuscripte und
der stenographischen Aufzeichnungen

zusammengestellt von

Otto Becker und **Wilhelm Hess.**

Preis: M. 12.

Zwanzig Jahre klinischer Thätigkeit.

Herausgegeben von

Geh. Rath Prof. Dr. **Otto Becker** (Heidelberg).

Preis: M. 3.

Enthält u. A. besonders: Die vom 1. November 1868 bis 30. Juni 1888
wegen grauem Staar ausgeführten Operationen. Extrac-
tionen. Einzelheiten. a. Diabetes 58; b. Albuminurie 58; c. Sympa-
thische Ophthalmie nach Extraction 58; d. Präparatorische Iridectomie 59.
e. f. Erblichkeitsverhältnisse 60; g. Psychisches Verhalten 61. Rückkehr zur Extraction ohne Iridectomie. Daviel's Operation. — Gründe
der herabgesetzten Sehschärfe. Ueber Extraction angeborener Katarakten.
Enucleation und Exenteration. Geschichtliches. Exenteratio
und Evisceratio. Gefährlichkeit der Enucleation. Meningitis und
Todesfälle nach Enucleation. Tod nach Panophthalmitis ohne Enucleation.
Grad der Gefährlichkeit der Enucleation. — Gefährlichkeit der
Exenteration. Panophthalmitis. Tod nach Enucleation ohne Eiterung
im Auge. Eigene Enucleationen. Kosmetische Bedeutung der
Evisceration. Artificial vitreous. Exenteration ohne Narkose.
Eigene Exenteration. Heilung der Ophth. sympath. durch Enucleation
und Evisceration. Schlussergebnisse,

SYPHILIS UND AUGE.

SYPHILIS UND AUGE.

NACH EIGENEN BEOBACHTUNGEN.

VON

DR. ALEXANDER,

DIRIG. ARZT DER AUGEN-HEILANSTALT FÜR DEN REGIERUNGSBEZIRK AACHEN, BADEARZT,
MITGLIED DER OPHTHALMOLOGISCHEN GESELLSCHAFT ZU HEIDELBERG.

WIESBADEN.
VERLAG VON J. F. BERGMANN.
1889.

VORWORT.

Wenn ich nach einer 23 jährigen umfangreichen Privat-Spital-
und badeärztlichen Praxis es unternehme, meine Erfahrungen auf
dem Gebiete der syphilitischen Augenkrankheiten im Zusammenhange
zu publiziren, so thue ich es vor Allem, um den vielen Collegen,
die zum Theil bereits seit Jahrzehnten mir ihre Freundschaft und ihr
Wohlwollen bewahrt haben, Rechenschaft abzulegen über Krankheitsformen, zu denen sie Alle mir gelegentlich lebende Beispiele zur
Beobachtung und zur Behandlung zugewiesen haben. Viele der
seltensten und interessantesten Fälle habe ich im Laufe der Jahre
in medizinischen und Fachjournalen publizirt, eine noch bei Weitem
grössere Zahl ruhte bisher ungesichtet und unbearbeitet in meinen
Papieren.

Existiren auch bereits eine ganze Anzahl der vortrefflichsten
Monographien und Abhandlungen über syphilitische Augenkrankheiten
— ich erwähne derer von Förster, Mauthner, Michel,
Schubert, Hock u. A. —, so glaube ich mich doch der
Hoffnung hingeben zu dürfen, dass auch diese meine Monographie
dem speziellen Fachgenossen wie dem praktischen Arzte einen
erwünschten Wegweiser auf dem umfangreichen Gebiet der syphilitischen Augenkrankheiten geben dürfte, weil dieselbe auf eine
ungewöhnlich grosse Zahl selbstbeobachteter Fälle basirt ist und

weil kaum eine Form der spezifischen Erkrankungen es giebt, deren Schilderung nicht aus eigener Anschauung geschöpft wäre. Unter den von mir in den verflossenen 23 Jahren behandelten mehr als 50,000 Augenkranken befanden sich 1385 Personen, bei denen die syphilitische Natur ihres Augenleidens mit grösserer oder geringerer Sicherheit hat nachgewiesen werden können — eine stattliche Zahl, die noch um so beachtenswerther erscheint, als die bei Weitem grössere Hälfte allen Welttheilen, fast allen Nationen der Erde angehört, die alljährlich ihr reichliches Contingent Syphilitischer an die bereits seit Jahrhunderten bewährten Aachener Thermalquellen zu entsenden pflegen. — Ich werde selbstredend überall die Literatur, so weit sie mir mit den beschränkten Hülfsmitteln einer Provinzial-stadt zugänglich ist, erwähnen, werde indessen aus eben demselben Grunde es auch nicht vermeiden können, vielleicht sogar wichtigere Beobachtungen anderer Autoren unerwähnt lassen zu müssen. Mit dieser anticipirenden Bitte um Nachsicht übergebe ich diese Blätter der wohlwollenden Beurtheilung meiner Collegen.

Aachen, 1889.

Alexander.

Inhalt des ganzen Werkes.

Erstes Kapitel.

Allgemeines und Statistisches.

Unsere Kenntniss von dem Einflusse, den das syphilitische Gift
auf das Sehorgan auszuüben vermag, datirt erst seit einer Reihe
von Dezennien, wenn auch Mussa Brussavolus[1]), der in der
Mitte des XVI. Jahrhunderts fünf Arten der Syphilis aufstellt, dem
Auge schon dadurch einen Platz innerhalb des Kreises der syphilitischen Organerkrankungen anweist, dass er die vierte Art der
Syphilis als Occhiàrola (Amaurose, Auspitz) bezeichnet. Erst im
Beginne dieses Jahrhunderts finden wir die erste lesenswerthe Arbeit
über eine Augenkrankheit, die direkt dem syphilitischen Virus ihre
Entstehung verdankt, über die Iritis syphilitica, die Johann Adam
Schmidt in einer den damaligen unvollkommenen Anschauungen
über die Natur der Syphilis entsprechenden, doch von guter Beobachtung zeugenden Weise uns anschaulich vorführt; trotzdem
mussten noch einige Jahrzehnte später Hewson[2]) und Lawrence[3])
die Ansicht zurückweisen, dass die seit Schmidt näher bekannte
Iritis syphilitica durch antisyphilitischen Gebrauch des Merkurs entstanden sei. Nachdem indessen, wie Hirsch in seiner Geschichte der
Ophthalmologie nachweist, die aus der griechischen Lehre herüber-
genommenen Anschauungen und namentlich die Lehre vom $\varkappa\alpha\tau\acute{\alpha}\rho\rho o\varsigma$
besonders im XVIII. Jahrhundert durch die Lehren der Boer-
have'schen Schule verdrängt waren, in welcher chemiatrische
und iatrophysische Theorien, sowie die Lehre von den Säftefehlern
und Krankheitssäften zur Annahme spezifischer Diathesen, der
katarrhalischen, rheumatischen, gichtischen etc. geführt hatten, wurde
sowohl die Lehre von der Syphilis von Grund auf aufgebaut, wie
auch das heute noch massgebende Prinzip in der Augenheilkunde

sich geltend machen konnte, neben der Berücksichtigung der ätiologischen Momente die anatomische und pathologisch-anatomische
Grundlage als das Wesentliche bei der Beurtheilung der Krankheits-
bilder anzusehen; allerdings vergingen auch hierüber noch einige
Jahrzehnte, und es bedurfte des bahnbrechenden Genies eines
Albrecht v. Graefe und seiner in die Fussstapfen ihres Meisters
tretenden zahlreichen unmittelbaren Schüler, ehe jene Anschauungen
Gemeingut Aller werden konnten. Heute wissen wir, dass der
syphilitische Prozess meist einen typischen Verlauf nimmt, der, wie
Baerensprung sagt, „nach und nach, aber nicht willkürlich,
sondern in einer nach Oertlichkeit, Zeit und Form gesetzmässigen,
wenn auch durch individuelle und äussere Einflüsse vielfach modi-
fizirten Folge die verschiedensten Systeme in sein Bereich zieht".
Wir wissen ferner, dass entsprechend der Virchow'schen Lehre
die Syphilis auch am Auge leichtere und schwerere Formen hervorbringt und dass auch hier die Dyskrasie zwei Reihen von Producten
erzeugt, von denen die ersteren die einfach entzündlichen, irritativen
oder formativen Veränderungen, die schwereren Formen dagegen
den Charakter heterogener, spezifischer Productivität aufweisen.
Wir wissen endlich, dass mit einziger Ausnahme der Linse kein
Gebilde des Auges von der Krankheit verschont bleibt und dass
sowohl in dem von Zeissl sogenannten condylomatösen Stadium
die Frühproducte der Syphilis, die irritativen oder hyperplastischen
Virchow's sich an allen Theilen des Sehorgans geltend machen,
wie auch in dem gummösen Stadium die Spätproducte oder spezifisch
heteroplastischen Virchow's überall ihre Verheerungen anrichten.
Wenn Förster in seiner Abhandlung die Thränendrüse für immun
hielt gegen den Einfluss des syphilitischen Giftes, so werden wir in
dem betreffenden Abschnitte erfahren, dass die Literatur seitdem
auch Fälle von syphilitischer Erkrankung der Thränendrüse aufzuweisen hat.

So vertraut wir heutzutage auch mit den Krankheitsbildern
sind, welche die Syphilis am Auge hervorbringt, so fehlen uns doch
noch immer genauere statistische Angaben darüber, wie gross der
Prozentsatz ist, den die syphilitischen Augenleiden einerseits den
anderen syphilitischen Organerkrankungen gegenüber, andererseits
gegenüber der Totalität der Augenleiden ausmachen. Schubert[4])
hat auf die Schwierigkeiten schon aufmerksam gemacht, denen der
Statistiker auf diesem Gebiete begegnet. Wir haben zunächst

keinen Anhaltspunkt dafür, wie viel Personen auf einen bestimmten geographischen Bezirk von der Syphilis befallen sind und noch viel weniger darüber, wie viele von diesen Syphilitischen augenleidend sind, resp. bei wie vielen derselben die Syphilis als ätiologisches Moment ihres Augenleidens angesehen werden muss. Selbst die wenigen Statistiken aus den Kliniken namhafter Syphilidologen variiren untereinander so sehr, dass die aus denselben zu ziehenden Schlüsse nur mit Vorbehalt aufgenommen werden müssen. So fand Siegmund bei 4047 Luetischen nur 17, d. i. 0,42 % syphilitischer Augenleiden, während sich bei Hebra unter 766 Luetischen 16, d. i. 2,09 % als durch die Syphilis bedingte Augenleiden vorfanden (cf. Hock[5]). Ferner fand Boeck[6]) unter 2344 von constitutioneller Syphilis Befallenen 5,9 % Augenleidende. Noch viel weniger geben uns die Statistiken der Augen-Heilanstalten darüber Aufschluss, da in diesen Anstalten sich auch manche Syphilitische vorfinden, deren Augenleiden in keinem causalen Verhältniss zur Infectionskrankheit steht. Die auf den letzten Naturforscher-Versammlungen beschlossene, die Verbreitung der Syphilis betreffende Sammelforschung wird uns wohl auch nach dieser Richtung hin Aufschluss geben und uns belehren können, wie viele Syphilitische lediglich durch ihre Infectionskrankheit zugleich augenleidend geworden sind. Was uns bisher von brauchbaren Zahlenangaben vorliegt, ist Folgendes:

Es fanden

Coccius und Wilhelmi[7])	unter	8,000 Augenkranken	92 = 1,6 %	Luetische	
Schubert	»	20,000 »	231 = 1,15 »	»	
Badal[8])	»	20,000 »	631 = 3,13 »	»	
Drewes[9])	»	10,000 »	114 = 1,14 »	»	
Bauerlein[10])	»	20,000 »	235 = 1,06 »	»	
Eveillé[11])	»	10,000 »	311 = 3,03 »	»	
Ich	»	50,000 »	1385 = 2,76 »	»	

Zusammen unter 138,000 Augenkranken 2998 = 2,16 % Luetische.

Hiebei möchte ich zunächst selber auf eine Fehlerquelle aufmerksam machen, die sich in meiner Statistik gegenüber den von den anderen Autoren aufgestellten vorfindet. Ein grosser Theil meiner an syphilitischen Augenkrankheiten leidenden Patienten wurde eben ihrer Syphilis wegen nach Aachen und in meine Behandlung gewiesen; ich befinde mich deshalb in dieser Beziehung unter wesentlich anderen Verhältnissen, als meine Spezialcollegen an anderen Orten, die lediglich dasjenige Material zu ihren statistischen Erhebungen benutzen konnten, welches ihr Domizil resp. die Umgebung desselben ihnen bietet. Ich bin des in meiner Statistik enthaltenen Rechenfehlers mir durchaus bewusst, konnte indessen denselben nicht vermeiden, wollte ich nicht sämmtliche Kranke aus meiner Berechnung ausschliessen, welche ihres syphilitischen Augenleidens wegen von auswärts nach Aachen und in meine Behandlung gesandt waren. Es ist demnach auch die oben von mir aufgestellte Berechnung nicht ganz fehler- und einwurfsfrei und kann ich deswegen nur wiederholen, dass wir von der Sammelforschung, über die wir ja nun bald etwas erfahren werden, einen besseren Nachweis erwarten dürfen, als die von jenen sechs Autoren gelieferten statistischen Erhebungen über die allerdings recht stattliche Zahl von 138,000 Augenleidenden es ermöglichte.

Was nun die einzelnen Organe des Auges betraf, welche bei meinen 1385 Patienten speziell ergriffen waren, so waren es

die Lider und die Conjunctiva . . . . in	8	Fällen oder in	0,57 %
» Knochen und die Thränenorgane »	35	» » »	2,52 »
» Sclera . . . . »	3	» » »	0,13 »
» äusseren Muskeln . . . . . . »	146	» » »	10,54 »
» inneren Muskeln (Pupille) . . . »	59	» » »	4,26 »
» Cornea . . . . »	75	» » »	5,48 »
» Uvea (Iris, Corp. cil. u. Chorioidea) »	331	» » »	23,97 »
» Retina . . . . »	107	» » »	7,72 »
der Sehnerv . . . . »	568	» » »	40,93 »
» Facialis und Trigeminus . . . . »	14	» » »	1,00 »
die hereditären Erkrankungen . . . »	39	» » »	2,81 »

Zusammen in . . 1385 Fällen oder in 99,93 %

Zweites Kapitel.

Die Erkrankungen der Augenlider.

(a. Lidhaut. b. Lidknorpel. c. Bindehaut.)

Sehen wir von dem weichen Schanker der Augenlider ab, welcher ja nur selten zur Beobachtung gelangt, so finden wir an den Lidern sowohl die Initialsklerose, wie auch alle jene Prozesse, welche Zeissl zu den gummösen und condylomatösen, Virchow zu den hyperplastischen und heteroplastischen zählt. Eine grosse Zahl derselben entnehme ich der vortrefflichen, unter Michel's Leitung verfertigten Inaugural-Dissertation von Mittasch [12]). Im Allgemeinen sind diese Erkrankungen nicht so gar selten, wie Mauthner [13]) in seiner Abhandlung über syphilitische Augenleiden in Zeissl's Lehrbuch meint; mir ist es gelungen, aus der mir zugänglichen Literatur 110 Fälle von syphilitischen Erkrankungen der Augenlider zusammenzuzählen, zu welchen dann die von mir beobachteten 8 Fälle hinzukommen, so dass ich im Ganzen über 118 hierher gehörige Fälle zu berichten haben werde. Hieran partizipiren

die Lidhaut	mit 65	Fällen
der Lidknorpel	» 16	»
die Bindehaut	» 37	»
Zusammen . .	118 Fälle.	

Hiebei rechne ich nicht die vielfachen Efflorescenzen hinzu, welche bei den syphilitischen Exanthemen der allgemeinen Decke auch die Umgebung des Auges wie die Augenlider nicht zu verschonen pflegen.

a. Die Lidhaut

ist sowohl der Sitz der Initialsklerose, wie sich an derselben auch das gummöse und endlich das Rupia-artige Geschwür nachweisen lässt. Wir finden in der Literatur eine ganze Anzahl von Initialsklerosen verzeichnet, welche den verschiedensten Gelegenheitsursachen ihr Entstehen verdanken. Dieselben sitzen meistens am unteren Lide, dem freien Lidrande und den beiden Lidwinkeln; in ihrem Aussehen unterscheiden sich dieselben nicht von den an anderen Körperregionen vorkommenden. Meistens greifen sie, nachdem sie an den von ihnen ergriffenen Parthien Madarosis erzeugt haben, über den freien Lidrand auf die Conjunctiva palpebrarum über; der speckige Grund, die harte starre Infiltration, die gekerbten Ränder, endlich die früher oder später nach Entwickelung des Initialeffectes auftretenden Allgemeinerscheinungen sichern die Diagnose. Ich selber habe den harten Schanker nur 2 Mal gesehen und zwar ein Mal bei einem jungen, 23jährigen Manne, bei welchem derselbe zweifellos durch die Küsse einer mit Ulcerationen im Rachen und Condylomen an der Zunge versehenen Dirne hervorgerufen waren; derselbe sass wie in dem Falle von Snell[14]) an der inneren Commissur, der Karunkel und den inneren Parthien der beiden Lidränder, hatte ein speckiges, schmieriges Aussehen, gezähnte nicht aufgeworfene Ränder und wurde ca. 3 Wochen später von einer über Stamm und Extremitäten ausgebreiteten Roseola begleitet. — Der zweite Fall, den ich beobachtete, betraf einen 28jährigen, inzwischen verstorbenen Collegen, der, wie es scheint, sich beim Ausspritzen der Nase eines an Ozaena syphil. leidenden Patienten infizirt hatte; hier hatte das auf indurirter Basis stehende, speckig aussehende und allmälig in die normale Umgebung übergehende Ulcus zunächst sich mehr in der Mitte des unteren Lides etablirt, von wo es sich, als ich dasselbe zu Gesichte bekam, längs des unteren Lidrandes bis zum Canthus externus ausgedehnt und über den freien Lidrand hinweg auf die Conjunctiva tarsi übergegriffen hatte. Dabei war eine präaurikulare Drüse geschwellt und zeigten sich bei dem Eintreffen des Patienten in Aachen bereits Sekundärerscheinungen in Form einer Acne syphilitica; da hiezu noch die Anamnese Seitens des sich ängstlich und gut beobachtenden Collegen hinzugekommen war, so konnte die Diagnose eines Primäraffectes einem Zweifel nicht unterliegen.

Die Gelegenheitsursachen, welche zu den mir bekannten Fällen von Initialsklerosen der Lidhaut geführt hatten, sind gar mannigfacher Natur. So erwähnt Hamande[15]) des inficirenden Schankers bei einem Wäscher, der sich die Infection in einer Wäscherei geholt hatte, in welcher die Wäsche der syph. Abtheilung eines Krankenhauses gesäubert wurde; so berichtet ferner Baum[16]) von einer am inneren Augenwinkel beim Uebergange der Haut in die Schleimhaut sitzenden Initialsklerose, welche durch Benutzung eines von

einem Syphilitischen verunreinigten Handtuches entstanden sein
soll; Baudry[17]) erzählt von zwei Fällen harter Schanker an den
Lidern von Kindern, bei denen die luetischen Wärterinnen ihren
Speichel zum Reinigen des kindlichen Auges benutzt haben sollten;
auch Beck[18]) macht darauf aufmerksam, dass in Frankreich und
im Süden Europas viel häufiger als sonstwo die Infection dadurch
zu Stande komme, dass dort die Unsitte herrsche, in den Binde-
hautsack gerathene Fremdkörper mit der Zunge zu entfernen.
Endlich sind es zufällige Verletzungen, die inficirt, die Gelegenheitsursache zum Ausbruch allgemeiner Lues geben können; so
beschreibt Holmes[19]) den Krankheitsfall eines Mannes, der eine
Verbrennung des oberen Lides sich zugezogen hatte, die später auf
unerklärliche Weise inficirt und einige Wochen später von Allgemeinerscheinungen gefolgt worden war. Morell-Lavallée[20]) berichtet von einem Patienten, dem bei einer Rauferei in die linke
Augenbraue gebissen worden war; am Rande der bald vernarbten
Wunde bildete sich ein harter Schanker, dem am Ende der 6. Woche
Papeln der Mundschleimhaut, am Skrotum, verbreitete Roseola,
Schwellung der präaurikularen und retromaxillaren Lymphdrüsen,
wie Entzündung der Lymphgefässe in der Nachbarschaft des linken
Auges folgten.

Die Prognose des harten Schankers an den Lidern ist im
Allgemeinen keine schlechte; meistens heilt er mit geringer Narbe,
nur selten giebt er zu grösseren Zerstörungen und Stellungsanomalien der Lider Veranlassung. Um Wiederholungen zu vermeiden, werde ich im letzten Kapitel im Zusammenhange über die
allgemeine und die lokale Behandlung zu berichten haben.

Was die Manifestationen der allgemeinen Syphilis betreffen, so
begegnen wir ihnen an den Lidern sowohl in der Frühperiode, im
condylomatösen Stadium, wie auch später im gummösen Stadium,
endlich auch in ihren spätesten Ausläufern, in den Rupia-artigen
Geschwüren. Zunächst theilt Michel in seiner Abhandlung im
Graefe-Saemisch'schen Sammelwerke mit, dass sich die Roseola
und die Acne-artigen Exantheme besonders gerne an den freien
Lidrändern vorfinden, wo sie zum Verlust der Wimpern, zu einer
Alopecia ciliaris führen. Sie sind stets nur als Begleiterscheinungen
eines ähnlichen über Stamm und Extremitäten verbreiteten Exanthems
aufzufassen, weichen der Behandlung oft schon in sehr kurzer Zeit
und bedürfen, da sie wohl jedem Arzt hinreichend bekannt sind,

kaum einer näheren Beschreibung. Es ist ferner auch das Vorkommen von Condylomen an den Lidern von Desmarres[21]), wie von ulcerirten Schleimpapeln von Galezowski[22]) beobachtet und beschrieben worden.

Am häufigsten indessen begegnen wir an der Lidhaut dem Gumma und dem sich daraus entwickelnden Ulcus. Das Gumma zeigt sich als ein kleiner, dem Chalazeon ähnlicher Knoten im Unterhautbindegewebe beider Lider; es ist das Product der zeitlich vorgeschrittenen, gummösen Periode der allgemeinen Lues und meistens mit Allgemeinerscheinungen und den Manifestationen der Syphilis an anderen Organen vergesellschaftet. Meistens ist es solitär, zuweilen indessen auch in mehreren Exemplaren an den Lidern zu finden; erscheint dasselbe unter Fiebererscheinungen, Röthung und Schmerzhaftigkeit der darüber befindlichen Lidhaut, so haben wir bald die Entwickelung eines Ulcus induratum, resp. ein schnelleres Abklingen des ganzen Krankheitsprozesses zu erwarten; entwickelt es sich jedoch allmälig neben anderen syphilitischen Erscheinungen, so bedarf es, wie auch die anderweitig vorkommenden Gumma-Gebilde, längere Zeit zu seiner Entwickelung und seiner Rückbildung. Auch das sich daraus entwickelnde, schmutzige, mit zerkerbten unterminirten Rändern versehene Geschwür kriecht mit Vorliebe bis zum freien Lidrande und occupirt denselben oft von einem Lidwinkel bis zum anderen. Einen hierher gehörigen Fall beobachtete ich vor mehreren Jahren. Herr X. hatte mehrere Jahre, bevor er sich mir vorstellte, einen harten Schanker am Präputium acquirirt, der lokal behandelt nicht lange Zeit zu seiner Heilung bedurfte, indessen schon nach 6 Wochen von einer allgemeinen Roseola gefolgt war, der in bekannter Reihenfolge Pharyngeal- und Labialgeschwüre, Defluvium capillorum, Iritis und später eine hartnäckige Sarcocele folgten; die Behandlung bestand in der Heimath des Kranken aus der consequenten innerlichen Anwendung von Quecksilberpillen und Holztränken. Als sich indessen immer wieder Zeichen der nicht getilgten Syphilis einfanden, wandte sich Patient an einen bekannten Syphilidologen, der eine Injectionskur von 30 Einspritzungen mit Pepton-Hg. verordnete, worauf sämmtliche Erscheinungen in verhältnissmässig kurzer Zeit wieder zurückgingen. Doch schon nach 1 Jahre entwickelte sich eine Erkrankung des linken unteren Lides; dasselbe schwoll unter lebhaften Schmerzempfindungen stark an, wurde bläulich roth und

zeigte, wie der ihn damals behandelnde Arzt mir schriftlich mittheilte, einige Wochen später bei der Palpation zwei deutlich getrennte,
unter der Haut nur wenig bewegliche erbsengrosse Tumoren, von
denen der grössere unterhalb des äusseren Lidwinkels sass, der
kleinere sich mehr der Mitte und dem freien Lidrande genähert
hatte. Da beide sehr schmerzhaft waren, eine weiche, teigige Consistenz hatten, so eröffnete sie der College mit einem spitzen Bistouri
und drückte aus der so entstandenen Oeffnung etwas blutig tingirten
dünnflüssigen Eiter aus. Trotz sorgfältigster Nachbehandlung heilten
die kleinen Wunden nicht wieder, sondern wandelten sich in Geschwüre
um, welche besonders in die Fläche, nur wenig in die Tiefe sich aus-
breiteten und bei Ankunft des Patienten in Aachen sich einerseits über
den Canthus externus des linken Auges ca. 1 Ctm. weit in die Haut
der Schläfe erstreckten, andererseits erst in einer Entfernung von
2 Ctm. vom inneren Lidwinkel entfernt Halt machten; sie hatten den
ganzen freien Lidrand occupirt, so dass von den Cilien kaum mehr
etwas zu entdecken war, und erstreckten sich nach unten nicht ganz
bis zum convexen Rande des unteren Tarsus. Das Lid war steif, hart,
liess sich nur wenig ektropioniren, um die geschwellte, mässig
secernirende Augenlidbindehaut zu Gesichte zu bringen. Das Aussehen des Geschwüres war das schon früher bei Gelegenheit des
Primäraffectes beschriebene und wäre die differentielle Diagnose
zwischen diesem und einem exulcerirenden Gumma kaum möglich
gewesen, wenn nicht die Anamnese und die frühere Behandlung uns
auf das Vorhandensein einer vorgeschrittenen Syphilis hingewiesen
haben würde. Von sonstigen Symptomen constatirte ich noch
Schwellung fast aller Drüsen, sowohl der Submaxillar- und Occipital-,
wie der Cubital- und Inguinaldrüsen; ferner war der linke Hoden
noch etwas vergrössert und empfindlich; auf der vorderen Linsenkapsel beider Augen kleine rostbraune Flecken als Ueberreste überstandener Iritiden. Eine mehrmonatliche Inunctionskur mit grossen
Dosen grauer Salbe in Verbindung mit unseren Thermen brachte die
Krankheit zum Schwinden. Die Schwellung und Induration der Lider
liessen nach, das Geschwür heilte unter Jodoform-Salbe, für welche
später das Emplastrum mercuriale substituirt wurde, und Patient
verliess, scheinbar geheilt, nach 4 Monaten Aachen; an Stelle des
Ulcus zeigte sich eine eingezogene, weisse, strahlige Narbe, welche
gerade in ihrer Mitte einen kleinen Defect des Lides, eine Art von
Coloboma erkennen liess. Was aus dem Patienten geworden, weiss ich

nicht; er soll später nach Amerika gegangen und daselbst ver-
schollen sein.

Der zweite Fall eines ulcerirenden Gumma beobachtete ich
vor 5 Jahren an den Lidern eines jungen Holländers. Die vorausgegangenen Krankheitserscheinungen, wie die vielfachen antiluetischen
Kuren, denen Patient sich schon unterzogen hatte, liessen an der Natur
des Augenleidens, wegen dessen er in meine Behandlung trat, keinen
Zweifel. An beiden rechtsseitigen Augenlidern zeigten sich schmerzlose, unter der Haut wenig bewegliche, kleine, harte Tumoren, von
denen das des oberen Lides sich in ein schmutzig aussehendes, wenig
Secret absonderndes Ulcus umgewandelt hatte und bis zum freien
Rande und dem Cilien tragenden Boden vorgedrungen war, während
das des unteren Lides noch eine intakte, nicht geschwürige Bedeckung
zeigte; ausserdem war auch hier Schwellung der Drüsen, sowie Auftreibung einiger Rippen und des Brustbeines vorhanden. Das dem
unteren Lide angehörige Gumma gelangte zur Resorption, ohne dass
es sich zum Ulcus umgewandelt hätte, während die Ulceration des
oberen Lides noch längere Zeit hindurch an Ausdehnung zunahm,
schliesslich indessen ebenfalls mit weisser, strahliger Narbe heilte.

Die Literatur ist nicht arm an derartigen gummösen Geschwülsten
und Geschwüren der Lider. So beschreibt Bull[23]) einen Roth-
kehlchenei grossen schmerzhaften Lidtumor, der 3 Jahre nach dem
ersten Erscheinen der Primär- und Sekundärperiode entstanden war.
Narkiewicz-Jodko[24]) beobachtete einen syph. Tumor am
Augenlide, welcher rasch zerfiel und mit dem Typus eines syph.
Geschwüres Haut, Schleimhaut und Knorpel ulcerirte. Juliusberger[25]) beschreibt das wiederholte Auftreten gummöser Geschwüre
der unteren Augenlider, von denen es anfänglich schwer zu entscheiden war, ob es sich um Primäraffect oder um gummöse Erkrankung
gehandelt hatte. Mittasch berichtet in seiner schon erwähnten
Dissertation des Genaueren über ein aus einem zerfallenden Gumma
hervorgegangenes syph. Geschwür, das bei einer 20 Jahre früher
inficirten 50jährigen Person zur Beobachtung gelangte und von
anderer Seite für ein Epithelialcarcinom erklärt worden war und
auch dem entsprechend operirt werden sollte, bis Michel die Natur
der Ulceration erkannte und dasselbe durch eine Inunctionskur zur
Heilung brachte. Wecker[26]) berichtet von einer 28jährigen Dame,
welche 8 Monate nach der Infection zahlreiche Gummata an den
Schenkeln und eines am Augenlide darbot. Dieses wurde von einem

Arzte für ein Chalazeon gehalten und incidirt; erst nach Monate langer antisyphilitischer Behandlung schwand der Knoten. Es entwickelte sich dann ein stark erbsengrosser, von gerötheter Haut bedeckter, den Tarsus nicht vortreibender Tumor am Canth. externus des rechten oberen Lides. Nachdem der Tumor in 1 Monat die Grösse einer Nuss angenommen und die allerheftigsten Schmerzen verursacht hatte, wurde er durch eine neuerdings instituirte Merkurialkur auf sein ursprüngliches Volumen zurückgebracht, begann aber ganz plötzlich von Neuem zu wachsen, erreichte die Grösse eines Taubeneies, brach auf und setzte ein Geschwür von 3 Ctm. Ausdehnung, das merkwürdigerweise nur mit einer leichten Irregularität des Lidrandes vernarbte. Ausser meinen beiden oben erwähnten finde ich noch 28 Fälle von Gummata der Lider in den Nagel'schen Jahresberichten und in der übersichtlich geordneten, gut geschriebenen, übrigens schon wiederholt erwähnten Inaugural-Dissertation von Mittasch über diesen Gegenstand. Tavignot[27]) trug einen solchen Knoten ab und beschreibt die anatomische Natur desselben, indem er sagt, dass derselbe die Natur des Knorpels habe und einem fibro-albuginösen (!) Gewebe gleiche.

Indessen entstehen die indurirten Geschwüre der Lider nicht allein durch den Zerfall eines gummösen Knoten, sondern auch aus zerfallenden Condylomen, Papeln, Pusteln. So beschreibt Wiethe l. c. die Entstehung eines Geschwüres aus einer Papel; ferner beobachtete Carreras y Arago[28]) bei einem von einem syphilitischen Vater abstammenden Kinde auf dem rechten inneren Augenwinkel eine tuberkulöse Pustel, die sich in ein Geschwür umwandelte und nach der Nasen- und Thränensackgegend ausdehnte. Die Affection hatte sich 8 Tage nach der Geburt zu gleicher Zeit mit einer Onyxis des Zeigefingers der rechten Hand gebildet; Behandlung mit Sublimatcollyrien, Jodkalium, Rob Laffecteur. Nach 5 Wochen makulöses und papulöses Exanthem, Lymphdrüsenschwellung, nach 4 Monaten Heilung. Mir selber ist ein derartiger Fall nicht zu Gesicht gekommen und lasse ich es dahingestellt sein, ob in allen den in der Literatur veröffentlichten Fällen es sich wirklich um ein aus einem Condylom, einer nässenden Papel etc. hervorgegangenes Ulcus induratum gehandelt habe, oder ob dasselbe nicht vielmehr als Initialaffect resp. als durch geschwürigen Zerfall des ja nicht so seltenen Gumma entstanden zu betrachten sein wird. Die differentielle Diagnose wird nicht immer leicht sein,

zumal von vielen, ja den meisten Personen eine das Auge direkt
treffende Infection geleugnet werden wird, deren sich übrigens auch
der Kranke nicht immer zu entsinnen vermag.

Endlich erwähne ich von ulcerativen auf Syphilis beruhenden
Prozessen der Lidhaut noch der Rupia-artigen Geschwüre, von denen
Hock[29]) zwei Fälle, Heyfelder[30]) und ich je einen Fall zu
beobachten Gelegenheit hatten. Mir sind die Fälle von Hock und
Heyfelder nicht zugänglich, ich will deshalb nur über den von mir
beobachteten berichten. Frau X., 35 Jahre alt, stammt aus dem
Süden von Russland; als Kind hat sie viel an Drüsen, Ulcerationen
der Nasenschleimhaut, phlyktänulären Prozessen der Augen gelitten;
die Mutter sowie zwei ältere Geschwister verlor sie an einer Lungen-
affection, der Vater erlag einem Schlaganfall. Sie selber heirathete
in ihrem 22. Lebensjahre und concipirte nach 3jähriger Ehe; im
7. Monate abortirte sie zum 1. Male, im folgenden Jahre zum 2. und
im nächsten zum 3. Male, um endlich in ihrem 28. Lebensjahre
ein schlecht genährtes Kind zur Welt zu bringen, welches im
3. Lebensmonate, nachdem es vielfach an Hautentzündungen und
Geschwüren, sowie an Coryza gelitten hatte, an Entkräftung zu
Grunde ging. Seitdem datirt die Frau ihr jetziges Leiden, von dem
sie bis zu ihrer Vorstellung in Aachen trotz einer 7jährigen Leidens-
periode nicht hatte genesen können. Dasselbe begann mit den vehe-
mentesten Kopfschmerzen, die ihr jede Nachtruhe raubten; dabei
fieberte sie, magerte mehr und mehr ab und verlor ihr früher, wenn
auch nicht üppiges, so doch schönes und weiches Haupthaar. Nach
einem ½ jährigen Aufenthalte im Süden Europas kehrte sie gekräftigt
in die Heimath zurück, um nunmehr von den quälendsten Schmerzen
in den Beinen und Gelenken befallen zu werden. Es entwickelten
sich Knoten in den Extremitäten, die nach Monaten zerfielen und
einer langwierigen Eiterung Platz machten; ausserdem schwollen
die Kniegelenke zeitweise an und beraubten die Kranke der Fähigkeit, sich ungehindert bewegen zu können. So vergingen wiederum
einige Jahre, wobei ein Leiden das andere ablöste, eine Leidens-
periode von der anderen verdrängt wurde. Im Jahre 1881 wurde
sie in einem elenden Zustande nach Aachen gebracht und meiner
Behandlung überwiesen. Bei der Untersuchung fand ich an beiden
Ober- und Unterschenkeln wie an der Streckseite des rechten Ober-
armes eine Anzahl weisser Narben, die durch ihre Farbe sowie
dadurch von der sie umgebenden Haut abstachen, dass sie ein-

gezogen waren und somit unter dem Niveau der übrigen Parthien lagen. Auf dem rechten Oberschenkel fand ich ein ausgesprochenes Rupiageschwür: eine central gelegene Kruste von der Grösse eines Markstückes ist durch eine schmutzig graue, schmale Zone von der livid-rothen, mit kleinen Pusteln besetzten Umsäumung geschieden; wird die centrale Kruste entfernt, so präsentirt sich ein schmutziger, ichorös aussehender Untergrund. Ein eben solches Geschwür hatte die linksseitige Gesichtshälfte der Unglücklichen occupirt; dasselbe soll von der Gegend des linksseitigen Jochbogens ausgegangen, sich nach der Nasenseite und dem unteren Lide fortgepflanzt haben. Augenblicklich fand ich auf der linken Nasenseite eine lose anhaftende Borke, unter der sich das Geschwür fast bis zum äusseren Lidwinkel hin entwickelt hatte; die Lidhaut war bis zum freien Lidrande hin zerstört, die Conjunctiva palpebrarum durch kleine, grau aussehende Erhabenheiten etwas hervorgebaucht, die Conj. bulbi ödematös geschwellt, die Cornea zeigte einige kleine stecknadelkopfgrosse Infiltrationen, das Sehvermögen war ungestört. Ausserdem zeigten sich ausgedehnte weisse Narbenzüge am harten und weichen Gaumen, Schwellung der Cervical- und Nackendrüsen, Taubheit des linken Ohres. Es konnte keinem Zweifel unterliegen, dass wir es bei einer aus einer tuberkulösen Familie stammenden, hochgradig geschwächten Person mit Rupia-artigen Geschwüren zu thun hatten, die als Ausdruck einer acquirirten Syphilis hatten angesehen werden müssen, trotzdem jede Ansteckung geleugnet wurde; es musste indessen unter den obwaltenden Umständen von jeder eingreifenden antisyphilitischen Behandlung abgestanden werden. Die Geschwüre wurden mit Sublimat resp. Jodoform behandelt, innerlich wurde Chinawein und Jodeisen gegeben und dabei unser Thermalwasser innerlich wie äusserlich angewandt. Unter dieser tonisirenden Behandlung nahm die Leidende an Gewicht zu, das Aussehen wurde blühender, die Rupia-Geschwüre dehnten sich nicht weiter aus, sondern heilten vom Rande her, so dass bei der nach 3 Monaten erfolgten Abreise von Aachen nur noch das Centrum eine kleine Ulceration zeigte. Patientin ging nach Neapel, wo sie im darauffolgenden Februar von einer heftigen Haemoptoe schnell dahingerafft wurde.

b. Tarsus.

Eine Tarsitis syphilitica ist nur einige Mal in akuter Form, etwas häufiger, indessen immerhin noch selten genug, als chronische

Erkrankung beobachtet worden. So beschreibt Dietlen[31]) aus Michel's Praxis einen Fall, in welchem bei einem 40jährigen Arzt sich zu einem Primäraffect in der Conjunctiva eine starke Anschwellung des unteren Tarsus hinzugesellt hatte, die mit Rücksicht auf die Anamnese und auf die wenige Wochen später ausbrechende allgemeine Roseola als syphilitisch aufgefasst wurde und einer sofort eingeleiteten energischen antisyphilitischen Behandlung auch wich. Ferner sind zwei von den vier durch Magawly[32]) als Tarsitis syph. beschriebenen Fällen hieher zu rechnen: der eine von ihnen trat in ziemlich akuter Form auf und gehörte den Frühsymptomen der Syphilis an. Bei einer 56jährigen Frau entwickelte sich ein hartnäckiger Bindehautkatarrh des linken Auges, zu welchem sich ein Oedem der Conjunctiva sclerae und eine starke Schwellung des ganzen unteren Lides hinzugesellte: die Geschwulst war resistent, nicht fluctuirend, von glatter Oberfläche und hatte die Grösse eines Taubeneies: 4 Wochen später sicherte ein unter Fiebererscheinungen auftretendes papulöses Exanthem die Diagnose auf Syphilis und nun stellte es sich heraus, dass die Infection vom Nagelgliede bei Wartung eines congenital syphilitischen Kindes ausgegangen war. Ebenso war auch der zweite Fall von Magawly in akuter Weise aufgetreten, auch hier sicherte das Auftreten eines papulösen Exanthems bald die Diagnose auf Syphilis. Ferner zeichnete sich ein von Fuchs[33]) auf der Arlt'schen Klinik beobachteter Fall von Tarsitis syph. durch seinen akuten Verlauf aus. Die übrigen 13 Fälle, welche ich in der Literatur auffinde und die Mittasch sämmtlich in seiner schon mehrfach erwähnten Dissertation anführt, zeigen einen chronischen Verlauf, wie ich ihn auch in den beiden von mir beobachteten Fällen zu constatiren vermochte. Der erste dieser beiden Fälle betraf einen 35jährigen Landmann aus der Umgebung Aachens, der mich eines entstellenden Augenübels wegen im Jahre 1879 consultirte. Das rechtsseitige untere Augenlid zeigte eine monströse Verdickung, welche genau die Ausdehnung und die Form des Tarsalknorpels hatte: sie erstreckte sich vom freien Lidrande bis zum unteren Orbitalrande und vom Canthus externus bis zum inneren Lidwinkel. Die etwas bläulich aussehende Lidhaut war von einzelnen erweiterten Gefässen durchzogen, nirgend mit dem schmerzlosen, eine glatte Oberfläche darbietenden Lidknorpel verwachsen, der Lidrand zeigte sich normal, die Conjunct. palpebr. infer. war sammetartig, die Conjunct. bulbi

etwas geschwellt, das Auge im Uebrigen durchaus normal. Ich
erfuhr, dass Patient 3 Jahre früher inficirt gewesen und mit Quecksilberpillen behandelt worden wäre; ausser einer über Stamm und
Extremitäten sich verbreitenden Roseola, sowie einer schnell vorüber-
gegangenen Pharyngitis wäre Patient bis vor 1 Jahr von der Krankheit nicht wieder heimgesucht worden: seitdem hätten sich die
ersten Spuren der Lidschwellung gezeigt, die allmälig zugenommen
und die jetzige Ausdehnung erreicht hätte. Eine sofort eingeleitete
antisyphilitische Behandlung hatte vollkommenen Erfolg, der Knorpel
kehrte zur Norm zurück und nur die noch ausgedehnte, sackartig
herabhängende Lidhaut erinnerte an das überstandene Leiden. —
Der zweite von mir beobachtete Fall zeigte sich im Jahre 1884 bei
einem jungen Südamerikaner, der eine jede primäre Ansteckung
hartnäckig leugnete. Seit 1 Jahre litt er indessen an auffälligem
Haarschwund und kleinen Pusteln auf der Kopfhaut. sowie seit
³/₄ Jahren an einer Erkrankung seines linksseitigen oberen Augenlides, wegen deren er nach Aachen und in meine Behandlung
kam. Ausser den schon erwähnten, auf der Kopfhaut sich abspielenden Erscheinungen fand ich von etwaigen Symptomen der
Syphilis nichts weiter vor, als einige geschwellte Inguinal- und
Cubitaldrüsen, sowie den Tumor des linksseitigen oberen Lides.
Dasselbe hing faltenlos über das Auge herab und gestattete nur
eine geringe Oeffnung der Lidspalte; der freie Lidrand war etwas
geschwellt, cilienlos, die Haut unverändert, mit dem Knorpel nicht
verwachsen: dieser liess sich überall als eine harte, etwas unebene
Masse leicht durchfühlen und bis zur Peripherie umgrenzen; die
Conjunctiva palpebrae war geschwellt, mit kleinen, grau durch-
schimmernden Erhebungen versehen, die Conj. bulbi injicirt. Auch
hier beseitigte eine längere antisyphilitische Kur mit starken Einreibungen von grauer Salbe das Leiden vollständig und nach den
mir noch vor kurzer Zeit zugegangenen Mittheilungen haben sich
weitere Symptome der Syphilis nicht gezeigt.

Fasse ich das Erwähnte nochmals zusammen. so zeigt sich eine
Tarsitis syphilitica meistens als eine chronische Anschwellung der
Lidknorpel; gewöhnlich ist die Anschwellung eine gleichmässige, in
einigen von den publizirten Fällen (der zweite und vierte Fall von
Magawly, Vogel's Fall³⁴), der zweite Fall von Fuchs) zeigte
sie sich auf einzelne Theile des Knorpels beschränkt. In diesen
chronisch verlaufenen Fällen gehört die Krankheit dem zweiten

Stadium der Lues, dem gummösen Stadium an, während in den wenigen akut verlaufenen Fällen die Vergrösserung des Lidknorpels der Infection bald folgte. Die Diagnose ist leicht, besonders wenn die Anamnese nicht im Stich lässt, die Prognose im Allgemeinen gut.

c. Die Bindehaut.

Die von Mauthner aufgestellte Behauptung, dass sich bei Syphilitischen ein hartnäckiger Bindehautkatarrh finde, wird von Lang [35]) bestätigt und als Verallgemeinerung der Lues aufgefasst; sicherlich, fährt Lang fort, ist das in einem Falle Galvani's gewesen, wo die Chemosis der Bindehaut begleitet von nächtlich exacerbirenden, migräneartigen Kopfschmerzen bestand und später ein papulöses Syphilid sich zeigte. Es bedarf keiner besonderen Erwähnung, dass mit den mannigfachen sogleich zu beschreibenden Manifestationen der allgemeinen Syphilis, welche sich auf der Lid- und Bulbalbindehaut lokalisiren, meistens auch eine mehr oder weniger hartnäckige Reizung der ergriffenen Membran vergesellschaftet sein wird. Indessen veröffentlicht Goldzieher in Hirschberg's Centralblatt für praktische Augenheilkunde (April 1888) zwei Fälle von wirklicher Conjunctivitis syph., wie sie bisher in der Literatur sich nicht verzeichnet finden und die Goldzieher unter der Form einer Conjunctivitis granulosa gesehen haben will. Bei zwei notorisch syphilitischen Personen, von denen die eine eine beiderseitige subakute Iritis, die andere neben allgemeiner Drüsenschwellung eine parenchymatöse Hornhautentzündung aufweist, ist das untere Lid in toto verdickt; die Schleimhaut, welche einen blassen colloiden Ton angenommen hat, blutleer aussieht und eine grosse Menge von echten Trachomkörnern ähnelnden Granulationen aufweist, lässt eine diffuse Infiltration erkennen. Bei Beiden schwindet die Schleimhauterkrankung erst nach einer systematisch durchgeführten Merkurialkur, nachdem die Kranken lange Zeit hindurch vergebens mit den verschiedensten Topicis behandelt worden waren. Goldzieher behauptet nun, dass diese Schleimhautentzündung von der Syphilis ebenso abhängig ist, wie die Iritis, Keratitis und Lymphdrüsenschwellung, und erklärt sich die Erkrankung in der Weise, dass, wie bekannt, die Gewebsschicht zwischen Bindehautepithel und Tarsus, die adenoide Schicht, histologisch als nichts Anderes, denn eine flächenartig ausgebreitete Lymphdrüse anzusehen ist; in dieser adenoiden Schicht seien normaliter schon Lymphfollikel vorhanden, so dass es nicht Wunder nehmen kann, wenn bei Syphilis, mit Schwellung anderer Lymphdrüsen bei besonders dazu disponirten Augen auch in der Conjunctiva eine Schwellung der Lymphdrüsenschicht in toto mit Hypertrophie einzelner Follikel sich ausbildet; es wäre somit eine wirkliche Conjunctivitis granulosa specifica nachgewiesen, welche gleichwerthig sei mit der indolenten Anschwellung der Lymphdrüsen bei Syphilis universalis. Sattler erwähnt in der Sitzung des Vereins deutscher Aerzte in Prag am 16. März 1888 neben diesen beiden von Goldzieher publizirten Fällen noch eines ähnlichen von Macauley und eines von ihm selber beobachteten, in welch' letzterem er bei einer anämisch-syphilitischen Frau an der Uebergangsfalte eine grössere Zahl von Granula bemerkt, die jeder lokalen Therapie Trotz boten und erst einer antisyphilitischen Behandlung wichen. Die histologische Untersuchung eines excidirten Gewebsstückes ergab einen von Trachom ganz verschiedenen Befund, indem sich die Granula als eigenthümliche Wucherung endothelialer Elemente erwiesen.

Im Allgemeinen sind, wie es auch von anderen Autoren schon hervorgehoben worden ist, sowohl Primäraffecte, wie auch die sekundären (sic venia verbo!) Erscheinungen der Syphilis nicht häufig auf der Bindehaut zu beobachten; indessen ist es mir doch gelungen, 36 Fälle aus der Literatur zusammenzustellen, zu denen sich noch ein am Schlusse dieses Abschnittes zu erwähnender, von mir behandelter Fall von Gumma-Bildung unter der Conjunctiva bulbi als der 37. hinzugesellt.

Meistens zeigt sich die Ulceration der Schleimhaut als durch Hinübergreifen der oben schon geschilderten Ulcerationen der Lider entstanden, welche sich, wie erwähnt, gerne an den freien Lidrändern und den Lidwinkeln vorfinden und sich von hier aus auf die Conjunctiva der Lider fortpflanzen. Indessen sind auch Fälle von Primäraffecten bekannt, welche direct auf der Conjunctiva zur Entwickelung gelangen. Weiche Schanker sind wohl gar selten; Sichel fils[36]) erwähnt nur eines von Desprès[37]) beschriebenen, während sich von harten Bindehautschankern mehrere in der Literatur erwähnt finden. Ich erwähne zunächst die beiden Fälle von Adams[38]) und von Denti[39]). Konnte die Diagnose in dem Falle von Adams auch noch zweifelhaft sein, ob Primäraffect oder exulcerirendes Gumma, so liess der Fall Denti's einen Zweifel kaum zu. Hier hatte ein wenige Monate altes Kind einer gesunden 36jährigen Schneiderin mit dem Fingernagel in das Auge gestossen; die geringe Verletzung verwandelte sich in ein aller Heilung trotzendes Geschwür mit speckigem grauem Grunde, steilen Rändern, harter Infiltration in der nächsten Umgebung und Anschwellung der Drüsen in der Parotis und Unterkiefergegend. Das Kind zeigte bei der Untersuchung ein papulöses Syphilid, während die Verletzte keine Spur einer anderweitigen syphilitischen Affection darbot; bald zeigten sich indessen auch bei der Patientin syphilitische Ausschläge auf der Haut, den Schleimhäuten. Am häufigsten findet sich die Initialsklerose an der Uebergangsfalte des unteren Lides, wohin das inficirende Agens auch am leichtesten hinzugelangen vermag; ausser den beiden genannten von Adams und Denti gehören hierher 4 Fälle von Desmarres, Fournier, Michel und Bull; seltener sitzt das Geschwür auf der Innenfläche des Tarsus (2 Fälle von Sturgis[40]) und Szokalski), wie auch auf der Conjunctiva bulbi (3 Fälle von Wecker und von Savy). Jedoch auch die Schleimhaut des oberen Lids ist von v. Brinken[41]) als der Sitz einer Initialsklerose gefunden worden, wie endlich auch von Boucheron[42]) und von Taylor[43]) Sklerosen auf der Plica semilunaris gesehen worden sind.

Als Manifestationen der allgemeinen Syphilis sind Riesenpapeln auf der Schleimhaut des Auges constatirt worden und zwar von Sichel fils[36]), von Bosma[44]), von Lang[45]). Sichel fand auf der ziemlich stark injicirten Conjunctiva bulbi in der Gegend des inneren Lidwinkels eine kleine Geschwulst von ovalärer Form, von der Grösse eines Getreidekornes, von rothgelber Farbe und fester Consistenz, welche einer Phlyktäne, andererseits aber auch einer fibrösen Neubildung der Conjunctiva ähnelte; allmälig nahm der Tumor an Grösse zu und reichte mit seinem horizontalen Durchmesser bis zur Cornea, ohne indessen den Limbus corneae zu überschreiten. Nach Ausschluss anderweitiger Möglichkeiten stellte Sichel die Diagnose auf ein ulcerös-papulöses Syphilid der Conjunctiva bulbi — eine Diagnose, welche von Fournier, sowie von Ricord angenommen und durch den Erfolg der antisyphilitischen Behandlung bestätigt wurde. Ferner sind deutlich erhabene oder flache Papeln auf der Conjunctiva auch von Lang beobachtet worden; dieselben waren stets als Theilerscheinungen eines allgemein verbreiteten gleichartigen Syphilids oder anderer Syphilissymptome gefunden worden. Endlich sah auch Bosma eine syphilitische Papel in der unteren Uebergangsfalte bei

gleichzeitigem papulösem Hautsyphilid bei einem 65jährigen Manne.
— Als letzte der syphilitischen Bindehauterkrankungen wäre nur
noch die Conjunctivitis gummosa, d. i. das Vorkommen wirklicher
Gummigeschwülste unter der Lid- und Bulbalbindehaut zu verzeichnen, die in analoger Weise wie die früher erwähnten Gummata
der Lidhaut entweder sich selbstständig involviren oder durch Zerfall
zu der Entwickelung eines Ulcus induratum Veranlassung geben.
Die ältesten und bekanntesten Fälle sind die von Magni[46]),
Wecker[47]), Estlaender[48]), Hirschberg[49]), von denen der
letztere allein drei derartige Fälle beobachten konnte. Hirschberg beschreibt das Ulcus folgendermassen: Bei einem syphilitischen Individuum — einmal sah ich es bei Iritis gummosa — entsteht ein ca. erbsengrosses Geschwür in dem Bereich der Conjunctiva mit härtlich infiltrirtem gelbem Grunde und zerfressenen
Rändern, das wie eine infiltrirte und nach der Bindehaut auf-
gebrochene Meibom'sche Drüse aussieht und welches mit einem
gewissen Grade diffuser Schwellung der Conjunctiva und des ganzen
Lides gepaart ist. Zu diesen älteren Fällen finden sich aus der
neueren hierher gehörigen Literatur noch ein Fall von Minor[50]),
der ein Gumma der Conjunctiva bei einem Manne beobachtete, der
17 Jahre vorher inficirt gewesen war, ferner je einen Fall von
Berger[51]) und von Bull[52]). Ich selber beobachtete einen hierher
gehörigen Fall, den ich vor einer Reihe von Jahren in Gemeinschaft
mit meinem schon lange verstorbenen Collegen Wetzlar behandelte.
Eine 32jährige Dame, Frau v. X., wird von ihrem Manne bald nach
eingegangener Ehe inficirt, gebärt demselben jedoch, nachdem
noch zwei Fehlgeburten vorausgegangen, drei wenn auch nicht
kräftige, so doch gesunde Kinder. Nach dem letzten, ihrem fünften
Wochenbette erkrankt sie an Symptomen der allgemeinen Lues, von
denen ich nur erwähne: ulcerirende Gummata der Zunge und der
Nasenscheidewand, zu denen sich noch eine heftige, den bisherigen
Mitteln trotzende Entzündung des linken Auges hinzugesellt hatte.
Letztere präsentirte sich mir als eine ausgesprochene Iritis gummosa:
zwei braunrothe Knötchen sitzen in der leicht geschwellten, wenig
dekolorirten Zone zwischen dem Pupillar- und dem Ciliarrande der
linken Iris; ferner zeigt sich beim Aufheben des oberen Lides
ca. 1 Mm. entfernt vom oberen und inneren Cornealrande eine
Geschwulst von der Grösse einer kleinen Erbse; die stark injicirte
Conjunctiva bulbi überzog diese feste, harte, scharf begrenzte, nur

geringe Beweglichkeit auf der Oberfläche der Sclera zeigende
Geschwulst, welche ich als nichts Anderes denn als ein Gumma der
Conjunctiva anzusehen vermochte: die vorausgegangene Ansteckung,
die zweimaligen Aborte, die Gummabildungen in der Zunge, der
Nase, der Iris, die Schwellung sämmtlicher Drüsen, sowie endlich
der Erfolg einer längere Zeit fortgesetzten Inunctionskur sprachen
unzweideutig für die syphilitische Natur auch dieser kleinen Geschwulstbildung.

Literatur.

I. Statistik.

1. Mussa Brussavolus: De morbo Gallico. lib. Aph. I, S. 658. Refer. von
   Widder. Arch. f. Ophth. Bd. XXVII, 2, S. 100.
2. Hewson: Observations of the history and treatment of the ophthalmia
   accompagnying the secundary form of the lues venerea. London 1824.
   cf. Hirsch, Geschichte der Augenheilkunde.
3. Lawrence: Treatise on the venereal diseases of the eye. London 1830.
4. Dr. Paul Schubert: Ueber syphilitische Augenkrankheiten. Berlin 1831.
5. Hock: Die syph. Augenkrankheiten. Wiener Klinik 1876, 3. u. 4. Heft.
6. Boeck: Undersögelser angaaende Syphilis; fortsaetelse af Recherches sur
   la Syphilis, appuyées de tableaux de statistiques. Christiania 1875.
7. Coccius und Wilhelmi: Die Augen-Heilanstalt für arme Augenkranke
   in Leipzig.
8. Badal: Archives d'Ophth. No. 2, 1886.
9. Drewes: Ein Beitrag zur Statistik und Diagnostik der syph. Augenkrankheiten. Dissertation. Berlin 1885.
10. Bauerlein: Bericht über die 15jährige Wirksamkeit der Augenklinik in
    Würzburg.
11. Eveillé: Recherches statistiques sur la syphilis oculaire. Thèse de Bor-
    deaux 1885.
    Ferner: Connor, A.: Clinical study of syphilis of the eye and its appen-
    dages. Americ. Journ. of med. scienc. Bd. LXXXV, S. 378. — Schenkel:
    Beobachtungen an den Augen Syphilitischer, insbesondere über das Vor-
    kommen von Netzhautreizung. Prager Zeitschr. f. Heilkunde.   .

II. Augenlider.

a. Lidhaut.

12. Mittasch: Die syph. Erkrankungen der Augenlider. Inaugural-Dissertation.
    Würzburg.
13. Mauthner: Ueber syph. Augenkrankheiten in Zeisel's Lehrbuch der
    Syphilis.
14. Snell: Hard chancre of inner Canthus. Transactions of the ophth. society
    of Great-Britain and Ireland Bd. III, 1883.

15. Hamande: Chancre infectieuse de la paupière inférieure accidents syph. sécondaires. Arch. méd. Belg. Brux.

16. Baum: Casuistische Beiträge zur Kenntniss der extragenitalen Initialsklerose. Vierteljahrschr. f. Dermatolog. u. Syph. S. 95.

17. Baudry: Contribution à l'étude du chancre des paupières. Arch. d'Ophth. Bd. V, S. 55.

18. Beck, David de: Hard chancre of the eyelids and Conjunctiva. Contributions of the ophthalmic clinic. medical college of Ohio, Cincinnati. Ref. nach Ophth. Rev. S. 298.

19. Holmes: Schanker der Augenlider. Journ. americ. med. Associat. 1887, April 23.

20. Morel-Lavallée: Chancre syph. du sourcil. Annal. de Dermat. et de syph. No. 2.

21. Desmarres: Traité theorique et pratique des maladies des yeux. Paris 1847.

22. Galezowski: Journ. d'Ophth., Mai-Juin 1872.

23. Bull: Zur Syphilis der Augenlider. New-Yorker med. Journal.

24. Narkiewitz-Jodko: Interessante Fälle von den im Jahre 1877 im Augen-Institut zu Warschau Beobachteten. Gazeta Lekarska.

25. Juliusberger: Gumma der Augenlider. Vierteljahrschr. f. Dermat. u. Syph. Bd. X, S. 100.

26. Wecker: Traité complète d'Ophthalmologie par Wecker et Landolt Bd. I. Paris 1880.

27. Tavignot: Bulletin de therapie. Oct. 46. Refer. in Schmidt's Jahrbücher Bd. LV, S. 217.

28. Carreras y Arago: Revista de medicina. Madrid 1878.

29. Hock: Bericht der Privat-Augen-Heilanstalt.

30. Heyfelder: Deutsche Klinik, 1854, No. 50.

Ferner: Förster: Beziehungen der Allgemeinleiden zu Krankheiten des Sehorganes. Graefe-Saemisch Bd. VII, 185 u. ff. — Manz: Die syph. Augenkrankheiten in Nagel's Jahrbuch pro 1872, S. 220. — Alexander: Syph. Augenkrankheiten. Correspondenzbl. der ärztlichen Vereine von Rheinland und Westphalen 1874, No. 13. — Pflüger: Bericht der Augenklinik pro 1877. — Zeissl: Die durch Syphilis hervorgerufenen Erkrankungen der Augenlider. Allgem. Mediz. Zeitung 1877, No. 35, 36, 37. — Lubinski: Inficirender Schanker der Augenlider. Klinische Monatsbl. f. Augenheilk. — Wiethe: Beiträge zur Casuistik der syph. Lidaffectionen. Wiener Mediz. Zeitung No. 23. — Galezowski: Chancre des paupières et du globe oculaire. Recueil d'Ophth. S. 604. — Campart: Chancres indurés des paupières. Bulletin de la clinique nat. Ophth. des Quinze-Vingts No. 2, S. 87. — Mackenzie: Abhandlung über die Krankheiten des Auges. Weimar 1832. — Jullien: Traité pratique des maladies vénériennes. Paris 1879. — Richon: Chancre induré de la paupière. — Moty: Chancre induré de la paupière. Gaz. des hôpit. No. 128, 1881. — Ricord: Chancre induré du grand angle de l'oeil. Annales d'Oculistique Bd. XXIV, S. 233. — Streatfield: British med. Journ., Sept. 30, 1882, S. 634. — Samelson: Syph. ulcerations of the eyelid. British med. Journ. 1870. — Meighau: Note on syphilitic eye affections. Med. Times and Gaz. Bd. I, S. 5. — Smee: Case of copper coloured syphilitic eruption affecting the Conjunctiva. London med. Gaz. New-York. Series Vol. I, f. 1844 u. 1845. — Niemetschek: Ophthalmologische Beobachtungen aus dem Prager Militär-Spital. Prager Vierteljahrschr. 1869, S. 69. — Neumann: Briefe aus den Kliniken Wiens. Allgem. Wiener Mediz. Zeitung 1885, No. 49, S. 502. — Hirschler: Das sekundär syph. Geschwür. Wiener Mediz. Wochenschr. 1866, 72—74. — Drewes (l. c.). — Bock: Ueber Gumma der Lider. Allgem. Wiener Mediz. Zeitung. — Dornig: Ein Fall von gummöser Augenlid-affection. Vierteljahrschr. f. Dermat. u. Syph. 1883, S. 572. — Zabolotskii, A.: Tverdie Chankri verknago veka. Med. Oboz. Moscau. — Grünfeld: Demonstration einer interessanten Syphilisform. Wiener Mediz. Presse No. 49. — Ortiz Parez: Tumor gomoso ulcerado des paspado sup. etc. Ophth. prat. Bd. I, No. 4. — Vohse Salomon: Brit. med. Journ., Ap. 1863. — Fournier: Des affections oculaires d'origine syph. Journ. d'Ophth.

b. Tarsus.

31. Dietlen: Inaugural-Dissertation. Erlangen.
32. Magawly: Ueber Chondritis syphilitica. St. Petersburger mediz. Zeitschrift 1867, Bd. XII, Heft 4.
33. Fuchs: Tarsitis syph. Klin. Monatsbl. f. Augenheilk., Aug. 1878.
34. Vogel: Ueber Perichondritis des Tarsalknorpels. Dissertation unter Saemisch. Bonn 1873.
 Ferner: Fessler: Bericht des naturwissenschaftlich - mediz. Vereius zu Innsbruck, S. 364. — Seggel: Bericht über die Augenkrankheiten des Königl. Garnison-Lazareths München. Deutsche militärärztliche Zeitschrift Bd. XIII, S. 213. — Falchi: Giornale della R. Academia de Torino 1879. — Bull (l. c.). — Anthofer: Allgem. Wiener Mediz. Zeitung 1879. — Mittasch (l. c.) S. 40.

c. Die Bindehaut.

35. Lang: Vorlesungen über Pathologie und Therapie der Syphilis S. 424.
36. Sichel, jun.: Ein Fall von Conjunctivalsyphilid. Centralblatt f. prakt. Augenheilk., Mai 1880.
37. Déprès: Chancre mou de la conjonctive sur une malade atteinte de plaques muqueuses multiples. Gaz. des hôpit. No. 11, Janv. 1866.
38. Adams: Chancre of the upper lid. Ophth. soc. of Great-Britain and Ireland, 14. Dec. 1882.
39. Denti: Ulcero sifilitico primitivo della congiuntiva palpebrale. Annali di Ottalmia Bd. XII, S. 567.
40. Sturgis: Archives of Dermatology, January 1875, S. 112.
41. v. Brinken: Ulc. durum auf der Innenfläche des oberen Lides. Klin. Monatsbl. f. Augenheilk. 1884, S. 371.
42. Boucheron: Note sur le diagnostic des chancres oculaires. Observation d'un chancre infectant du repti semilunaire de la conjonctive. Union méd. Bd. XXVII, S. 529.
43. Taylor: Americ. Journ. med. Scienc., April 1875.
44. Bosma, G.: Sopra un caso di papula syfilitica congiuntivale. Gazz. med. Ital. Prov.-venete Anno 26, No. 38.
45. Lang (l. c.).

46. Magni: Giorn. d'Ophth. ital. 1863.

47. de Wecker: Traité théorique et pratique des maladies des yeux.

48. Estlaender: Klin. Monatsbl. f. Augenheilk. Bd. VIII, S. 259.

49. Hirschberg: Graefe's klin. Vorträge Bd. I, S. 160.

50. Minor: Ein Fall von Gumma der Augenbindehaut. Arch. f. Augenheilk. Bd. XIV, S. 174.

51. Berger: Gummöse Geschwulst der Conj. bulbi. Bayrisches ärztl. Intelligenzblatt No. 17.

52. Bull: Syph. of Conj. Americ. journ. of med. Scienc. S. 405, Octob. 1879.

Ferner: Wherry: Hard chancre on the conj. of the lower eyelid. Brit. med. Journ. Bd. I, S. 320. — John, F., France: On syphilitic blotch of the conjunctiva. Guys' Hosp. Rep. London 1861. Fialkowski: Papulöses Syphilid der Conjunct. Wratsch 1881, No. 5. — Savy: Contribution à l'étude des eruptions de la conjonctive. 88 pp. — Brière: Tumeur gommeuse de la conjonctive bulbaire. Annal. d'Ocul. Bd. LXXVII, S. 105—106, 1874. — Lopez-Ozaña: Syph. Tumor der Conj. bulbi. Crón oft. Cadiz 1880.

—

Drittes Kapitel.

Die Erkrankungen der Orbita und der Thränenorgane.

a. Die Orbita.

Erkrankungen des Knochengerüstes gehören bekanntlich zu den häufigsten Begleiterscheinungen der allgemeinen Lues, wobei wir es entweder mit einer Erkrankung der Knochenhaut (Periostitis) oder einer solchen des Knochengewebes (Ostitis) oder endlich des Knochenmarkes (Osteomyelitis) zu thun haben. Das Gerüste der Orbita macht hiervon in keiner Weise eine Ausnahme, wenn sich die Krankheit wegen der anatomischen Beschaffenheit der glatten Knochen uns hier auch nur unter dem Bilde einer Periostitis oder einer Ostitis präsentirt, welche in einigen wenigen Fällen zu cariöser oder selbst nekrotischer Zerstörung der ergriffenen Knochenparthie Veranlassung gegeben haben. Die auf luetischer Basis beruhende Periostitis oder Ostitis der Orbitalknochen zeigt sich an den Rändern der Augenhöhle, wie auch an den Wandungen derselben, sowohl der inneren, wie der äusseren, oberen und unteren.

Es ist leicht ersichtlich, dass die Bedeutung dieser Orbitalerkrankungen je nach diesem ihrem Sitz sich verschieden gestalten
muss; denn während die Periostitis der Orbitalränder kaum jemals
von anderen schweren und deletären Zuständen gefolgt ist, kann
die Periostitis der Orbitalwandungen zu Exophthalmus, zu Muskel-
lähmungen, zu Erblindung durch Druck auf den Sehnerven, selbst
zu tödtlichem Ausgange durch das Mittelglied einer Orbitalphlegmone
Veranlassung geben. Von allen diesen Zuständen habe ich selber
Beispiele zu verzeichnen, wenn sich auch die ganze Anzahl der
von mir beobachteten hieher gehörigen Fälle nur auf 28 beläuft.

Die Periostitis der Orbitalränder zeigt sich als eine mehr weniger
gleichmässige Verdickung und Auftreibung des sowohl spontan wie
auch auf Druck ungemein schmerzhaften Augenhöhlenrandes. Gewöhnlich erstreckt sich die Anschwellung noch ein wenig längs des
Daches resp. des Bodens der Orbita in diese hinein, was durch den
zwischen Lid und Orbitalwand vordringenden Finger unschwer sich
nachweisen lässt. Gelingt es der Behandlung, diese Anschwellung
bald zur Resorption zu bringen, so heilt sie in kurzer Zeit, ohne
nachweisbare Störungen zu hinterlassen. Indessen nicht immer ist
der Ausgang ein so günstiger; bei unzweckmässiger Lebensweise,
häufig genug auch ohne irgend nachweisbaren Grund, geht die Anschwellung nicht in Resorption, sondern in Eiterung über: unter
den bekannten, an Conjunctiva, Lidern und Umgebung des Auges
sichtbaren Entzündungserscheinungen röthet sich der Orbitalrand an
umschriebener Stelle, die Haut wird durchlöchert, eine meistens nur
geringe Menge Eiters entleert sich und mittelst der Sonde lässt sich
unschwer der cariöse rauhe Knochen fühlen. Ist der Prozess so
weit gediehen, so erfordert er zu seiner Heilung oft beträchtliche
Zeit; die jetzt bestehende fistulöse Oeffnung schliesst sich nur schwer,
heilt indessen schliesslich doch mit Hinterlassung einer mehr weniger
sichtbaren Knochennarbe. Indessen ist mir weder aus eigener Erfahrung noch aus der Literatur ein Fall bekannt, der mit so wesen-
lichen Stellungsanomalien geheilt wäre, wie dies bei den auf
Skrophulose beruhenden cariösen Prozessen des Orbitalrandes häufig
genug der Fall ist, wo man bekanntlich nach den oft sehr ausgedehnten Zerstörungen des Orbitalrandes eine starke Ectropium-
Bildung des betreffenden Lides vorfindet. Bei den uns hier beschäftigenden, auf Syphilis beruhenden Prozessen ist, wie gesagt, eine
so hochgradige Zerstörung noch nicht beobachtet worden.

Von weit grösserer Wichtigkeit für das Sehorgan und dessen
Function, ja selbst für das Leben des Patienten sind jene periostitischen Prozesse, welche die Orbitalwandungen selber occupiren.
Unter den heftigsten Schmerzen, die sowohl spontan wie auch besonders bei Druck auf den Orbitalrand sich geltend machen, wird
das Auge aus seiner normalen Stellung verschoben und zwar nach
der der periostitischen Anschwellung entgegengesetzten Seite; sitzt
die Anschwellung z. B. an der äusseren und oberen Orbitalwand,
so sieht man das Auge nach unten und innen abgewichen, beim
Sitze der Anschwellung an der inneren Wand weicht das Auge nach
unten und aussen ab u. s. w. Durch Palpation, d. h. durch Hinein-
zwängen des Fingers zwischen Lid und Orbitalwand ist übrigens
der Sitz der Anschwellung meistens leicht zu finden. Dabei ist die
Excursionsfähigkeit des Auges nach der erkrankten Seite hin beschränkt und Doppelbilder, deren Seiten- und Höhendistanzen bei
Bewegungen des Objectes nach der erkrankten Seite hin zunehmen,
stören den gemeinschaftlichen binocularen Sehact. Diese Beschrän-
kung in der Bewegungsfähigkeit des Auges ist wohl meistens durch
die mechanische raumbeschränkende Anschwellung des Periostes
hervorgebracht, trotzdem nicht zu leugnen ist, dass etwaige Ent-
zündungsproducte, selbst gummöser Natur auch die Contraktions-
fähigkeit eines oder mehrerer Muskeln zu beeinträchtigen vermögen.
Jedem beschäftigten Praktiker sind dergleichen Fälle, die ich wiederholt beobachtet habe, wohl hinlänglich bekannt; es sei mir daher
gestattet, aus der einschlägigen Literatur nur einige wenige derselben
hier anzuführen. So beschreibt Arcoleo[1]) eine Periostitis der
Orbita bei einem 50jährigen constitutionell syphilitischen Manne, bei
dem sich Exophthalmus, Verschiebung des Bulbus nach aussen und
Diplopie zeigte. Galezowski[2]) fand eine Periostitis der Orbita
mit Exophthalmie und Lähmung sämmtlicher Augenmuskeln der
linken Seite. Ferner ist von d'Angelo[3]) ein hieher gehöriger Fall
publizirt, in welchem bei einem constitutionell syphilitischen Manne
das rechte Auge ziemlich stark nach vorn, unten und aussen getrieben
war, dabei heftiger Periorbitalschmerz. Bei der Palpation fand sich
ein Tumor im inneren oberen Augenwinkel, der erst nach einer
über Jahr und Tag fortgesetzten Allgemeinbehandlung mit Quecksilber und Jodpräparaten verschwand. Endlich beobachtete Heinicke[4])
bei einer an sonstigen syphilitischen Erscheinungen leidenden Patientin
Exophthalmie, Divergenz, Tieferstehen des Auges und Ptosis-Erschei-

nungen, welche durch eine Periostitis des Orbitaldaches bedingt waren und welche ebenfalls erst einer längeren antisyphilitischen Behandlung wichen.

Wenn die periostitische Anschwellung der Orbitalwand noch mehr zunimmt, besonders wenn dieselbe noch weiter nach hinten bis in den Orbitaltrichter sich hinein erstreckt, so gesellen sich Veränderungen des Sehvermögens hinzu, welche mit totaler Erblindung endigen können; im Zusammenhange hiemit constatirt man dann Veränderungen des Augenhintergrundes, welche, im Beginne sich unter dem Bilde einer Neuritis optica darstellend, zu totaler Atrophie des Sehnerven führen. Die Veranlassung hiezu ist wohl in der durch den entzündeten Knochen hervorgerufenen Behinderung der Circulation, wie auch in der Theilnahme der Ciliarnerven und des Nervus opticus selber zu suchen. Einen hieher gehörigen Fall beobachtete ich vor einigen Jahren: Nachdem bei Herrn X. die primären Erscheinungen, wie auch die darauf folgende Roseola, die Plaques muqueuses etc. in durchaus unzulänglicher Weise behandelt worden waren, hatte sich Patient, 5 Jahre bevor ich ihn zum ersten Male sah, in seiner Heimath einer Inunctionskur unterziehen müssen, wegen nächtlich auftretender heftiger Schmerzen, welche durch Tophi beider Tibien hervorgerufen waren. Seit jener Zeit blieb Patient bis ca. $\frac{1}{2}$ Jahr vor seiner Ankunft in Aachen gesund, als er von einem erneuten Nachschub der Lues heimgesucht wurde; es zeigten sich jetzt Anschwellungen am mittleren und unteren Theile des Sternum und unter den wüthendsten, den stärksten Morphiumdosen nicht weichenden Kopfschmerzen wurde das linke Auge soweit hervorgetrieben, dass die Lider nur schwer den sonst normalen Bulbus zu decken vermochten. Der in der Heimath des Patienten hinzugezogene Spezialcollege constatirte, dass der Bulbus in der Richtung nach unten und nach innen von seiner Richtung abgelenkt war, um ca. 1 Ctm. weiter nach vorne hervorstand, als der rechtsseitige und dass die Beweglichkeit desselben nach innen normal, dagegen nach oben und besonders nach oben und aussen ganz aufgehoben war; dabei bestanden beim Blicke nach links hin gleichnamige Doppelbilder, von denen das dem kranken Auge zugehörige über dem des rechtsseitigen stand. Die brechenden Medien waren im Anfange durchaus klar, die etwas erweiterte Pupille reagirte träge, die Retinalvenen erweitert, die Papilla n. optici ein wenig verschleiert; im Laufe der nächsten Wochen steigerte sich diese einfache Hyperämie zu vollständiger

Entzündung unter dem Bilde einer Neuritis optica, deren weitere Entwickelung eine zunehmende Sehschwäche herbeiführte. Der in die Orbitalhöhle eingeführte Finger fühlte in der Tiefe eine gleichmässige, ziemlich resistente, sehr schmerzhafte Masse; unter Anwendung warmer Bäder, des Jodkalium in grossen Dosen und einer energischen Inunctionskur ging die periostitische Anschwellung wieder zurück, der Bulbus trat in seine normale Lage, die Bewegungsfähigkeit desselben wurde wieder hergestellt; inzwischen war aber das Sehvermögen unter dem Bilde einer Atrophia n. optici total erloschen .. etc."

Mit dieser Anamnese stellte sich mir der körperlich reduzirte Kranke im Sommer 1885 vor: von der Auftreibung am Sternum vermochte ich nichts mehr zu erkennen; dagegen erschien mir das linke Auge auch jetzt noch immer nach unten etwas abgewichen, was mir übrigens auch durch den Nachweis von Doppelbildern bestätigt wurde, welche bei Bewegungen des Objectes in die obere Gesichtsfeldhälfte unschwer hatten hervorgerufen werden können. Dabei war vollständige Amaurose mit weiter starrer Pupille, porzellanweissem, etwas verkleinertem und atrophischem Schnervenquerschnitt vorhanden; die Gefässe zeigten zum Theil weisse Einscheidungen, welche als Verdickungen der Adventitia den unzweideutigen Beweis lieferten von dem vorangegangenen neuritischen Prozess. Einen diesem ganz ähnlichen Fall beobachtete v. Oettingen[5]), wo Erblindung des linken Auges und Exophthalmus desselben durch syphilitische Periostitis orbitae hervorgerufen war; ferner finden wir einen Fall von Huber[6]), welcher ein Syphilom des linken Orbitaldaches mit Neuritis und Netzhautablösung nachwies. — Auf welche Weise wir uns in diesen Fällen die Mitbetheiligung des Nervus opticus zu erklären haben, darüber herrschen verschiedene Ansichten; eine Analogie bieten jene Fälle von Erblindungen, welche sich nicht ganz selten im Verlaufe eines Erysipelas faciei nachweisen lassen. Pagenstecher[7]) meint, dass in derartigen Fällen der erysipelatöse Prozess sich auf das retrobulbäre Gewebe fortsetze und hier durch Druck wirke, während August Carl sagt: „Am nächsten liegt die Vermuthung, dass durch Ausbreitung des erysipelatösen Prozesses auf das Orbitalgewebe auch der Sehnerv und seine Hüllen direkt in Mitleidenschaft gezogen werden"; ebenso äussert sich auch v. Graefe: „Sehr eigenthümlich sind die Erblindungen, welche man zuweilen nach Erysipelas faciei beobachtet..... Eine Reihe von derlei Beobachtungen, die ich gesammelt, macht es mir wahrscheinlich, dass auch hier ein entzündliches Leiden des Sehnerven die häufigste Ursache abgiebt". Müssen wir somit die bei Erysipelas faciei nicht ganz selten zu beobachtende Erblindung uns nun entweder durch Druck des entzündlich geschwellten retrobulbären Bindegewebes auf den Sehnerven oder durch Entzündung desselben erklären, so werden wir bei den uns hier beschäftigenden Erblindungen nach syphilitischer Periostitis der Orbitalwandungen diesen beiden Möglichkeiten ebenso Raum geben müssen. Wichtig nach dieser Richtung hin ist die Beobachtung Horner's[8]. Horner fand im Gefolge von Periostitis eine Entzündung des orbitalen Zellgewebes und wies bei der Section eine Perineuritis mit zahlreichen neugebildeten Zellen im Vaginalraum des Opticus nach, während eine entzündliche Betheiligung des Sehnerven selber nicht nachgewiesen werden konnte; Horner erklärt deshalb die Amaurose durch Druck auf den Sehnerven im Foramen opticum entstanden. In anderen Fällen von Panas[9], Leber[10], Nieden[11] wurde dagegen graue Degeneration des Sehnerven constatirt.

War es in den eben erwähnten Fällen der Sehnerv, der durch das geschwellte Periost in Mitleidenschaft gezogen war, so wurde in einem anderen von mir beobachteten und publizirten Falle[12] das Ganglion Gasseri ergriffen, wodurch eine neuroparalytische Hornhautentzündung hervorgerufen wurde. Auf welche Weise eine Erkrankung des Ganglion Gasseri zu neuroparalytischer Hornhautentzündung die nächste Veranlassung zu geben vermag, werde ich in demjenigen der nachfolgenden Kapitel zu entwickeln haben, in welchem ich im Zusammenhange die Erkrankungen des Trigeminus besprechen werde. Hier interessirt uns der Fall nur insofern, als er uns einen Beweis dafür abgiebt, dass das durch den Einfluss des syphilitischen Virus geschwellte Periost der Orbitalwandungen zu den schwersten Läsionen des Sehorgans führen kann. Der Fall ist folgender: Der 36 jährige Kaufmann M. aus St. Petersburg präsentirte sich mir im Juni 1878; im Jahre 1874 inficirt, hatte Patient, welchen Berufsgeschäfte viel und anhaltend zu reisen zwangen, sich einer systematischen Kur bisher noch nicht unterziehen können. Nachdem im Jahre 1875 Ulcera pharyngis und unmittelbar darauf über den ganzen Körper verbreitete Exantheme sich gezeigt hatten, wurde längere Zeit hindurch, jedoch auch jetzt noch in unregelmässiger Weise, innerlich Merkur angewandt. Im Jahre 1877 wurde Patient zum ersten Male von einer Auftreibung des Manubrium Sterni und der linken Tibia befallen, welche bis zum Tage seiner Vorstellung in Aachen trotz des längere Zeit hindurch fortgesetzten Gebrauches des Hydr. jodat. flavum nicht geschwunden waren. Hiezu kamen nun noch seit mehreren Monaten wüthende, die ganze linke Kopfhälfte einnehmende Schmerzen, welche den durch gestörte Nachtruhe, durch starken Ptyalismus sowie durch einen chronischen Magenkatarrh ohnedies geschwächten Patienten noch mehr entkräfteten. Da endlich nun auch seit 3 Wochen das linke Auge zu leiden begann, so wollte der fast verzweifelnde Patient nunmehr sich einer längeren Kur in Aachen unterziehen, um endlich von seinem Leiden befreit zu werden.

Ich fand bei dem an starkem Foetor oris leidenden blutarmen und mit geringem Fettpolster versehenen Patienten folgende syphilitische Symptome: Am Manubrium Sterni sowie an beiden Tibiae finden sich schmerzhafte und ausgedehnte Knochenauftreibungen; ferner zeigt sich eine Auftreibung noch am linksseitigen oberen Orbitalrande, die sich einerseits weit in die Orbitalhöhle hinein verfolgen lässt, andrerseits auf die Stirn bis zur vorderen Haargrenze sich fortsetzt. Die gelblich entfärbte Lid- und Augapfelschleimhaut der linken Seite ist anästhetisch; die vollkommen unempfindliche und fast bis zur Peripherie leicht getrübte Hornhaut derselben Seite ist der Sitz eines centralen Eiterherdes in ihren tieferen Schichten; der intraoculare Druck ist herabgesetzt, die Pupille reagirt nur träge. Die Anästhesie erstreckt sich ferner noch auf die ganze linke Stirnhälfte und die linke Nasenseite; auf der Backe bis zum Unterkiefer herab werden Nadelstiche besser empfunden und richtig lokalisirt; Geschmacks- und Geruchsempfindungen sind linkerseits herabgesetzt. Nachdem Patient von seinem Merkurialismus befreit war und sich durch kräftige Diät und den Gebrauch unserer Bäder etwas erholt hatte, ging ich zu lange fortgesetzten energischen Inunctionen sowie zum Jodkalium in grossen Dosen über; das Auge erhielt Atropin und einen gut schliessenden Schutzverband. Nachdem 85 Einreibungen zu 5 Gramm pro die verbraucht und mehr als 100 Thermalbäder genommen waren, verliess der gesund und blühend aussehende Patient erst im November nach fast 5monatlichem Aufenthalt Aachen. Die oben angeführten Knochenauftreibungen sind vollständig verschwunden, die Empfindlichkeit ist auf der ganzen linken Gesichtshälfte wiedergekehrt, wenngleich in der Stirnhälfte die Nadelstiche noch immer undeutlich und nur als geringer Schmerz empfunden

werden; die Hornhaut ist wieder klar und glänzend und zeigt eine nur
bei seitlicher Beleuchtung sichtbare centrale Trübung, welche das Sehen
so wenig stört, dass Jaeger 1 wieder fliessend gelesen wird, die Tension
des Bulbus ist normal, die Pupille reagirt gut auf Lichteinfall —
kurz, von den früheren Krankheitssymptomen ist nichts mehr nachweisbar. Auch jetzt, nachdem Patient wieder seit 1 Jahr seinen
schwierigen und anstrengenden Berufsgeschäften nachgegangen, ist
nach brieflicher Mittheilung von den früheren luetischen Erscheinungen
nichts mehr wiedergekehrt. — Wir haben es also in diesem Falle mit
einer totalen Lähmung des I. Astes des linksseitigen Trigeminus und
einer unvollständigen im Bereiche der beiden anderen Quintus-Aeste
zu thun. Da Cerebralerscheinungen vollkommen fehlten, die übrigen
Hirnnerven ebenfalls intakt befunden wurden, so musste der Sitz
des Leidens mehr peripher gesucht werden; die sicht- und bis in
die Tiefe der Orbitalhöhle fühlbare Knochenauftreibung des oberen
Orbitalrandes führte sicherlich zu pathologischen Veränderungen im
Bereich des Ramus ophthalmicus Nervi Quinti, die sich dann bis
zum Ganglion Gasseri erstreckten und von hier aus die neuroparalytischen Veränderungen der Hornhaut verschuldeten. Cessante
caussa cessat effectus. Nachdem die Periostitis des linken Orbitaldaches beseitigt war, bildeten sich auch die Lähmungserscheinungen
im Bereiche des Quintus zurück und damit war dann die Möglichkeit
zur Heilung der Keratitis neuroparalytica gegeben.

Einer zweckmässigen Behandlung pflegen indessen auch die
scheinbar schwierigsten Fälle syphilitischer Periostitiden der Orbitalwandungen nicht zu widerstehen, sondern allmäliger Rückbildung
entgegenzugehen. Ich wäre im Stande, eine ganze Reihe derselben
dem Leser hier vorzuführen, fürchtete ich nicht, dessen Geduld auf
eine unerlaubte Probe zu stellen, zumal dieselben fast ausnahmslos
einen den nicht syphilitischen, den genuin entstandenen Fällen von
Periostitis durchaus analogen Verlauf zu nehmen pflegen. — Kommt
es indessen nicht zur Resorption und Rückbildung, tritt Zerfall des
Infiltrates ein, so sind Eiterung, Durchbruch des Eiters und cariöse
Zerstörung einzelner Knochenparthien die unausbleibliche Folge.
Wir haben es hiebei mit zwei Möglichkeiten zu thun: der Eiter
findet einen spontanen oder künstlichen Abfluss in die Nebenhöhlen
resp. nach aussen, oder aber derselbe senkt sich in das orbitale
Bindegewebe, um von hier aus weitere Folgezustände zu veranlassen.
Von jedem dieser beiden möglichen Ausgänge finden wir Beispiele

in der Literatur. Ich selber behandelte in meiner Anstalt vor
2 Jahren einen 20jährigen, an syphilitischer Periostitis beider
Radien, der rechten Spina scapulae und der rechten Orbitalhöhle
leidenden Patienten. Unter grösster Schmerzhaftigkeit der ganzen
Kopfhälfte hatte sich eine Periostitis der rechten Orbita entwickelt;
allmälig schwollen die Weichtheile, die Lider mehr und mehr an,
die Conjunctiva wurde wallförmig hervorgetrieben und unter den
wüthendsten Schmerzen nahm die vorher resistentere Anschwellung
des Periostes eine weichere, undeutlich fluctuirende Beschaffenheit
an; ich zögerte nicht lange, sondern ging mit einem spitzen, langen
Bistouri zwischen Bulbus und Orbitalwand in die Augenhöhle ein
und entleerte, nachdem ich die Schneide des Messers beim Heraus-
ziehen noch etwas gegen die äussere Orbitalwand angedrückt hatte,
eine grössere Menge guten Eiters. Von diesem Augenblicke trat
vollständiges Wohlbefinden des früher hochgradig leidenden Patienten
ein; der rauhe cariöse Knochen bedeckte sich allmälig mit Granulationen und schliesslich schloss sich die mehrere Wochen mit einem
Drainrohr offen erhaltene Wunde und heilte mit geringer Adhärenz
an der Orbitalwand. Unter fortgesetzter energischer Behandlung
mit Merkur und Jodkalium bei gleichzeitiger Benutzung unseres
Thermalwassers trat vollständige Heilung des Kranken ein, die
auch bis heute von Bestand geblieben ist. — Campana [13]) benutzte
die Fissura orbitalis inferior zur Entleerung der durch eine syphilitische Osteo-Periostitis der Augenhöhlenwandungen gesetzten und
eitrig zerfallenen Producte, nachdem er durch einen Einstich im
äusseren Winkel des Conjunctivalsackes nicht vollständig zum Ziele
gelangt war, indem er mit einem Troikart längs des letzten oberen
Backenzahnes vordrang.

Kommt es dagegen nicht zur Entleerung des Eiters und hat
schon frühzeitig das orbitale Fettzellgewebe an dem Prozess sich
betheiligt, so steht die Entwickelung einer Orbitalphlegmone mit
den sich daran knüpfenden Gefahren der Thrombenbildung in den
Orbitalvenen und den grossen Gehirnsinus resp. des Hinübergreifens
des entzündlichen Prozesses auf die Gehirnhäute selber zu befürchten.
Ich begnüge mich, die Möglichkeit dieses Ausganges hier angedeutet
zu haben; des Näheren muss ich hier auf die erschöpfende und
vortreffliche Abhandlung von Berlin [14]) im Graefe und Saemisch'-
schen Sammelwerke hinweisen. Ich selber habe unter meinen
Beobachtungen keinen Fall zu verzeichnen, in welchem eine

syphilitische Periostitis der Orbitalwandungen zu so schweren meningitischen oder cerebralen Prozessen geführt hätte, wie es wohl bei den genuinen Periostitiden und Orbitalphlegmonen zuweilen der Fall ist; dagegen meint Brissaud[15]), dass die Anfälle von Jackson'scher Epilepsie bei einem 31 jährigen Manne bedingt seien durch einen meningitischen Herd, welcher fortgepflanzt von einer ausgedehnten syphilitischen Ostitis am linken Augenwinkel entstanden sei.

Was den Zeitpunkt resp. die Formen betrifft, unter welchen die syph. Periostitis der Orbita auftritt, so müssen wir, entsprechend den von Virchow aufgestellten beiden Stadien der allgemeinen Syphilis, auch hier zwei Formen unterscheiden: die gummöse Form, welche der Frühperiode der Syphilis angehört und die sklerosirende Form, welche sich erst später geltend macht. Es scheint, als ob das Periost des Orbitalrandes häufiger von der gummösen Form ergriffen wird, während die Orbitalwandungen in gleichem Maasse sowohl von den Früh- wie den Spätformen befallen werden. Die gummöse Periostitis der Orbita zeichnet sich durch ihre Härte aus, welche sich durch die oft gleichmässige und einen Orbitaltumor vortäuschende Infiltration des Periostes und des orbitalen Fettzellgewebes erklärt; die ossifizirende Periostitis bildet nach Zeissl glatte, dem untersuchenden Finger das Gefühl eines elastischen Körpers darbietende Geschwülste, deren Ossifizirung nur langsam vor sich geht und welche vollkommen resorbirt werden können. Eine dritte Form der Erkrankung, die allerdings noch der gummösen Periode angehört, ist wohl nur anatomisch nachzuweisen; Soloweitschik[16]) hat sie 2 Mal bei Lebenden beobachtet, bei welchen indessen allarmirende Erscheinungen Seitens der Orbita nicht eingetreten waren. Es handelt sich hiebei um zapfenförmige, dem Periost anhängende Gummositäten, zwischen welchen der Knochen nicht verdickt erscheint und bei denen die Weichtheile nicht in Mitleidenschaft gezogen werden. Diese Zapfen dringen längs den Gefässen in den Knochen ein und Rindfleisch hat die Adventitia als Matrix der Wucherung bezeichnet[17]).

Die Diagnose ergiebt sich leicht aus dem bisher Mitgetheilten; vor Allem ist die Schmerzhaftigkeit bei Druck auf den Orbitalrand, die Dislocation und Protrusion des Bulbus, sowie endlich das Doppelsehen zu berücksichtigen; vor Verwechselung mit anderen Geschwülsten der Orbita wird der halbwegs aufmerksame Arzt sich durch die

Anamnese sowie durch den Nachweis anderweitiger syph. Symptome
zu schützen vermögen.

Endlich will ich noch des Vorkommens von Gumma-Geschwülsten
in anderen Theilen der Orbita Erwähnung thun, von denen ich selber
allerdings keinen Fall beobachtet habe. So erwähnt Bull[18] eines
Gumma der Tenon'schen Kapsel. Ferner beschreibt Galezowski[19]
einen Fall, in welchem bei einem 41jährigen Manne sich langsam
eine rechtsseitige Exophthalmie nach vorausgegangenem Kopfweh
entwickelt hatte. Bei der Palpation fühlte man durch das obere
und das untere Lid einen knolligen elastischen Tumor, ebenso im
inneren Augenwinkel; die Pupille ist unregelmässig und zeigt zahlreiche Synechien. Vor 3 Jahren hat sich Patient eine syphilitische
Infection zugezogen, an welcher er nie ordentlich behandelt wurde;
Inunctionskur und Jodkalium innerlich; baldige Besserung der
Symptome; nach ca. 3 Monaten vollständige Heilung. Ueber einen
weiteren hieher gehörigen Fall berichtet ausführlich Schott[20];
Berlin referirt denselben in Nagel's Jahresbericht 1878 folgendermassen: 5jähriges schlecht genährtes Kind; die Erkrankung soll vor
3 Wochen begonnen haben. Rechtes Auge um 15 Mm. vorgetrieben,
Hornhautgeschwür. Zwischen Bulbus und oberer äusserer Orbitalwand eine derbe, mässig elastische, nicht verschiebbare Geschwulst
fühlbar, auch das linke Auge ist prominent. Ophthalmoskopisch
abgelaufene Neuritis; wahrscheinlich konnte das Kind noch sehen.
Im Laufe der Beobachtung verbreitete sich die Geschwulst der linken
Orbita auch nach oben und innen; gleichzeitig klagte das Kind über
heftige Schmerzen in der linken Unterkieferhälfte. Nach einigen
Wochen wurde auch am linken oberen Orbitalrande eine Anschwellung
bemerkt; darauf entleerte sich aus der rechten Orbita eine Menge
jauchiger Flüssigkeit. Bald darauf starb das Kind. Die Section
erwies über der Glabella eine von normaler Haut bedeckte flache
Geschwulst; von da erstreckt sich dieselbe, den Knochen in Mitleidenschaft ziehend, in beide Orbitae. Auch an anderen Theilen
des Stirnbeins, sowie an den Seitenwandbeinen zeigen sich ähnliche
geschwulstartige Verdickungen des Periostes. Die mikroskopische
Untersuchung dieser periostitischen Anschwellungen sowie der in den
beiden Augenhöhlen befindlichen geschwulstartigen Massen ergeben
den übereinstimmenden Befund einer in faseriges Bindegewebe eingelagerten Wucherung runder, kernhaltiger Zellen von der Grösse
farbloser Blutkörperchen. Fasst man alle durch die Untersuchung

der Leiche und der erkrankten Organe gewonnenen Resultate
zusammen, so ergiebt sich, dass es sich um eine hyperplastische
Periostitis der Schädelknochen mit Entwickelung gummöser Knoten
in beiden Orbitae handelt.

b. Thränenorgane.

Die Thränenorgane sind nur selten der Sitz selbstständiger syphilitischer Prozesse; meistens werden sie durch Fortpflanzung derselben
von den benachbarten Organen aus hervorgerufen. Vor Allem ist es
die Nase, welche mit ihren überaus häufigen syphilitisch entzündlichen und ulcerösen Prozessen die nächste Veranlassung zur Erkrankung des Thränennasenkanals abgeben; Reizungen, Entzündungen
der Nasenschleimhaut werden von der Schneider'schen Membran sich
auf die Nasalöffnung des Thränennasenkanals übertragen und von
hier aus die Auskleidung desselben in Mitleidenschaft ziehen. Hiedurch ist der Anstoss zu weiterer Erkrankung des Thränennasenkanals
gegeben, welche dann ihrerseits zu allen denjenigen Folgeerschei-
nungen führt, welche wir auch bei genuiner Erkrankung antreffen:
Katarrh und Blennorrhoe des Kanals wie des Thränensackes, Verengerung bis zur Stricturirung, phlegmonöse Entzündung und Fistel-
bildung werden das Endglied eines Prozesses bilden, welcher nur als
inducirter, nicht als selbstständiger Krankheitsprozess des Thränennasenkanals angesehen werden muss. Ferner kann auch durch cariöse
resp. nekrotische Zerstörung des Nasalfortsatzes des Oberkiefers eine
tiefere Läsion der Thränenabführungsorgane herbeigeführt werden.
Ich selber sah und behandelte vor mehreren Jahren einen hieher
gehörigen Krankheitsfall bei einem aus Manila zugereisten constitutionell syphilitischen Manne. Derselbe hatte ausser mehreren älteren
Knochendefecten eine mit Abgang nekrotischer Knochenfragmente
combinirte Zerstörung des rechtsseitigen Oberkiefers aufzuweisen,
welche einen Theil der vorderen Wand wie den Nasalfortsatz ergriffen
hatte; die Sonde gelangte durch einen vielfach gewundenen, mehrere
Ausläufer bildenden Fistelgang in den Thränennasenkanal, der mehrfach von der Schleimhaut entblösst und rauh erschien; ebenso gelangte
man durch einen zweiten Fistelgang in die Highmorshöhle. Nachdem ich beide Gänge gespalten hatte, ging ich mit dem Ferrum candens
in die mit schwammigen Granulationen gefüllte Höhle des Thränensackes ein und zerstörte denselben in seiner ganzen Ausdehnung.
Es folgte nun eine langwierige Behandlung mit den verschiedensten

Mitteln, bis die ziemlich grosse Höhle sich mit guten Granulationen füllte und sich schliesslich schloss; es blieb eine feste Knochennarbe und, wie natürlich, ein totaler Verschluss des Thränennasenkanals mit unheilbarem Thränenträufeln zurück. Um letzteres zu vermindern, schlug ich dem Patienten die Exstirpation der gesunden Thränendrüse vor, worauf er indessen nicht einging; erst als ihm im folgenden Jahre diese Operation auch von einem fremdländischen Fachgenossen dringend angerathen war, unterzog er sich derselben und, wie ich nachträglich hörte, mit gutem und nachhaltigem Erfolge. Thiry[21]) beobachtete und beschrieb einen dem ganz ähnlichen Fall, in welchem 8 Monate nach der Initialmanifestation ebenfalls eine Periostitis des Nasenfortsatzes des linken Oberkiefers eine syphilitische Geschwulst in der Gegend des Thränensackes bildete; ebenso publizirte Galezowski[22]) einen Fall, wo sich bei einer syphilitischen Frau unter entzündlichen Erscheinungen eine Geschwulst des Thränensackes entwickelte und schliesslich nach Eröffnung und Exstirpation der vorderen Wand erst nach Anwendung antisyphilitischer Mittel zur Heilung gelangte.

Von einigen Autoren, u. A. von Taylor[23]) werden die Karunkeln zum Thränenapparat gerechnet, weil die Functionen derselben darin bestehen, die Thränen in den Thränennasenkanal zu leiten. In dem vorigen, die syphilitischen Erkrankungen der Conjunctiva behandelnden Kapitel habe ich bereits einiger Fälle von Boucheron Erwähnung gethan, in welchen sich sowohl Primäraffecte wie Manifestationen der constitutionellen Syphilis an den Karunkeln nachweisen liessen. Ich kann deshalb auf das dort Gesagte hinweisen und hier nur hinzufügen, dass auch Taylor l. c. zwei Fälle gummöser Erkrankung der Thränenkarunkeln beschreibt.

Wenn Förster in seiner Abhandlung in Graefe und Saemisch's Sammelwerk über die Beziehungen der Syphilis zu Veränderungen und Krankheiten des Sehorgans erwähnt, dass die Thränendrüse das einzige Organ des Auges sei, welches von der Krankheit nicht ergriffen würde, so ist diese Annahme durch die Veröffentlichung gegentheiliger Beweise schon widerlegt. So giebt es schon einen älteren Fall von Châlons[24]) von syphilitischer Entzündung der Thränendrüse; ferner fanden Tavignot[25]), Streatfield[26]), Adler[27]), Albini[28]) Geschwülste der Thränendrüse, welche sowohl ihrem klinischen Verlauf, wie auch theilweise ihrer mikroskopischen Structur nach für syphilitischer Natur gehalten wurden. Auch ich bin in der Lage, ein Beispiel für die syphilitische Erkrankung der Thränendrüse zu liefern, wenn ich auch gerne zugeben will, dass es sich in meinem Falle, der in Folge der eingeschlagenen Behandlung zu vollkommener Heilung führte, möglicherweise nicht um eine gummöse Erkrankung des Drüsengewebes selber, als vielmehr um eine solche des die Drüse umgebenden Bindegewebes gehandelt haben mag. Bei der 26jährigen, seit mehreren Jahren an den verschiedenartigsten Symptomen der Lues leidenden Dame hatte sich neben einer mit Glaskörperflocken complicirten schleichenden Chorioiditis noch eine Tumorenbildung entwickelt, welche im oberen äusseren Winkel der linken Orbita ihren Sitz hatte; die hintere Begrenzung derselben war nicht zu finden, da der zwischen Oberlid und Orbitalrand sich hineinzwängende Finger bis zu derselben nicht gelangen konnte; nach vorne reichte sie ca. 1½ Ctm. unter die Lidhaut und drängte die obere Uebergangsfalte stark hervor. Es bestand somit für mich kein Zweifel, dass wir es mit einer Geschwulstbildung in oder um die linksseitige Thränendrüse zu thun hatten, die ich, da sie bei einer an langjähriger Syphilis leidenden Person vorkam, die übrigens jetzt noch unzweideutige Zeichen der noch nicht getilgten Erkrankung (schleichende Chorioiditis mit Glaskörperflocken) darbot, als eine syphilitische anzusprechen nicht Anstand nahm. Die Behandlung mit Inunctionen von Ungt. hydr. ciner. und mit Jodkalium führte zu einer so erheblichen Verkleinerung der Geschwulstbildung, dass ich die Reste derselben bei der Abreise der Dame aus Aachen nur noch mit Mühe nachzuweisen vermochte.

Die Diagnose einer syphilitischen Erkrankung der Thränendrüse wird besonderen Schwierigkeiten nicht unterliegen; das Vorhandensein noch anderer auf Lues hinweisender Symptome, der Nachweis einer Geschwulstbildung im oberen und äusseren Winkel der Orbita, die von hier aus einerseits sich nach hinten in die Augenhöhle, andererseits nach vorne unter die Conjunctiva des oberen Lides mit ihrem vorderen Lappen hineinerstreckt, wird vorkommenden Falles die Diagnose auf Gumma der Thränendrüse sichern.

Literatur.

III. Orbita und Thränenorgane.

a. Orbita.

1. Arcoleo: Resoconto della clinic. ottalm. di Palermo S. 279—283.
2. Galezowski: Contributions à l'étude des tumeurs syphilitiques de l'orbite. Recueil d'Ophth. S. 449.
3. d'Angelo: Gumma del periostio nell' angolo superiore-interno della cavità orbitaria. Il Morgagni Bd. XXIII, S. 255.
4. Heinicke: A case of syphilitic periostitis of the orbit. Americ. Journ. of Ophth. 1884, July.
5. v. Oettingen: Geschwulst in der Orbita. Dorpater med. Zeitschr. S. 179, 1873.
6. Huber: Klinische Beiträge zu der Lehre von den Orbitaltumoren. Inaugural-Dissertation. Zürich.
7. Pagenstecher: Atrophia n. optici nach Erysipelas faciei. Klinische Monatsbl. f. Augenheilk. 1870, S. 207.
8. Horner: Periostitis orbitae und Perineuritis n. optici. Klinische Monatsbl. f. Augenheilk. 1863, S. 74.
9. Panas: Soc. de Chirurgie. Nov. 1873. Gaz. des hôpitaux S. 1148.
10. Leber: Graefe u. Saemisch's Handbuch f. Ophth. Bd. V, II, S. 803.
11. Nieden: Correspondenzbl. des ärztlichen Vereins von Rheinland u. Westphalen No. 20, S. 32.
12. Alexander: Ueber die neuroparalytische Hornhautentzündung. Deutsche med. Wochenschr. 1880, No. 26.
13. Campana, Roberto. Osteo-periostite gommosa delle parete orbitaria inferiore-suo metodo curativo. Giorn. ital. delle mal. veneree Fasc. 6.
14. Berlin: Graefe u. Saemisch's Sammelwerk Bd. VI, S. 530.
15. Brissaud: Observation de localisation cérébrale dans un cas d'ostéite syphilitique du crane. Progrès méd. No. 19.
16. Soloweitschik: Beiträge zur Lehre von den syph. Schädelaffectionen. 1869. Virchow's Arch. Bd. XLVIII, S. 80.
17. Mraček: Zur Syphilis der Orbita. Wiener Klinik, October 1886.
18. Bull, C. S.: Lesions of the orbital walls and contents due to syphilis. Tr. New-York. Acad. Bd. III, No. 2, S. 13.
19. Galezowski: l. c.
20. Schott: Periostitis syphilitica mit gummöser Wucherung in beiden Augenhöhlen und dadurch bedingtem Exophthalmus. Arch. f. Augen- u. Ohrenheilk. Bd. VII, 1, S. 94.
Ferner: Hamilton: Dublin Journ. Bd. XXVI. — Mackenzie: Annáles d'Oculist., Febr. 1845; Traité pratique des maladies des yeux; Traduit par Warlomont et Testelin. — Demarquay: Traité des tumeurs de l'orbite. — Sichel: Mémoire sur la carie de l'orbite. Annales d'Oculist. Bd. LXIV. — Berlin: Beitrag zur Mechanik der Augenbewegungen. Arch. f. Ophth. Bd. XVII, 2, S. 154. — Del Monte: Osservazione e note cliniche S. 71. — Watson, Spencer: On the diagnosis of periostitis in the orbit. Practitioner, Jan. 1872, S. 17. — Tangemann:

Gummy tumors of the orbit. Cincinnati Lancet Clinic Bd. XVIII,
No. 26, S. 789. — Alavarez: Tumor retro-orbitario-sifilitico. Gazeta
med. del Salvador 1881, Oct., S. 7. — Dubar: Ost. syph. Paris 1885. —
Gregoric: Exophthalmus in Folge von Syph. Memorab. S. 146.

b. Thränenorgane.

21. Thiry in Lang's Vorlesungen über Syphilis S. 426.
22. Galezowski: Troubles visuels lacrimaux. Tumeur lacrymale syphilitique.
Guérison. Recueil d'Ophth. S. 179.
23. Taylor: On syphilitic affections of the lacrymal apparatus, with observations upon a peculiar syphilitic lesion of the caruncles. Amer. journ.
of med. scienc. Bd. LXIX, S. 365—375.
24. Châlons: Adenitis lacrymal. syph. Mediz. Zeitung des Vereins f. Heilkunde
No. 42.
25. Tavignot: De la tumeur lacrymale syph. Journ. des connaiss. méd. Chir.
Annales d'Oculist. Bd. XX, S. 243.
26. Streatfield: F. A.: Syphilitic diseases of the lachrymal apparatus. New-
York. med. Journ. and Obstetrical Review, Apr.
27. Adler: Dritter Bericht, Krankenhaus Wieden, S. 25.
28. Albini: Dacrioadenite sifilitica Studio clinico-istologico. Rass. di Scienze
med. Bd. II, 8.
Ferner: Zeissl: Beiträge zur syph. Erkrankung der Thränen- u. Nasen-
organe. Zeitschr. der Wiener Aerzte. Wochenbl. Bd. XVII, No. 11 u. 12.
— Lagneau: Maladie syphilitiques consécutives des voies lacrymales.
Arch. génér. de méd. Bd. I, S. 536—555 (1857). — Sabadini: Contribution à l'étude pathogénique et au traitement des tumeurs et des
fistules du sac. lacrymal. Thèse de Paris.

Viertes Kapitel.

Erkrankungen der Cornea und der Sclera.

a. Cornea.

In den älteren Lehrbüchern der Augenheilkunde finden wir
nirgend ein Abhängigkeitsverhältniss der Hornhauterkrankungen
von der allgemeinen Syphilis erwähnt; meistens wird ein solches
direkt geleugnet, so bei Vallez u. A. Auch Albrecht v. Gracfe
konnte in seinem am 1. Februar 1858 in der Berliner Gesellschaft
für wissenschaftliche Medizin gehaltenen Vortrage über die syphilitischen Erkrankungen des Auges noch die Behauptung aufstellen,
dass die Cornea von der syphilitischen Erkrankung frei sei. Erst

in den beiden letzten Dezennien brach sich die Erkenntniss vom Gegentheil Bahn. Wenn nun auch die syphilitischen Erkrankungen der Hornhaut, die nicht nur tiefe Ernährungsstörungen der Membran zu veranlassen, sondern auch den Verlust des Sehvermögens herbeizuführen vermögen, nicht zu den alltäglichen Vorkommnissen der augenärztlichen Praxis gehören, wenn wir auch aus den sich hiebei uns darbietenden Krankheitsbildern nicht direkt auf das causale Verhältniss zwischen Hornhautaffection und allgemeiner Lues rückschliessen können, so wissen wir doch heut zu Tage mit Sicherheit, dass in der Spätperiode der allgemeinen Syphilis in der Cornea sich Prozesse etabliren können, die nur einer energischen antisyphilitischen Behandlung weichen. Ich selber habe hicher gehörige Hornhauterkrankungen 76 Mal, d. i. in 5,48 % sämmtlicher Fälle von syphilitischen Augenleiden zu beobachten Gelegenheit gehabt; da einige derselben eines allgemeineren Interesses wohl würdig sein dürften, so werde ich derselben an geeigneter Stelle nähere Erwähnung thun.

Am besten bekannt und am häufigsten beschrieben ist wol die Keratitis parenchymatosa oder Keratitis interstitialis diffusa. Da dieselbe häufiger das Product der hereditären, als der acquirirten Syphilis ist, so werde ich sie nebst ihren Complicationen in einem späteren Kapitel abhandeln, wo ich des Genaueren auf die hereditäre Syphilis und deren Einfluss auf das Sehorgan einzugehen haben werde. Hier nur so viel, dass diese Form der Hornhautaffection eine wolkige, in den tieferen Schichten der Hornhaut lagernde Trübung aufweist, die sich indessen nicht als eine überall gleichmässige graue Masse darstellt, sondern welche, wie die seitliche Beleuchtung es ergiebt, aus einzelnen mehr weniger zusammenhängenden, hellgrauen oder graugelblichen, diffus begrenzten Flecken von verschiedener Intensität besteht; bei gewöhnlicher Beleuchtung macht sie, wie gesagt, den Eindruck einer gleichmässigen, in das Hornhautgewebe eingelagerten grauen Masse, die aber bei sorgfältiger Loupenuntersuchung in die erwähnten Einzelflecke sich auflöst. Gewöhnlich tritt die Trübung zunächst im Centrum der Hornhaut auf, um sich von hier aus bis zur äussersten Peripherie hin fortzupflanzen, so dass selbst die Randpartbien der ergriffenen Hornhaut ihre Pellucidität zu verlieren pflegen und selbst die Structur der Iris nicht mehr deutlich erkennen lassen; zuweilen findet indessen auch das umgekehrte Verhältniss statt, dass die ersten Trübungen nämlich sich am Rande der Hornhaut lokalisiren, um von da aus auf das Centrum vorzudringen und auf diese Weise schliesslich ebenfalls das ganze Areal der Hornhaut zu ergreifen. Das Epithel der Bowman'schen Membran und somit die Oberfläche der Hornhaut sieht dabei wie gestichelt aus, während sich Veränderungen der innersten Membran der Hornhaut, der Membrana Descemetii, nicht nachweisen lassen. In das so getrübte Parenchym der Hornhaut sieht man Blutgefässe, in grösserer oder geringerer Anzahl und in allen Schichten lagernd, eindringen; zuweilen sind sie nur in geringer Zahl vorhanden, scheinen indessen nie ganz zu fehlen, während sie sich in anderen Fällen wieder lediglich auf die Randzonen beschränken, wo sie sich in dichten Schlingen entwickeln, das Centrum aber freilassen. — In auffallendem Contrast mit der tiefen Erkrankung steht die zuweilen äusserst geringe Injection der tieferen und episcleralen Gefässe; jener bekannte dunkel-, selbst violettroth gefärbte Gefässkranz um die Hornhaut, der bei keiner Erkrankung tieferer Gebilde des Auges zu fehlen pflegt, ist hier, wenn überhaupt, so doch meistens nur in geringem Maasse entwickelt. Auch die sonstigen Entzündungserscheinungen, wie Lichtscheu, Thränen etc., pflegen ebenfalls eine der schweren Krankheit disproportionirte, auffallend geringe Höhe zu erreichen; erst wenn auch die Iris an dem Prozesse Antheil nimmt, wenn es zur Entwickelung von hinteren Synechien kommt, erst dann pflegen auch die äusserlich sichtbaren Entzündungserscheinungen einen der Schwere der Erkrankung entsprechenden Grad anzunehmen.

Ich habe früher schon erwähnt, dass die meisten Autoren der Keratitis parenchymatosa nur in Verbindung mit hereditärer Syphilis Erwähnung thun; indessen findet sich in der Fachliteratur doch eine ganze Anzahl von Beispielen, in denen die genannte Hornhautaffection in den späteren Stadien der acquirirten Syphilis zur Beobachtung gelangte. So erwähnt Leber[1] derselben in Verbindung mit syphilitischer Retinitis; Jakolewna[2] fand in den von ihr beschriebenen 63 Fällen parenchymatöser Keratitis 2 Mal acquirirte Lues: 1 Mal gleichzeitig mit Ozaena, Ulcus pharyngis, Condylomata lata, das andere Mal vergesellschaftet mit Ptosis. Mauthner[3] hat hartnäckige Keratitis parenchymatosa bei einem Säugling gesehen, der Syphilis von der Amme acquirirt hatte. Ancke[4] constatirte unter 37 von Syphilis abhängigen Fällen der Keratitis parenchymatosa 10 Mal acquirirte Syphilis; Schadeck[5] fand bei einem Patienten, der an Ekthyma-Pusteln, Laryngitis,

Periostitis und häufig recidivirender Iritis litt, den Ausbruch einer beiderseitigen parenchymatösen Keratitis, die schliesslich nur nach dem längeren Gebrauch von Ungt. cinereum und Jodkalium zur Heilung gelangten. — Was mich betrifft, so habe ich im Ganzen 13 Fälle von Keratitis parenchymatosa bei Patienten beobachten können, bei denen keine Spur hereditärer Syphilis nachweisbar war, sondern bei denen sich die ersten Zeichen der Hornhauterkrankung erst 2—3 Jahre nach Ausbruch der erworbenen Syphilis einstellten. Hiebei will ich noch erwähnen, dass die Zahl der von mir bei hereditärer Lues beobachteten Fälle von Keratitis parenchymatosa eine bei Weitem grössere war, dass aber in der grossen Mehrzahl sämmtlicher Fälle ein Abhängigkeitsverhältniss dieser Hornhauterkrankung von der Syphilis überhaupt nicht nachgewiesen werden konnte. Hierauf zurückzukommen werde ich später noch Gelegenheit finden. Meine Krankheitsfälle verliefen sämmtlich in der oben beschriebenen Weise; erwähnenswerth dürfte vielleicht nur folgender Fall sein: Frau X., 38 Jahre alt, zeigte die ersten Spuren der Syphilis nach der Geburt ihres fünften Kindes, welches luetisch zur Welt kam und auch bald darauf starb; die ersten vier Kinder sind sämmtlich kräftige, blühende Buben, wie sich auch die Frau bis zu der vor 4 Jahren erfolgten Geburt ihres fünften Kindes stets einer ungestörten Gesundheit zu erfreuen gehabt hatte. Die Patientin hatte bei ihrer Ankunft in Aachen Periostitis des rechten Schienbeins und des linken Radius, ausserdem klagte sie über Schlechtersehen auf ihrem linken Auge; ich constatirte auf demselben eine schleichende Chorioiditis mit den für Syphilis charakteristischen Glaskörpertrübungen; an der Cornea und der Iris war absolut nichts Krankhaftes zu finden. Nachdem die Patientin sich bereits 3 Wochen einer Inunctions- und einer Badekur unterzogen hatte, fand ich eines Morgens bei leichter subconjunctivaler Injection eine schwache mattgraue Trübung der linken Hornhaut, die in wenigen Tagen an Intensität so sehr zunahm, dass die Bewegungen der Hand nur noch undeutlich wahrgenommen werden konnten. Es bedurfte nunmehr einer mehr als 3 monatlichen Behandlung, bis die Trübung der Hornhaut sammt den Glaskörpertrübungen wiederum verschwunden waren und einem normalen Sehvermögen Platz gemacht hatten. Das rechte Auge war von der Krankheit verschont geblieben.

Nach alle dem lässt es sich heut zu Tage nicht mehr leugnen, dass die Keratitis parenchymatosa eine, wenn auch nicht eben häufige, so doch sicher constatirte Erkrankung ist, welche im Verlaufe der acquirirten Syphilis die Hornhaut zu befallen und das Sehvermögen mehr oder weniger zu gefährten vermag. Der Prozess verläuft immer äusserst langsam und erfordert zu seiner vollständigen Rückbildung viele Wochen, selbst Monate und auch Jahre, giebt indessen im Allgemeinen keine schlechte Prognose, da selbst in jenen Fällen, wo die Hornhauttrübung so intensiv gewesen, dass die Pupille so wenig wie die Structur der Iris hat erkannt werden können, bei zweckmässiger Behandlung doch eine vollständige Restitution des Sehvermögens erreicht werden kann; doch nicht immer ist der Endausgang ein so günstiger. Ich sehe zunächst von jenen Fällen ab, wo die Betheiligung der Iris und des Corpus ciliare zu tieferen, die Ernährung des ganzen Auges beeinträchtigenden Läsionen zu führen vermag und beschränke mich darauf, hier jener Gefahren Erwähnung zu thun, welche dem Sehvermögen lediglich von Seiten der erkrankten Hornhaut erwachsen. Hiebei habe ich ausser den zuweilen restirenden und das Sehvermögen vielfach beeinträchtigenden zerstreuten Trübungen noch der Krümmungsanomalien Erwähnung zu thun, welche dem intraocularen Drucke ihre Entstehung verdanken, welcher auf der allseitig erweichten Hornhaut lastete. Allerdings erwähnt Förster[6], dass es überhaupt keine ulcerirende Form von syphilitischer Hornhauterkrankung gäbe, die ja an sich und in erster Linie zu Krümmungsveränderungen der Hornhaut Veranlassung geben könnte. Indessen sah ich doch einen hieher gehörigen Fall, in welchem auch ohne jegliche Ulceration eine so hochgradige staphylomatöse Verbildung der allseitig getrübten Hornhaut eingetreten war, dass nur noch die Unterscheidung von Hell und Dunkel übrig blieb. An der Entstehung der Krümmungsanomalie aus einer auf dem Boden von acquirirter Syphilis entstandenen Keratitis parenchymatosa liess sich nicht zweifeln; der den Kranken früher behandelnde, mir befreundete und auf dem Gebiete der Augenheilkunde rühmlichst bekannte College hatte das Leiden von dem ersten Beginne der Hornhauterkrankung an bis zu dem Endstadium der Staphylombildung aufmerksam beobachtet; das Auge musste schliesslich wegen der durch glaukomatöse Drucksteigerung unerträglich gewordenen Schmerzen enucleirt werden. Einen dem ähnlichen Fall beobachtete auch Symons[7] bei einem Patienten, welcher früher an Lues gelitten hatte und bei welchem die Cornea beider-

seits verdünnt, vorgebaucht und mit herdförmigen Trübungen durchsetzt war. In den meisten Fällen indessen ist, wie oben erwähnt,
der Endausgang ein guter.

Zu den parenchymatösen Prozessen ist ferner jener Hornhaut-
prozess zu zählen, der, wie es scheint, bisher nur sehr selten zur
Beobachtung gelangt ist; ich selber habe ihn noch nicht gesehen.
Hock[8] beschreibt nämlich den Fall einer an syphilitischer Iritis
und anderen syphilitischen Symptomen leidenden 30jährigen Dame,
bei welcher sich vom oberen äusseren Hornhautrande aus eine
Cornealtrübung entwickelt hatte, welche dem Gewebe das Aussehen
eines matt geschliffenen Glases gab, am Rande etwa 2''' breit
war, sich 1—2 Linien gegen die Mitte der Hornhaut erstreckte und
mit abgerundeten diffusen Rändern gegen den durchsichtigen Theil
abschnitt; das Epithel war dabei vollständig intakt und spiegelnd,
Gefässneubildung fehlte gänzlich; nach einer 6wöchentlichen antisyphilitischen Behandlung war das Auge vollkommen hergestellt,
so dass Jaeger 1 in 16'' gelesen werden konnte. Hock sagt,
dass sich diese Form der Keratitis interstitialis diffusa syph. in sehr
seltenen Fällen zu der Iritis specifica in den späteren Stadien hinzu-
geselle und dass sie sich von der typischen Form durch den vollständigen Mangel an Gefässerscheinungen, durch ihr partielles rand-
ständiges Aussehen und durch ihre rasche Rückbildung bei Allgemeinbehandlung unterscheide. Ebenso betrachtete Demarbaix[9] als
spezifisch syphilitisch eine Form von interstitieller Keratitis, welche
eine randständige Trübung von dreieckiger Gestalt darbot und
welche sich zur malignen, in später Periode der Lues auftretenden
Cyclitis und Iritis hinzugesellt. Nagel glaubt, dass in diesen Fällen
die Hornhautaffection neuroparalytischer Natur und von Degeneration
der Ciliarnerven in den chorioidealen Entzündungsherden abhängig
sei. Einen dem ähnlichen Fall publizirte auch Sturgis[10] in Verbindung mit syphilitischer Iritis und Neuritis.

Viel Verwirrung herrscht noch in Bezug auf die Keratitis
punctata, die als eine fernere Form der syphilitischen Hornhauterkrankungen Erwähnung verdient. Manche Autoren bezeichnen als
Keratitis punctata jenen Prozess, bei welchem sich aus dem getrübten
Kammerwasser kleine staubkörnchengrosse Präcipitate auf die
Membrana Descemetii niederschlagen; gewöhnlich occupiren dieselben
ein dreiseitiges Areal der hinteren Hornhautfläche, dessen Basis die
untere Kammerbucht bildet, und dessen Spitze dem Centrum der

Cornea sich nähert. Da diese Ablagerungen indessen nicht in das
Gewebe der Hornhaut geschehen, so gehört diese Form der Keratitis
punctata auch nicht zu den Hornhauterkrankungen, sondern wird
später unter dem Bilde der Iritis plastica abgehandelt werden.
Indessen beschreibt Mauthner[11]) auch noch eine wirkliche Keratitis
punctata, welche ebenfalls den späteren Stadien der allgemeinen
Syphilis angehört. Mauthner charakterisirt sie folgendermassen:
„Es giebt aber eine wirkliche Keratitis punctata, die sich durch das
Auftreten umschriebener, stecknadelkopfgrosser, graulicher Stellen
in der Substantia corneae propria und zwar in den verschiedensten
Lagen derselben charakterisirt. Episclerale Injection kann vollständig fehlen, das die Herde umgebende Hornhautgewebe erscheint
im Tageslicht normal durchsichtig, reflectirt jedoch bei seitlicher
Beleuchtung mehr Licht, als unter normalen Verhältnissen. Die
Herde in der Cornea können sich rasch entwickeln, auch rasch
wieder schwinden, wobei sie keine als eine punktförmige Trübung
hinterlassen. Die Herde erreichen nie eine grössere Ausdehnung
und gehen nie in Eiterung über. Die Iris sowie die übrigen Augen-
membranen sind am Prozesse nicht betheiligt. Ich sah diese überaus
seltene Krankheit, die in dieser Weise von keinem Autor beschrieben
wird, in Fällen, in welchen allgemeine Syphilis nachweisbar war;
die einzelnen Erkrankungsstellen dürften, dem klinischen Verlaufe
nach, die Bedeutung gummöser Zellenanhäufung haben“. Zu dieser
von Mauthner in so charakteristischer Weise gegebenen Beschreibung
dieser seltenen Erkrankungsform habe ich meinerseits nur hinzu-
zufügen, dass ich sie selber unter den vielen Fällen syphilitischer
Augenleiden nur 3 Mal zu beobachten Gelegenheit hatte. In dem
einen Falle habe ich sie nur zufällig bei einem an constitutioneller
Syphilis leidenden Patienten gesehen, der über sein Sehvermögen
überhaupt nicht zu klagen hatte; in den beiden anderen Fällen
dagegen machten sich die punktförmigen Trübungen des Hornhautgewebes den Kranken in der Weise bemerkbar, dass sie sie mir
als Mouches volantes beschreiben zu müssen glaubten; erst die
Untersuchung bei seitlicher Beleuchtung sowie bei durchfallendem
Lichte liess mir keinen Zweifel über die Erkrankung des Corneal-
gewebes. Hock, der die Krankheit als Keratitis interstitialis punctiformis specifica bezeichnet wissen möchte, beschreibt l. c. einen
hieher gehörigen, mit Chorioiditis exsudativa complicirten Fall. Ob
Fournier[12]), der ebenfalls zwei Formen syphilitischer Hornhaut-

erkrankungen: die Keratitis diffusa und die Keratitis punctata annimmt, unter der letzteren diese Mauthner'sche Form oder, wie auch
andere Autoren es gethan, jene durch Iritis plastica erzeugten Auflagerungen auf die Membrana Descemetii verstanden wissen will, vermag ich, da das Original der Arbeit mir nicht zugänglich ist, nicht
anzugeben. Ebenso bezieht sich der einzige Sectionsbefund[13]), den
wir von Keratitis punctata haben, gleichfalls nicht auf die uns hier
beschäftigende Mauthner'sche Form, sondern auf jene Auflagerungen
auf die Epithelschicht der Membrana Descemetii, die, wie schon
erwähnt, zu den eigentlichen Hornhautprozessen nicht zu zählen sind.
— Eine zweite, dem Praktiker wohl bekanntere Form der Keratitis
punctata kommt bei Syphilis nicht ganz selten vor und zwar immer
in Verbindung mit Iritis; ich sah sie wiederholt in den späteren
Stadien der Krankheit, nicht selten in Verbindung mit Erkrankungen
des Knochengerüstes. Bei dieser Form ist die Hornhaut nicht in
ihrem ganzen Areal, sondern nur stellenweise graulich getrübt; ausserdem sieht man kleine rundliche, graugelbliche Flecken, welche deutlich
den verschiedensten Schichten des Hornhautparenchyms angehören, an
einzelnen Stellen confluiren, an anderen dagegen isolirt stehen. Diese
Form der Keratitis punctata unterscheidet sich von der Mauthner'-
schen Form zunächst durch die sie begleitende Iritis, dann aber
auch durch den Zustand des die kleinen Flecken umgebenden Hornhautparenchyms, das bei der uns jetzt beschäftigenden Form inten-
sivere Trübungen zeigt, während bei der von Mauthner sogenannten
Keratitis punctata das Hornhautgewebe ungetrübt erscheint und nur
etwas mehr Licht reflectirt, als die normale Cornea. Von der Keratitis
parenchymatosa dagegen unterscheidet sich dieser Prozess durch die
weit geringere Ausdehnung der Trübung, sowie durch das Aussehen
der kleinen Flecken, welche bei der Keratitis parenchymatosa von
wolkiger Beschaffenheit, milchweiss sind, wobei ihre Ränder in
einander übergehen, während bei dieser Keratitis punctata die kleinen
Flecken sich circumskript zeigen, die Grösse eines Hanfkorns besitzen
und mehr in's Graue spielen. Wie erwähnt, habe ich diese Form
zu wiederholten Malen gesehen, u. A. noch im vergangenen Frühjahre
bei einem 23jährigen, von gesunden Eltern stammenden, etwas
anämisch aussehenden Russen; derselbe war in seinem 21. Lebensjahre
inficirt und hatte sich trotz aller bisher angewandten Kuren von seiner
Krankheit nicht befreien können. Seit 6 Monaten leidet er an einer
Erkrankung des linken, seit 2 Monaten an einer des rechten Auges:

beiderseits chronische Iritis mit vielfachen, hinteren Synechien, welche den stärksten Mydriaticis nicht weichen wollen; beide Hornhäute zeigen Trübungen des Parenchyms, welche ersichtlich den verschiedensten Lagen der Membran angehören, bald dicht unter der Bowman'schen Membran, bald auch tiefer, der Descemetes näher, sich befinden; zwischen diesen zeigen sich zerstreut stehende, kleine graue, gewöhnlichen Infiltraten ähnelnde Herde; die Ciliarinjection ist mässig, dagegen besteht eine hochgradige Herabsetzung des Sehvermögens. Ausserdem leidet der Patient an multipeln Gummiknoten der Haut, sowie an chronischer Ozaena.

Wie die Keratitis parenchymatosa, so gehören auch beide Formen der Keratitis punctata der Spätperiode der Lues, dem gummösen Stadium an; sämmtliche Prozesse sind von langer Dauer und stellen sowohl die Geduld des Arztes wie die des Patienten auf eine harte Probe, sind indessen sämmtlich der Therapie zugänglich und können bei zweckentsprechender Behandlung fast vollständig oder mit Zurücklassung geringer Hornhauttrübungen verschwinden.

Ein Gumma der Hornhaut wird von Denarié[14]) beschrieben: Bei einem 34jährigen, 12 Jahre vorher infizirten Manne findet sich ausser Iritis des rechten Auges in der unteren Cornea-Hälfte eine rundliche, schmutzig graue Trübung mit diffusen Rändern. Nach 14 Tagen tritt der Tod ein, die Section zeigt zahlreiche Gummata des Gehirns. Das Auge bleibt 2 Monate in Müller'scher Lösung liegen; auf dem vertikalen Durchschnitt zeigt die Cornea im Bereiche jener während des Lebens beobachteten grauen Trübung eine in die vordere Kammer vorspringende Verdickung, welche durch eine Ansammlung von Leukocythen in den hinteren Corneallamellen entstanden ist. Denarié hält diese Infiltration der Cornea für eine gummöse und will in der Literatur sechs Fälle gefunden haben, welche die Erscheinungen eines Gumma darboten. Ebenso führt Mauthner l. c. an, dass Magni einen Fall von Kerato-Conjunctivitis gummosa beschrieben habe, in welchem sich drei kleine opake Stellen an der äusseren Peripherie der Hornhaut fanden, die Magni für syphilitische Tuberkeln erklärt.

Recapitulire ich nochmals das bisher Gesagte, so ist es unzweifelhaft, dass in den späteren Stadien der acquirirten Syphilis Hornhautprozesse auftreten können und zwar:

1) Unter dem Bilde der Keratitis parenchymatosa oder Keratitis interstitialis diffusa, wozu ich auch jene Affection zähle, welche mehr

die Peripherie der Cornea occupirt, eine dreieckige Form hat und stets mit maligner Iritis verbunden ist;

2) als die von Mauthner Keratitis punctata, von Hock Keratitis interstitialis punctiformis specifica genannte Form, wo mehrere sandkornförmige Flecken in dem sonst ziemlich durchsichtigen Hornhautgewebe nachweisbar sind. Hiebei fehlt stets Iritis;

3) als die mit Iritis und fleckenförmiger Trübung der Hornhaut auftretende Keratitis punctata;

4) als gummöse Entartung der Cornea.

Ich bin nicht häufig in der Lage gewesen, die erwähnten Hornhautprozesse von Beginn an beobachten und behandeln zu können; es bedarf keines besonderen Beweises, dass wir es hier in Aachen meistens mit verschleppter, inveterirter, vielfach behandelter Syphilis zu thun haben. Es ist deshalb einleuchtend, dass ich in den meisten der mir zu Gesicht gekommenen Fälle von Hornhautprozessen es nur noch mit den Ausläufern der Erkrankung zu thun hatte, in denen die ursprüngliche Form häufig nur schwer zu unterscheiden war. Meistens waren operative Eingriffe (Punktionen der vorderen Kammer, Iridectomien), langwierige Merkurialkuren mit Inunctionen oder Injectionen vorausgegangen, so dass das Bild der sich mir darbietenden Augenerkrankung sich häufig sehr verwischt zeigte; doch war es mir wohl immer möglich, jeden der Fälle unter eine der oben angeführten Kategorien einreihen zu können.

b. Sclera.

Bezweifelten ältere Autoren schon die Richtigkeit der Angaben, dass im Gefolge der Syphilis auch Hornhauterkrankungen beobachtet würden, so waren doch Alle darin einig, dass die Sclera von der Krankheit nie ergriffen würde, dass sie gegen syphilitisches Virus immun sei. Sagt doch Vallez[15] direkt: nous ne comprenons pas comment ou peut accuser les scrofules et la syphilis de produire la sclérotite, attendu que ces virus, de nature différente, n'ont d'ordinaire jamais pour siége les tissus fibreux ... Indessen lässt sich doch an der syphilitischen Erkrankung der Sclera nicht mehr zweifeln, seitdem, wenn auch nicht viele, so doch gut baobachtete Fälle syphilitischer Scleritis von zuverlässigen Beobachtern publizirt sind. So sagt Coccius[16]: „Unter den sogenannten spezifischen Prozessen wird sie (die Sclera) zwar selten von Lues befallen, kann dann aber

von kleinen weissen Knötchen ihres episcleralen Deckgewebes bis
zu grösseren lividen Buckeln (eines der seltensten klinischen Objekte)
ihres eigenen Gewebes partiell verändert gefunden werden".
Ferner sagt Jacobson[17]: „Nach eigenen und fremden Erfahrungen
muss ich sagen, dass die circumskripte Scleritis auch als Symptom
constitutioneller Syphilis auftreten kann". — Wenn ferner auch
Saemisch in seiner Abhandlung über Scleralerkrankungen der
Syphilis unter den ätiologischen Momenten für die Entstehung der
Scleritis nicht ausdrücklich Erwähnung thut, so giebt er doch an,
dass sich Scleritis gerne an Augen entwickele, die früher an Iritis
erkrankt waren; ebenso erwähnt Arlt[18] der Scleritis an dem Auge
eines Mannes, welcher eben eine Iritis syphilitica überstanden hatte.
So viel mir bekannt, hat Mooren[19] zuerst im Jahre 1867 eine
syphilitische Episcleritis bei einem jungen Oekonomen beschrieben,
bei dem er schon 1861 neben sonstigen Erscheinungen der allgemeinen
Syphilis: Drüseninfiltrationen, Hautnarben, Iritis specifica, eine linksseitige Episcleritis und einige Jahre später dieselbe Erkrankung auf
dem bisher gesunden rechten Auge beobachtet hatte. Ferner beschreibt Galezowski[20] eine Periscleritis bei Syphilis, die er
auch Syndesmitis ocularis nennt: circumskripte, mit dem Finger
nicht ganz wegdrückbare Röthung und buckelartige Anschwellung,
meistens nach aussen von der Cornea gelegen, zuweilen aber auch
wandernd und den ganzen sichtbaren Theil der Sclera einnehmend,
seien die unzweideutigen Zeichen einer episcleralen Entzündung,
die Galezowski ausser bei Arthritikern und Rheumatikern noch
bei Lues gefunden haben will. Endlich finde ich noch bei Higgens[21]
den Fall einer 27jährigen gesunden Frau, die aber ein syphilitisches
Kind hatte, welche drei grosse Knoten auf der stark injicirten Conjunctiva des rechten Bulbus zeigte, deren grösster auf der Insertion
des Rectus externus sass, ausserdem war Iritis vorhanden. Nach
4monatlicher antisyphilitischer Behandlung mit Merkur und Jodkalium
verschwanden Knoten wie Entzündung. — Ich selber sah bei Syphilitischen 2 Mal eine ausgesprochene Scleritis; den ersten der beiden
Fälle behandelte ich im Jahre 1873 in Gemeinschaft mit meinem
inzwischen verstorbenen Collegen Reumont bei einem 30jährigen
Patienten aus Californien; derselbe war im Jahre 1864 infizirt
gewesen und zeigte bei seiner ersten Vorstellung in Aachen im
Herbste 1867 Plaques muqueuses im Pharnyx und am Anus nebst
Osteotosen am linken Oberschenkel, nachdem vorher Roseola, Alo-

pecia und rheumatoide Schmerzen vorausgegangen waren. Als
Patient sich im Jahre 1873 uns wiederum präsentirte, war eine ausgesprochene Scleritis nach aussen von der linksseitigen Hornhaut
ohne irgend eine Mitbetheiligung der Uvea zu constatiren; eine tief
blauroth gefärbte, buckelförmig vorgewölbte Scleralparthie stach
grell gegen die übrige intakte Lederhaut ab; eine durch längere
Zeit ausgedehnte antisyphilitische Behandlung mit Inunctionen,
Decoct Zittmanni und Jodkalium befreite den Patienten von der
Scleritis wie auch von deren Grundursache — der Syphilis. Den
zweiten Fall sah ich bei einer rüstigen Bauernfrau aus Limburg,
welche ausser anderweitigen Erscheinungen der allgemeinen Lues
auf dem rechten Auge eine Chorioiditis mit Glaskörperflocken, auf
dem linken mehrere hintere Synechien sowie zwei umschriebene
blauröthliche Buckel nach aussen und nach oben aussen von der
Cornea zeigte. Eine antisyphilitische Behandlung führte auch hier
die vollständige Heilung der Scleritis herbei und eine nach oben
angelegte Iridectomie verhinderte das Recidiviren der früher wiederholt aufgetretenen Iritis; die Patientin ist bis heute gesund geblieben.

Von einer Scleritis gummosa, d. i. von genuinen, auf die Sclera
beschränkten Gummiknoten, finde ich in der Literatur im Ganzen
acht Fälle. Den so häufig in der einschlägigen Literatur erwähnten
Fall von v. Hippel führe ich erst später bei den Erkrankungen
des Uvealtraktus an, da in dem Hippel'schen Falle die gummösen
Neubildungen erst sekundär die Sclera von der Iris resp. dem Ciliarkörper aus ergriffen hatten. Zunächst erwähnt Mauthner eines
von Watson beobachteten Syphiloms der Cornea. Ferner beschreibt Hirschberg[22]) den Fall eines 15jährigen Mädchens, bei
welchem der äussere untere Quadrant der Sclera vom Hornhautrande bis zum Aequator durch eine solide Anschwellung so sehr
aufgetrieben war, dass das Unterlid nur mit Mühe darüber gestreift
werden konnte; das Gewebe der Auftreibung ist gelblich, von
violetter Injection überzogen, der entsprechende Quadrant der Hornhaut ist sklerotisch getrübt, die Iris geschwollen. Es besteht circuläre Synechia posterior und eine zusammenhängende Pupillarexsu-
dativmembran älteren Datums. Da noch anderweitige unzweideutige
Zeichen von Lues vorhanden waren, so wurde eine zweimalige
Schmierkur angewandt, wonach die Scleralauftreibung völlig schwand.
Zwei fernere Fälle von gummöser Scleritis schildern Rothmund
und Eversbusch[23]). In dem ersten Falle zeigte die 30jährige

Patientin im temporalen Abschnitte der rechtsseitigen Sclera einen erbsengrossen bis an den Limbus corneae reichenden, von zahlreichen Gefässen durchzogenen Tumor, der etwa 3 Mm. über die Conjunctivalfläche prominirte und in dessen Umgebung die Sclera mässig injicirt war. Am linken Auge zeigte sich im oberen medialen Quadranten der Sclera eine Prominenz von derselben Grösse und Beschaffenheit. Im Uebrigen waren beide Augen reizlos. Bei Merkurialkur gingen die Herde in der Sclera in 14 Tagen zurück und hinterliessen nur eine leichte Verdünnung der Sclera. Ganz analog verhielt es sich im zweiten Falle, wo nur das eine Auge krank und der Tumor etwa linsengross war. — Higgens[24]) beschreibt ebenfalls zwei Fälle von Gummata der Sclera. In dem einen fanden sich nach 9 monatlicher Dauer der Syphilis drei grosse Knoten temporalwärts von der Cornea; ausserdem Iritis; Merkur und Jodkalium besserten die Scleralkrankheit. Nach $\frac{1}{2}$ Jahr folgte beiderseits Keratitis diffusa, die ebenfalls günstig verlief. Im zweiten Falle wurde nach mehrjähriger Dauer der Syphilis am vollständig erblindeten Auge zugleich mit anderen tertiären Erscheinungen eine grosse Scleralgeschwulst temporalwärts von der Cornea beobachtet; zugleich bestand Netzhautablösung und starke Glaskörpertrübung. Bei Sublimat- und Jodkaliumgebrauch trat Abschwellung der Geschwulst und Schrumpfung des amaurotischen Bulbus ein. Den achten Fall endlich beobachtete Andrews[25]) bei einem 40 jährigen, an tuberkulösen Hautsyphiliden leidenden Patienten: 2′″ vom höchsten Punkte des linken Limbus corneae entfernt eine flache Geschwulst, welche $\frac{1}{2}$″ in horizontaler, $\frac{3}{8}$″ in vertikaler Richtung misst und eine grosse mit Eiter gefüllte Depression zeigt; die Basis der Depression ist ulcerirt und in der Mitte derselben bemerkt man eine Perforation der ulcerirten Sclerotica; das obere Lid konnte nicht willkürlich nach aufwärts bewegt werden wegen des Tumors der Sclerotica, der eine beträchtliche Deformität verursachte. Unter antisyphilitischer Behandlung verschwand die Affection der Sclera vollständig. Zu diesen acht fremden Fällen füge ich einen selbstbeobachteten hinzu. Der 42 jährige Patient stellte sich mir im Sommer 1883 mit beiderseitiger Sehnervenatrophie vor; früher stets gesund, habe er im 38. Lebensjahre sich eine Infection zugezogen, die in der bekannten Weise von Roseola, Pharyngitis, Alopecia u. s. w. gefolgt war. Alle diese Frühsymptome der Lues verschwanden schnell nach verhältnissmässig kleinen Quecksilberdosen;

seit 1 Jahr bemerkte Patient reissende Schmerzen in Armen und
Beinen, Unsicherheit beim Gehen, Incontinentia urinae etc. und
ausserdem eine hochgradige, täglich zunehmende Sehschwäche, so
dass er jetzt kaum mehr im Stande sei, allein zu gehen; seit ½ Jahr
sei unter entzündlichen Erscheinungen eine Anschwellung seines
linken Auges hinzugetreten. Bei dem die unzweideutigen Zeichen
von Erkrankung der Hinterstränge aufweisenden Patienten (Fehlen des
Patellarreflexes, Romberg'sches Symptom, lancinirende Schmerzen,
Parese des Sphincter vesicae etc.) constatirte ich eine beiderseitige
Atrophia nervorum opticorum, so dass rechterseits nur noch Jaeger 14
entziffert werden, linkerseits die Bewegungen der Hand undeutlich
unterschieden werden konnten, das Farbenunterscheidungsvermögen
war total erloschen. Ausserdem bestand nach aussen und unten
von der linken Hornhaut, zwischen dem Ansatze des Rectus externus
und Rectus inferior eine schmerzlose Anschwellung der Sclera, welche
in horizontaler Richtung ca. 1½ Ctm., in vertikaler ca. 1 Ctm. mass;
die sie bedeckende Conjunctiva war injicirt, auf der Geschwulst
leicht verschiebbar; letztere ragte über die Scleralfläche so weit hervor, dass sie bei geschlossenen Lidern leicht wahrgenommen und
abgegrenzt werden konnte. Eine ähnliche, wiewol weit kleinere
Geschwulst constatirte ich nach oben von der Cornea, ca. ½ Ctm.
von derselben entfernt, die auch bei Weitem weniger hervorragte,
als die erste. Bei der ophthalmoskopischen Untersuchung fand ich
an den betreffenden Stellen das Epithel der Retina rareficirt, die
Membran nirgends von der Chorioidea abgelöst, nur zeigten die der
Geschwulstgegend entsprechenden Retinalgefässe eine grössere parallaktische Verschiebung, so dass daraus ein Hineinragen der Anschwellungen in den Binnenraum des Auges angenommen werden
musste. Da ich dem Patienten von irgend einem günstigen Einflusse
einer Schmierkur resp. unserer Thermen auf sein Sehvermögen nichts
versprechen konnte, so verliess er schon nach wenigen Tagen Aachen
und soll ½ Jahr später zu Grunde gegangen sein. Ich stehe nun
nicht an, auch diese beiden Geschwülste für Gummata der Sclera
zu halten, wenn auch der anatomische Beweis für die gummöse
Natur der Geschwülste resp. der Beweis ex juvantibus meinerseits
nicht hat erbracht werden können.

— — —

Literatur.

IV. Cornea und Sclera.

a. Cornea.

1. Leber: Krankheiten der Netzhaut und des Sehnerven in Graefe u. Saemisch's Sammelwerk Bd. V, S. 631.
2. Jakolewna: Kerat. interstitialis diffusa. Inaugural-Dissertation. Zürich.
3. Mauthner in Zeissl's Lehrbuch der Syphilis S. 279.
4. Ancke, R.: 100 Fälle von Kerat. parenchymat. diffusa. Centralbl. f. prakt. Augenheilk. 1885, S. 360.
5. Schadek: Contribution à l'étude de la kératite syphilitique. Rev. clin. d'Ocul. 1886, No. 9, S. 201.
6. Förster in Graefe u. Saemisch Bd. VII, S. 186.
7. Symons: Corneal Changes in acquired Syphilis. Ophth. Soc. of the United Kingd. 1886, Juli 2.
8. Hock: Die syph. Augenkrankheiten. Wiener Klinik 1876, 3. ü. 4. Heft.
9. Demarbaix: Iritis spécifique malin double avec kératite interstitielle. Gaz. des hôsp. S. 303.
10. Sturgis: Archives of Dermatology, January 1875, S. 112.
11. Mauthner l. c.
12. Fournier: Des affections oculaires d'origine syphilitique. Journ. d'Ophth. Bd. I, S. 543—569.
13. Brailey, W. A.: Curator's pathological report. Ophth. Hosp. Rep. Bd. VIII, S. 286—295.
14. Denarie: Sur un cas de kératite syphilitique. Lyon. méd. No. 49.
    Ferner: Stellwag: Lehrb. der Augenheilk. S. 51. — Klein, Lehrb. der Augenheilk. S. 230. — Couzon: Contribution à l'étude de la kératite interstitielle dans la syphilis héréditaire et dans la syph. acquise. Thèse de Paris. — Hagen-Thorn: Ueber Formen der syphilitischen Keratitis. Wjestnik Ophth. 1887, No. 1, S. 84. — Leplat: De l'origine syphilitique de la kératite parenchymateuse. Annal. d'Oculist. Bd. XCII, S. 145. — Lienhardt: Beiträge zur Kenntniss der hereditären Lues. Correspondenzbl. f. Schweizer Aerzte S. 376.

b. Sclera.

15. Vallez: Traité théorique et pratique de médecine oculaire Bd. I, S. 209.
16. Coccius: Die Heilanstalt für arme Augenkranke zu Leipzig S. 36.
17. Jacobson: Beziehungen der Veränderungen und Krankheiten des Sehorgans zu Allgemeinleiden und Organerkrankungen S. 123.
18. Arlt: Krankheiten des Auges Bd. II, S. 7.
19. Mooren: Ophthalmiatrische Beobachtungen S. 118.
20. Galezowski: Traité des maladies des yeux S. 317—331.
21. Higgens, C.: Unusual case of episcleritis. Brit. med. Journ. Bd. II, S. 660.
22. Hirschberg: Beiträge zur prakt. Augenheilk., 2. Heft.
23. Rothmund und Eversbusch: Mittheilungen aus der Königl. Universitätsklinik zu München 1882, S. 305.
24. Higgens: Gummata of the Sclerotic. Brit. med. Journ. 1882, Bd. I, S. 247.
25. Andrews: Arch. f. Augenheilk. Bd. XII, S. 83.
    Ferner: Arlt: Prager Vierteljahrschr. Bd. XVIII.

Fünftes Kapitel.

Erkrankungen der Uvea.

(a. Iris. b. Corpus ciliare. c. Chorioidea.)

a. Iris.

Unter allen Organen des Auges wird die Iris am häufigsten von der constitutionellen Syphilis ergriffen und erkrankt in mannigfacher Weise. War dieses Faktum auch schon den älteren Augenärzten bekannt, so wurde vielfach doch noch die Behauptung aufgestellt, dass die im Verlaufe der Lues auftretende Iritis nur dem Gebrauch oder dem Missbrauch des Merkur ihre Entstehung verdanke. Ich habe schon im I. Kapitel erwähnt, dass noch im Jahre 1824 Hewson und Lawrence dieser Behauptung entgegentreten mussten. Virchow's Ausspruch: „Leute, welche einer längeren Merkurbehandlung ausgesetzt waren, können, wenn sie in der kälteren Jahreszeit aus dem Spital entlassen werden, sehr leicht eine Iritis bekommen, welche manchmal einen ganz spezifischen Charakter annimmt, so dass gummöse Knoten, sogenannte Condylome, aus der Iris hervorwachsen", hat der leicht misszuverstehenden Auffassung Eingang verschafft, als ob Virchow der Entstehung einer merkuriellen Iritis das Wort rede. Niemand ist weiter davon entfernt gewesen als Virchow, dessen Worte lediglich so gedeutet werden müssen, dass bei langwieriger oder gar unzweckmässiger Anwendung des Merkur, bei dem Eintreten einer gewissen Merkur-Cachexie der grössere Vulnerabilität aller Gewebe darbietende luetische Kranke sich leichter eine Iritis zuziehen könne, als jeder Andere. Niemand weiss es besser als Virchow, dass auch ohne jedwede Gelegenheitsursache, selbst bei sorgfältigster Abhaltung aller irgendwie schädlich wirkenden Momente eine akute Iritis sich den übrigen Symptomen constitutioneller Syphilis hinzuzugesellen vermag; dass überdies auch noch alle Gelegenheitsursachen, welche nach einem der Irritation so zugänglichen Organ einen stärkeren Afflux des syphilitisches Virus führenden Blutstromes hervorbringen, ebenso auch Hyperämien, ja Entzündungen der Iris mit Abscheidung plastischer Exsudationen herbeiführen müssen, bedarf keines besonderen Beweises.

Es lehrt daher auch die tägliche Erfahrung der Syphilidologen wie der Ophthalmologen, dass die Iritis diejenige Organerkrankung ist, welche neben der Erkrankung der Haut und der sichtbaren Schleimhäute des Mundes, des Anus u. s. w. als eines der häufigsten syphilitischen Symptome zur Beobachtung gelangt. Wie ich indessen schon im I. Kapitel dieses Werkes erwähnt, sind alle statistischen Erhebungen bisher nicht im Stande gewesen, uns darüber sicheren Aufschluss zu geben, wie gross der Prozentsatz derjenigen Kranken ist, welche im Verlaufe ihrer syphilitischen Allgemeinerkrankung eine Iritis davongetragen haben. Wenn, wie Hock[1]) angiebt, in der Siegmund'schen Klinik vom Jahre 1862—1866 unter 4047 Syphilitischen nur 17 Iritiden, d. i. 0,42% der Gesammtzahl gefunden wurden, während Hebra in derselben Zeit unter 766 Syphilitischen 16 Iritiden, d. i. 2,09%, Fournier 3—4%, Boeck sogar in 2344 Fällen 139 Iritiden, d. i. 5,37% ausrechnete, so ist diese Differenz in den Angaben von sonst glaubwürdigen Syphilidologen doch so bedeutend, dass sie für unsere Zwecke kaum verwerthbar ist. Da aber nach einer approximativen Schätzung unter 2500 Personen nur Eine, also nur 0,04% an einer Iritis erkrankt, so geht aus jenen Angaben wenigstens so viel hervor, dass unter Syphilitischen die Entzündung der Iris unendlich viel häufiger ist, als unter den Uebrigen.

Eine etwas zuverlässigere Auskunft erhalten wir aus den Berichten der Augenkliniken, welche uns angeben, wie häufig die zur Beobachtung gelangten Fälle von Iritis von anderweitigen auf Syphilis deutenden Symptomen begleitet sind, wie viele von ihnen selber als syphilitische aufzufassen sind. So fand Arlt unter 428 Fällen von Iritis 123, d. i. 28,7% syphilitische, Wecker hält 50—60% aller Iritiden für spezifisch, Mauthner 60—75%, Schnabel fand unter 224 Fällen 109, d. i. 48,6% syphilitische, Coccius 46,6%, Cohn unter 524 Iritiden 121, d. i. 23% syphilitische, v. Graefe 60%, Knapp 30%, ich fand unter den von mir beobachteten Iritiden gegen 60% syphilitische. So sehr nun auch diese Angaben wieder unter sich differiren, so geht aus ihnen doch zur Evidenz hervor, dass unter allen Iritiden die syphilitische als eine der häufigsten angesehen werden muss. Für den praktischen Arzt entsteht hieraus die Nothwendigkeit, in jedem Falle von Iritis an die Möglichkeit einer syphilitischen Grundursache zu denken und weder durch Geschlecht, noch durch Alter und Stand sich abhalten zu lassen, eine minutiöse Untersuchung des Kranken auf etwa übersehene oder verheimlichte Symptome der Lues anzustellen und der Anamnese, sowohl mit Bezug auf hereditäre wie acquirirte Syphilis Rechnung zu tragen. Wenn wir wissen, dass unter zwei an Iritis leidenden Patienten einer als syphilitisch zu betrachten ist, so werden wir uns nur dadurch vor einer falschen Diagnose, vor Nackenschlägen sichern können, wenn wir beide Kranke auf's sorgfältigste untersuchen, uns dabei aber auch jeden Augenblick sagen, dass, wenn auch in der Mehrzahl der Fälle anderweitige syphilitische Symptome nicht fehlen werden, zuweilen doch die Iritis als einziges Zeichen der Seuche aufgefunden wird. Diese Untersuchung wird eine um so exaktere sein müssen, als die syphilitische Iritis nur in einigen wenigen Fällen, auf welche ich später näher eingehen werde, allein schon durch ihre Anwesenheit die Diagnose auf Syphilis ermöglicht, während sie in den bei weitem meisten Fällen nichts darbietet, wodurch sie sich von einer idiopathischen, aus irgend welcher Ursache entstandenen Iritis unterscheidet.

Haben wir bisher gesehen, dass sich als häufiges Symptom der constitutionellen Syphilis eine Entzündung der Regenbogenhaut vorfindet, dass andererseits unter allen Iritiden die syphilitischen ca. 50 °/o der Gesammtzahl ausmachen, so wird sich uns zunächst die weitere Frage aufdrängen, welchem Stadium der Lues die Iritis sich zugesellt. Die fast tägliche Erfahrung lehrt uns, dass diese durch ihre Plastizität sich auszeichnende Iritis fast ausschliesslich im Frühstadium der allgemeinen Syphilis, in sogen. condylomatösen vorkommt, in jenem Stadium, in welchem die leichteren exanthematischen Formen, die Condylomata, die Entzündungen und oberflächlichen Ulcerationen der Mund- und Rachenschleimhaut das Bild der constitutionellen Syphilis ausmachen; zuverlässige Beobachter, wie Manz, Schmidt, Mauthner u. A., haben diese Iritis selbst dem Ausbruch der exanthematischen Formen vorausgehen gesehen. Widder[2]) beobachtete sie 3 Mal während des Bestehens einer Initialsklerose; dem Ausbruche der Iritis folgte bald darauf auch das makulös papulöse Syphilid. Dass die Iritis in diesen Fällen den Frühsymptomen zugezählt werden musste, bewies ausserdem noch die schnelle Involution nach wenigen Quecksilberdosen, was ebenfalls nur den Frühsymptomen zukommt. — Wenn indessen von Anderen angegeben wird, dass sie auch in den späteren Stadien, selbst in dem gummösen, das Auftreten der plastischen Iritis hätten constatiren können, so dürfte es sich in diesen Fällen wol um eine andere Iritis-Form, als um die plastische gehandelt

haben; andererseits ist aber auch die Möglichkeit nicht von der Hand
zu weisen, dass in jenen Fällen eine in der Frühperiode aufgetretene,
aber mit Hinterlassung hinterer Synechien abgelaufene Iritis immer
wieder recidivirt hätte und somit die im gummösen Stadium vom
Arzte zuerst beobachtete Iritis lediglich als eine Fortsetzung oder
vielmehr als Recidiv der plastischen Iritis des condylomatösen
Stadiums aufgefasst werden muss. Durch tausendfältige Beobachtungen ist die Richtigkeit der Behauptung, dass die plastische Iritis
den Frühformen der constitutionellen Syphilis zuzuzählen ist, heut zu
Tage so allgemein anerkannt, dass einzelne scheinbare Ausnahmen
diese Regel kaum mehr umzustossen im Stande sind. Die allseitig
gefundene Bestätigung dieser Regel bietet gleichzeitig eine starke
Stütze der Merkurialisten gegen die Widersacher der merkuriellen
Behandlung bei allgemeiner Syphilis; denn gehört, wie behauptet
und kaum mehr bestritten werden kann, die Iritis den Früh- oder
ersten Symptomen der Lues an, wo wenig oder gar kein Merkur
dem Organismus einverleibt ist, so kann diese Iritis auch nimmermehr durch den übermässigen Gebrauch oder gar Missbrauch des
mit Unrecht angefeindeten Merkur entstanden sein.

Gewöhnlich ist es nur ein Auge, welches von der Krankheit
befallen ist; indessen pflegt das zweite in kürzerer oder längerer Zeit
ebenfalls zu erkranken; wohl giebt es in der Literatur Fälle, in denen
beide Augen gleichzeitig ergriffen waren, wie auch Fälle, in denen
es bei Erkrankung des einen Auges verblieb. So wird es von Ricord
angegeben, ebenso fand Schmidt in einem Falle beide Augen zu
gleicher Zeit ergriffen, Boeck fand dasselbe unter 126 Fällen syphilitischer Iritis 2 Mal. Indessen gehört Beides zu den Ausnahmen,
während, wie gesagt, in der Regel beide Augen nach einander und
in nicht zu langen Zwischenpausen ergriffen zu werden pflegen.

Was nun den Verlauf der plastischen Iritis syphilitica betrifft,
so tritt sie ebenso wie die nicht-syphilitische, die idiopathische Iritis
entweder in akuter oder in subakuter oder auch in chronischer
Weise auf. In keinem Falle ist aus ihrem Auftreten und ihrem
Verlauf irgend ein Rückschluss auf die Grundursache gestattet;
weder die nach oben und innen verzogene Pupille (v. Ammon) noch
der heftige, Nachts exacerbirende Schmerz sind zur differentiellen
Diagnose zwischen der syphilitischen und der idiopathischen Form
zu verwerthen. Nicht lange nach der Initialsklerose oder in Verbindung mit anderen, dem condylomatösen Stadium angehörenden

Symptomen zeigt sich bei dem Kranken unter grösserer oder geringerer Schmerzhaftigkeit oft nach einer schlaflosen Nacht die Entzündung eines Auges. Zuweilen klagen die Kranken nur über geringe Schmerzen, die sich wieder in anderen Fällen zu den heftigsten, bis in die Knochen der Umgebung ausstrahlenden und jede Nachtruhe raubenden steigern können; dieselben werden um so intensiver sein, je akuter und heftiger der Anfall auftritt. Genau dieselbe Verschiedenheit in der Schmerzhaftigkeit beobachten wir indessen auch bei jeder anderen idiopathischen Iritis, so dass aus der Art des Schmerzes, aus seinen Exacerbationen während der Nacht und seinen Remissionen während des Tages auf eine syphilitische Iritis schliessen zu wollen, wol ein vergeblicher Versuch bleiben dürfte. Dabei machen sich — ebenfalls entsprechend dem Grade der Entzündung — die bekannten entzündlichen Symptome: Lichtscheu, Thränenfluss, bemerkbar; das obere Lid ist leicht geschwellt, die vorderen Ciliargefässe stark injicirt, so dass der blaurothe Kranz um die Hornhaut besonders deutlich hervortritt, die Iris ist glanzlos, ihre Zeichnung verwischt, das Kammerwasser leicht getrübt, bei seitlicher Beleuchtung erkennt man unschwer einige Verwachsungen der Iris mit der vorderen Linsenkapsel, die Pupille ist verengt. Das Sehvermögen ist gewöhnlich nur wenig herabgesetzt; nur in denjenigen Fällen, in welchen neben einer Exsudation in den Pupillarrand auch eine Ausschwitzung in die Pupille selber stattgefunden hat, bildet die neugebildete Pupillarmembran ein Hinderniss für das Eindringen der Lichtstrahlen und bedingt dadurch eine bedeutende Herabsetzung des Sehvermögens. — Aber auch in einer weniger heftigen, subakuten, selbst chronischen Weise zeigt sich die syphilitische Iritis, so dass alle soeben geschilderten Symptome sich auch weniger ausgeprägt zeigen. Die Kranken werden erst durch Störungen ihres Sehvermögens, durch zeitweise Röthung und leichtes Thränen des Auges auf ihr Leiden aufmerksam gemacht, so dass sie sich häufig recht erstaunt zeigen, wenn sie erfahren, dass sie es mit einer nicht unerheblichen Erkrankung ihres Auges zu thun haben.

Tritt eine zweckentsprechende Behandlung ein, so vermindert sich die Schmerzhaftigkeit, die Entzündung weicht, die hinteren Synechien reissen, das Kammerwasser wird klar und eine vollständige Wiederherstellung des Auges ist der bei Weitem häufigste Ausgang der Erkrankung. Widerstehen indessen die Synechien der

Anwendung der Mydriatica, so entwickeln sich dadurch mannigfache, für den Bestand des Sehorgans deletäre Folgezustände. Schon
vor fast 30 Jahren konnte dem Forscherblick eines Albrecht
v. Graefe die Bedeutung der hinteren Synechien nicht entgehen.
Im II. Band des Archiv für Ophthalmologie S. 203 sagt er wörtlich:
„.... In welcher Weise die schädliche Rückwirkung der Exsudate
auf die Iris stattfindet, ob es die Behinderung der Circulation durch
die Zusammenziehung des Narbengewebes oder die Zerrung der
Iris ist, wenn letztere den Contraktionsimpulsen ungenügend folgen
kann, das lasse ich unentschieden; aber die Thatsache, dass das
Zurückbleiben hinterer Synechien die Disposition zu Rückfällen in
den meisten Fällen begründet, halte ich für festgestellt. Eine Iritis,
ohne hintere Synechien geheilt, wird im Allgemeinen keine Neigung
zu Recidiven zeigen; eine Iritis mit spärlichen und ausdehnbaren
Synechien wird zuweilen, aber in der Minderzahl der Fälle, zu Rückfällen veranlassen; eine Iritis mit multipeln und breiten Synechien,
welche sich jeder künstlichen Mydriasis entgegensetzen, wird in der
Regel Rückfälle herbeiführen, und vollends wird diese Regel beinahe
ohne Ausnahme sein, wenn Synechia posterior totalis, also ein vollständiger Abschluss der Pupille durch Exsudate zurückgeblieben
ist.“ — Von dem Augenblicke an, wo die Synechie eine totale,
circuläre geworden ist, hört die Communication zwischen vorderer
und hinterer Kammer auf, das Secret des Ciliarkörpers wird, nachdem es seine Function für den Glaskörper erfüllt hat, die am
Pupillarrande angewachsene Iris aus ihrer Ebene gegen die hintere
Hornhautwand andrängen und einen Theil des Kammerwassers
durch die natürlichen Filtrationswege nach aussen befördern;
allmälig wölbt sich die Iris immer mehr nach vorne, die vordere
Kammer flacht sich ab, die Iris, indem sie sich mit ihrer ganzen
Ebene an die Hornhaut anlegt, verhindert den weiteren Austritt
der verbrauchten Augenflüssigkeit und von diesem Moment an ist
der Eintritt einer glaukomatösen Drucksteigerung nur noch als eine
Frage der Zeit zu betrachten; wird durch die später zu besprechenden
Encheiresen derselben nicht Einhalt gethan, so kommt es unter
dem Bilde des Sekundär- und später des absoluten Glaukoms zu
totalem und unheilbarem Verlust des Sehvermögens. — Oder aber es
wird bei jedem neuen Nachschub der Entzündung das neugebildete
Exsudat auf die hintere Fläche der Iris ausgeschieden; diese,
besonders ihr peripherer Theil in der Nähe des Ciliarbandes wird

durch Exsudat buckelförmig hervorgetrieben, während ihr pupillarer Theil sich nabelförmig eingezogen zeigt; aus der Iritis wird, indem jetzt auch die Ciliarfirsten mit in den Prozess hineingezogen werden, eine Irido-Cyclitis resp. eine Irido-Chorioiditis. Der Uebergang der Iritis in eine Cyclitis kündigt sich durch vermehrte, sowol spontan wie durch Druck mit dem Sondenknopf leicht hervorzurufende Schmerzhaftigkeit des Ciliarkörpers und durch eine starke Herabsetzung des bisher vielleicht noch leidlichen Sehvermögens an, welche, wie die ophthalmoskopische Untersuchung ergiebt, in beweglichen Trübungen des vorderen Glaskörperabschnittes ihre nächste Veranlassung findet. Sehen wir also, dass bei einer Iritis neben grosser Schmerzhaftigkeit der Ciliarkörpergegend und vermehrter Röthung des Auges eine Herabsetzung des Sehvermögens und eine Trübung der vorderen Glaskörperparthien eintritt, so können wir mit Sicherheit den Uebergang der Iritis in eine Cyclitis diagnosticiren. Ich will hier noch hinzufügen, dass der geschilderte Verlauf der plastischen Iritis syphilitica und deren Uebergang in die gefahrvollen Folgezustände eines Sekundärglaukom und einer Cyclitis sowohl bei der akuten, wie bei der subakuten und chronischen Form der Iritis beobachtet wird.

So häufig nun auch die bisher besprochene Iritis plastica als Symptom der constitutionellen Syphilis beobachtet wird, so sind wir doch, wie schon wiederholt bemerkt, nicht berechtigt, aus ihrer Anwesenheit schon einen Rückschluss auf Syphilis zu machen. Dagegen sind wir in der Lage, bei einer zweiten Iritis-Form, der sogen. Iritis gummosa, die Diagnose auf Syphilis direkt stellen zu können. Wenn auch einige Autoren das absolute Abhängigkeitsverhältniss dieser Iritis-Form von der Syphilis nur mit Reserve anerkennen und meinen, dass dieselbe auch anderen Ursachen ihre Entstehung verdanken könne, so glaube ich, dass in diesen Fällen von ihnen in der Iris vielleicht andere Gebilde gesehen sind, als jene, welche Beer schon im Jahre 1813 als Condylomata, Graefe als Nodi, Mackenzie und Arlt als syphilitische Tuberkeln beschrieben haben. Wo diese Knötchen gefunden werden, da besteht, wie heut zu Tage mit wenigen Ausnahmen wol sämmtliche Beobachter bekunden, zweifellos Syphilis und zwar können, wie wir sogleich sehen werden, jene kleinen Gebilde sowol in der Früh-, wie auch in der Spätperiode der Syphilis zur Entwickelung gelangen. Diese Iritis gummosa, die ich, wie auch andere Autoren, als Collektivbegriff für mehrere

Zustände betrachtet wissen möchte, ist übrigens nicht gar so selten,
wie von mancher Seite angenommen wird. In der vortrefflichen,
diesen Punkt berücksichtigenden Abhandlung Widder's finden wir
über das Verhältniss der Iritis gummosa zur Iritis plastica folgende
Zahlenangaben:

			Gesammtzahl der Iritiden.	Iritis gummosa.	
Schmidt	fand unter	. .	47	7	15 %
Knapp	» »	. .	26	5	19 »
Coccius	» »	. .	42	5	12 »
v. Schroeder	» »	. .	240	46	19 »
Widder	» »	. .	59	11	19 »
			414	74	17,8 %

Mooren fand 25 % der syphilitischen Iritiden complicirt mit
Condylomen; ich selber fand in mehr als 27 % jene Iris-Ver-
änderungen, welche mit dem Collektivnamen „Iritis gummosa"
bezeichnet werden.

In der von Kunze redigirten deutschen Zeitschrift für praktische Medizin, Jahrgang 1874, findet sich ein Referat über einen
Vortrag, den ich am 2. October 1873 in der General-Versammlung
des Aachener ärztlichen Vereins gehalten habe; in demselben heisst
es: bezüglich der Iritis gummosa weicht Alexander von der Fassung
des Begriffs, wie sie Beer 1813 gegeben, ab. Es bedürfe nicht
der eigentlichen Condylome oder Gummata der Iris, um in allen
Fällen und von vornherein die Diagnose auf Syphilis zu sichern,
sondern eine jede partielle Schwellung des Iris-Gewebes, sei dieselbe
die Folge neuer Zellenwucherung oder der Ausscheidung eines Exsudates in das Gewebe, leite uns mit absoluter Sicherheit auf die
Syphilis als ätiologisches Moment hin. Man könne ohne Bedenken
die Diagnose auf Syphilis stellen, wenn eine partiell afficirte Iris
angetroffen werde, bei welcher der von dem Infiltrat oder dem
Exsudat freie Iris-Theil sich auf Mydriatica gut erweitere; die
Anwesenheit der Gummata sei nicht nöthig und sei auch die eigentliche Condylombildung seltener als man allgemein glaube. Hiezu
meint Schubert in seiner Abhandlung über syphilitische Augenkrankheiten S. 32, „dass ihm (Alexander) in dieser Beschreibung
gewiss Viele nicht beistimmen werden"; so wie auch Widder l. c.
sagt: „Es hat hier oft subjektives Urtheil viel zur Verwechselung und

Verwirung der Begriffe beigetragen; so bezeichnet z. B. Alexander schon das an der Iris angesetzte Exsudat als Gumma". Nichts hat mir ferner gelegen, als die Behauptung, dass ein an umschriebener Stelle in das Iris-Gewebe abgesetztes Exsudat schon als Gumma aufzufassen wäre. Ich habe in meinem Vortrag lediglich das kausale Abhängigkeitsverhältniss der sogen. Iritis gummosa von der Syphilis hervorheben wollen und habe, wie das noch erhaltene Conzept meines Vortrages ergiebt, es auch besonders betont, dass ich unter Iritis gummosa verschiedene Prozesse verstehe, die indessen sämmtlich syphilitischen Ursprungs sind; ich unterliess es, jeden derselben besonders zu benennen und begnügte mich, sie alle unter der gemeinsamen Bezeichnung Iritis gummosa zu subsummiren.

Wenn ich damals schon die particlle Schwellung des Iris-Gewebes ohne Condylom-Bildung hinzuzählte, so gestehe ich, dass ich auch heute noch genau auf demselben Standpunkte stehe, einem Standpunkte, der übrigens auch noch von anderen Autoren eingenommen wird. So hält auch Mauthner jede particlle Schwellung des Iris-Gewebes für ominös und fügt hinzu: die Wahrscheinlichkeit steigert sich zur Gewissheit, falls die geschwellten Parthien als begrenzte Gummata sich kundgeben; ähnlich sprechen sich auch Zehender, Fuchs u. A. aus.

Im Uebrigen schliesse ich mich vollständig Widder an, der für jene Iris-Knötchen, welche in der Frühperiode der Syphilis entstehen, die Bezeichnung Iritis syphilitica papulosa gewählt wissen wollte, da wir es hier mit einfach entzündlichen (hyperplastischen) Formen zu thun haben, die nur zur Bildung homologer Gewebe führen (Virchow), während er den Namen Iritis gummosa für jene Iritis-Form erhalten wissen möchte, welche der Spätperiode angehört und die schwereren gummösen zu heterologen Gebilden oder Neubildungen führenden Producte hervorbringt. Wenn sich auch, wie Widder weiter ausführt, zwischen der syphilitischen Papel und dem syphilitischen Gummigewächs anatomisch kein unterscheidendes Merkmal anführen lässt, da beide dieselbe kleinzellige Infiltration mit spärlicher Zwischensubstanz zeigen, so bieten sie doch in ihrem Auftreten in der Iris und in ihrem klinischen Verlaufe so charakteristische Merkmale dar, dass wir berechtigt sind, auch in der Iris die Papel von den eigentlichen Gummigebilden zu unterscheiden und dementsprechend auch eine Iritis papulosa und eine Iritis gummosa zu statuiren. Während die Papel mehr ein den entzündlichen Prozessen analoges Verhalten

darbietet, zeigt das Gumma mehr das der Neubildungen; während
die Papel sich durch ihren Reichthum an Blutgefässen auszeichnet,
zeigt das Gumma mehr den Charakter des blutarmen Gewebes;
während die Papel einfach der Resorption verfällt und in der Iris
kaum sichtbare Spuren zurücklässt, geht das Gumma vom Centrum
aus einen käsigen, zu dauernder Narbenbildung führenden Zerfall
ein; während endlich der Merkur, wie es auch in allen anderen der
Frühperiode der Syphilis angehörenden und durch nutritive Reizung
entstandenen leichteren Formen zu geschehen pflegt, auch die Papel
der Iris zum Schwinden bringt, wirkt derselbe auf das eigentliche
Gumma gar nicht oder ungünstig ein, bei welchem erst eine tonisirende,
den Spätsymptomen der allgemeinen Syphilis entsprechende Behandlung oder auch das Jod-Kalium ihre wohlthätige Wirkung ausüben.

Sehen wir somit, dass jene Knötchen, welche sich der Iritis
plastica hinzugesellen, klinisch durchaus den Verlauf und den Ausgang der syphilitischen Papel nehmen, so liegen uns auch mikroskopische Untersuchungen von Fuchs[3]) und Michel[4]), zweier unserer
zuverlässigsten Beobachter vor, welche dieser Ansicht auch Beweiskraft geben. Beide fanden zunächst, was ja auch schon Virchow[5])
hervorgehoben hatte, dass die Knötchen- wie die Gummibildungen
histologisch nichts darboten, wodurch sie über das Gebiet bekannter,
einfach entzündlicher Producte hinausreichen. Dann constatirte
Michel bei der mikroskopischen Untersuchung eines Iris-Stückes,
welches er einer an akuter syphilitischer Iritis mit Knötchenbildung
leidenden Patientin excidirt hatte, „eine Veränderung der kleinen
Arterien, deren Lumen durch eine Wucherung der Intima nahezu
verstopft war, während die adventitielle Bindegewebshülle verbreitert,
gequollen war und ausserhalb derselben eine Wucherung von epitheloiden Zellen vorhanden war, welche in dichter und fast con-
centrischer Weise angeordnet sind, so dass das mikroskopische Bild
eines Knotens entsteht“. Nach der vorliegenden histologischen Untersuchung, fährt Michel fort, ist die Iritis syphilitica nicht anders denn
als eine Gefässerkrankung zu bezeichnen und zwar als eine Endarteriitis der kleinen Gefässe; die Knotenbildung (Gumma?) ist ein
sekundäres Product, hervorgegangen aus einer durch die Circulationsstörung hervorgerufenen Proliferation von epitheloiden Elementen in
Herdform. Da ausserdem solche sich in diffuser Weise zerstreut
im Iris-Gewebe vorfinden, so handelt es sich als Folgezustand zugleich
um eine proliferirende Entzündung im Allgemeinen. — Ebenso

war **Fuchs** in der Lage, das Auge eines im sogen. zweiten (condylomatösen) Stadium der Syphilis befindlichen Patienten mikroskopisch zu untersuchen; die Iritis war 4—5 Wochen vor dem Tode des Patienten ausgebrochen. Hier sowohl wie bei **Michel** waren während des Lebens die Iris-Knötchen makroskopisch nicht zu finden, während sie durch das Mikroskop nachgewiesen werden konnten, so dass **Fuchs** die Frage aufwirft, ob die Knötchenbildung nicht vielleicht ein constanter oder nahezu constanter Begleiter der syphilitischen Iritis ist, so dass eine scharfe Trennung zwischen Iritis syphilitica **ohne** Knoten und der Iritis gummosa dann wegfallen würde. **Fuchs** fand ebenfalls Veränderungen der Gefässwandungen in der Weise, dass eine Wucherung der Endothelzellen nachgewiesen werden konnte, so dass das Lumen der Gefässe verengt war und ausserdem eine zellige Infiltration der Iris, welche in der Nähe des Pupillar- und Ciliarrandes sich zu Zellenanhäufung in Form kleiner Knoten entwickelten. Wenn auch in dem **Fuchs**'schen Falle nicht deutlich jener schon betonte fundamentale Unterschied zwischen einfacher Entzündung (II. Periode) und Tumorenbildung (III. Periode) hervorzugehen scheint, so zeigt doch die Zellenentwickelung in der Iris sowol wie im Ciliarkörper und der Suprachorioidea an, dass es sich ebenfalls um eine einfache entzündliche Infiltration handeln müsse.

Aus dem bisher Gesagten geht hervor, dass wir partielle Schwellung des Iris-Gewebes oder wirkliche Knötchenbildungen in der Iris stets als luetisch zu betrachten haben, wenn sie in der sogleich zu besprechenden Weise zur Beobachtung kommen; auf die differentielle Diagnose mit Tuberkeln in der Iris u. s. w. werde ich später mit einigen Worten noch eingehen. Entweder fällt der Beginn der Iritis mit der Bildung jener Knötchen zusammen, so dass sich die Iritis schon von vorne herein als sogen. Iritis gummosa oder, wie ich sie jetzt nennen möchte, als Iritis papulosa präsentirt, oder die Knötchen entwickeln sich erst im Verlaufe der plastischen Iritis; in jedem Falle geschieht das nur unter Steigerung aller schon vorhandenen entzündlichen Symptome. Wir sehen alsdann, dass in der entzündeten Iris sich die eine oder die andere Stelle mehr markirt; allmälig zeigen sich am Pupillar- oder Ciliarrande oder zwischen beiden in der Iris-Ebene kleine gelblich oder gelbroth oder rothbraun gefärbte hügelige Hervorragungen von der Grösse eines Mohn- oder Hanfkornes, auf deren Kuppe oder um deren Fuss sich deutlich Gefässverzweigungen nachweisen lassen. Wird

die Pupille durch Mydriatica erweitert, so widerstehen jene die
kleinen Gebilde tragenden Stellen meistens der Einwirkung derselben. Allmälig verfallen sie der Resorption und verschwinden
meistens, ohne jede Spur im Iris-Gewebe zurückzulassen; sie verschwinden, sage ich, ohne dass eine Narbe oder Atrophie des
betreffenden Iris-Theiles nachzuweisen wäre, während, wie wir sogleich sehen werden, die der Spätperiode der Syphilis angehörenden
wirklichen Gummata nur mit Hinterlassung einer Iris-Narbe sich
involviren, da sie, wie alle Gummi-Gebilde, auf dem Wege der
fettigen oder käsigen Entartung vom Centrum aus verschwinden.

Wir sahen, dass die Papel sich am Pupillar- oder Ciliarrande
oder auch zwischen beiden in dem Iris-Gewebe in einem oder
mehreren Exemplaren von der Grösse eines Mohn- oder Hirsekornes
zu entwickeln pflegt; dagegen ist das die wirkliche Iritis gummosa
veranlassende Gummi-Gebilde ein solitär auftretender Knoten, oft
von der Grösse einer Erbse bis zur halben Haselnuss, der sich fast
ausnahmslos in der Nähe des Ciliartheils der Iris entwickelt, von
wo er dann häufig auf das Corpus ciliare hinüberwuchert. Das
Gumma iridis entsteht ferner im Gegensatz zur Papel ohne jede
entzündliche Erscheinung; es verschwindet erst nach längerem
Bestande unter den Zeichen des käsigen Detritus oder der fettigen
Entartung und hinterlässt stets eine Atrophie der Iris oder eine für
das ganze Leben persistirende Narbe derselben. Während ferner
die Papel sich mit den leichteren Syphilisformen combinirt, tritt das
Gumma entweder nur in Verbindung mit gummösen Neubildungen
anderer Organe (Zunge, Knochen etc.) oder aber in den spätesten
Stadien der Syphilis auf, die bekanntlich von einigen Autoren, wie
Baeumler, Hutchinson u. A., nicht mehr zur Syphilis gezählt,
sondern als eine Kachexie betrachtet werden, welche der vorausgegangenen Syphilis nur ihre Entstehung verdanken. Fälle dieser
Art sind in der Literatur wiederholentlich veröffentlicht worden, so
von Arlt[6]), Desmarres[7]), Mackenzie[8]); auch der Fall von
v. Hippel[9]), in welchem es sich um eine Gummigeschwulst sämmtlicher Augenhäute handelte, gehört hieher. Neumann untersuchte
die Geschwulstmasse mikroskopisch und constatirte Folgendes: Die
Zellen zeigen die Grösse von Lymphkörperchen, haben einen regelmässigen runden Kern von mattem Glanze und befinden sich zum
Theil im Zustande fettiger Degeneration, indem sie von kleinen
Fetttröpfchen mehr oder weniger erfüllt sind. Wenn nun auch in

diesem, wie in allen anderen Fällen, die mikroskopische Untersuchung nachwies, dass sowol die der Frühperiode wie die der Spätperiode angehörenden Iris-Knoten genau dem entsprechen, was Virchow a. a. O. als syphilitische Gummigeschwulst beschrieben, so musste andererseits doch auch zugegeben werden, dass dieselbe Construction auch noch anderen Gebilden, den sog. Granulationsgeschwülsten (Granuloma iridis simplex) zukäme, wie sie von Hirschberg und Steinheim [10]) beschrieben sind. Indessen ist, wie ich hier noch erwähnen will, unter den drei Granulationsgeschwülsten, die mikroskopisch untersucht wurden, in den beiden Graefe'schen Fällen die Syphilis nicht gerade auszuschliessen, während allerdings in dem Hirschberg'schen Falle die Geschwulst traumatischer Natur war. Wenn nun einige Autoren die syphilitische Natur der besprochenen Iris-Knoten deswegen leugnen zu müssen glauben, weil sich in ihnen keine spezifischen Charaktere vorfänden, so sagt Mauthner mit Recht: „Aber ebensowenig wie das periostale Gumma trotz seiner indifferenten mikroskopischen Beschaffenheit durch ein anderes Moment als die Syphilis erzeugt werden dürfte, ebensowenig dürfte es im Verlaufe einer Iritis zur Entstehung der Gummata kommen, wenn nicht Syphilis zu Grunde liegt. — Von den Tuberkelknötchen der Iris, die in den letzten Jahren ja von den verschiedensten Seiten, so auch von mir [11]), veröffentlicht sind, unterscheiden sich die syphilitischen Nodi wol hauptsächlich durch ihre Farbe; denn während letztere braunroth, oder gelbroth oder gelblich sind, zeigen die Tuberkeln eine grauweisse Farbe und finden sich meistens in grösserer Zahl; so waren in dem von mir veröffentlichten 10—12 zu zählen, während sich von den syphilitischen Papeln immer nur einige wenige nachweisen lassen; ausserdem dürfte die Untersuchung des Allgemeinzustandes die differentielle Diagnose wol noch mehr erleichtern.

Ich selber sah von jenen der Spätperiode der Syphilis angehörenden Gummigebilden der Iris im Ganzen 5 Fälle, während von den zuerst beschriebenen partiellen Schwellungen der Iris resp. von der Iritis papulosa im Ganzen 62 Fälle meiner Beobachtung sich darboten. Den einen der obigen 5 Fälle behandelte ich im Jahre 1871 mit meinem verstorbenen Collegen Wetzlar bei einer 38 jährigen Dame, bei welcher in der rechtsseitigen Iris in unmittelbarer Nähe des Ciliarbandes ein graugelber Knoten sich ohne Spur irgend welcher iritischen Erscheinungen und in Begleitung von Gummata der Nase

und der Zunge entwickelt hatte; den letzten im vergangenen Jahre
bei einem 45jährigen Herrn, der bereits seit 16 Jahren an der mit
den verschiedensten Kuren und von den bekanntesten Syphilidologen
erfolglos behandelten Syphilis litt. Derselbe stellte sich mir mit
ausgedehnten Narbenzügen des harten und des weichen Gaumens,
eingefallenem Nasenrücken und Onychia der linken Hand vor.
Während das linke Auge normale Verhältnisse darbot, zeigte das
rechte starke Herabsetzung des Sehvermögens und etwas vermehrten
intraocularen Druck (T + 1); einige vordere Ciliargefässe waren
erweitert. Im äusseren unteren Irissektor hatte sich eine Geschwulstmasse von der Grösse einer Erbse entwickelt, welche nach vorne
fast bis zur Hinterfläche der Hornhaut reichte, nach innen nicht
ganz bis zum Pupillarrande ging. Da ich eine weitere Entwickelung
der in das Iris-Gewebe eingebetteten, gelblich-grauen Geschwulst
voraussah, so entfernte ich durch eine mit dem Graefe'schen Messer
breit angelegte Wunde eine grosses Stück der Iris sammt dem Tumor;
leider konnte dasselbe nicht zur mikroskopischen Untersuchung verwandt werden, da es durch die Unachtsamkeit des Wärters abhanden
kam. Das grosse Iris-Colobom verkleinerte sich von Tag zu Tag,
so dass dasselbe, als Patient nach 2monatlicher antisyphilitischer Kur
Aachen verliess, nur noch einer kleinen, wie zu optischen Zwecken
angelegten, indessen bis zum Ciliarbande reichenden Pupille glich. —
Schon im Jahre 1868 operirte ich einen ähnlichen Fall bei einem
8jährigen, mit hereditärer Syphilis behafteten Knaben; die Geschwulstbildung ging von der äusseren Hälfte der linken Iris aus, reichte
bis zum äusseren Pupillarrande und ging nach vorne fast schon bis
zur Membrana Descemetii; ich legte den Schnitt genau, wie zu einer
geräumigen Iridectomie, doch gelang es mir nicht, die Geschwulst
intakt herauszubefördern, sie folgte nur in einzelnen Stücken dem
Zuge der Pinzette; die neugebildete grosse Pupille schloss sich zum
Theil wieder durch frisch aufgelagerte Schwarten; doch gelang es
mir, bei entsprechender Allgemeinbehandlung ein erträgliches Sehvermögen wieder herzustellen.

Bei der Symptomatologie der Iritis plastica sahen wir, dass das
Kammerwasser während des akuten Anfalls mehr oder weniger
getrübt sei; aus diesem getrübten Kammerwasser scheiden sich kleine
Partikelchen ab und schlagen sich auf die hintere Wand der Cornea,
auf die Membrana Descemetii als kleine, braunrothe Präcipitate
nieder, welche, wie im vorigen Kapitel bei den Erkrankungen der

Hornhaut erwähnt, meistens ein dreiseitiges Areal mit breiter nach
unten gerichteter Basis einzunehmen pflegen. Einzelne Autoren,
wie Stellwag, Hasner, Schweigger, nehmen hiebei auch eine
Wucherung der Epithelzellen in der Membrana Descemetii an, die
ihrerseits wieder auf die Hornhautsubstanz selber einwirken und
eine Durchtränkung des Hornhautgewebes mit Einwanderung von
zelligen Elementen zur Folge haben können. Man spricht dabei
wol von einer Iritis serosa oder, wie ältere Autoren sie zu benennen
pflegten, von einer Descemetitis oder auch Hydromeningitis. Indessen
glaube ich doch, dass wir für diesen Zustand den Namen Iritis
serosa fallen lassen können und von einer Iritis plastica zu sprechen
berechtigt sind, bei der aus dem faserstoffreichen Inhalt der vorderen
Kammer sich die erwähnten kleinen Partikelchen auf die hintere
Hornhautwand präcipitiren. — Eine wirkliche auf syphilitischer
Basis beruhende Iritis serosa beobachtete ich vor einigen Jahren
bei einem an Varicella syphilitica leidenden Patienten. Herr X.
wurde mir im Sommer 1884 von Prof. Pflüger in Bern zur Weiter-
behandlung überwiesen, nachdem er bereits unter Pflüger's Leitung
sich einer mehrwöchentlichen Inunctionskur unterzogen hatte. Patient
war im August 1882 inficirt und schon bei den ersten Manifestationen
der allgemeinen Syphilis — Roseola, Plaques im Pharynx, Defluvium
capillorum — längere Zeit hindurch innerlich mit Hydrarg. und Jodkalium behandelt worden. Hienach blieb Patient von allen Lokal-
erscheinungen befreit, bis er im December 1883 zum ersten Male
von einer Augenkrankheit befallen wurde, welche ihn im Frühjahr
1884 in Pflüger's und im Sommer 1884 nach Aachen in meine
Behandlung führte. Patient hatte zuerst am rechten, wenige Wochen
später auch am linken Auge eine Störung und Trübung des Sehvermögens bemerkt, welche nach der Anwendung von Atropin und
warmen Umschlägen schnell wieder abnahm, um nach einigen Wochen
von Neuem zu erscheinen, bei derselben Therapie wieder zu verschwinden und dann wieder nach kurzer Zeit zu recidiviren. Längere
Schmier- und Schwitzkuren, sowie auch der wiederholte innerliche
Gebrauch von Hydr. und Jodkalium hatten den Patienten bisher
von seinem Leiden nicht zu befreien vermocht. Als Patient sich
mir vorstellte, constatirte ich: Rechts: Die Tension des Bulbus
schien, wenigstens bei der Palpation, nicht erhöht zu sein, äusserlich
sichtbare Erscheinungen fehlten; dagegen war das Kammerwasser
getrübt, auf der Descemetis waren die bekannten punktförmigen

Niederschläge vorhanden, das Gewebe der Iris war verwaschen, die nirgends adhärente Pupille reagirte sehr prompt auf wenige Tropfen Atropin, das Sehvermögen betrug $^{17}/_{70}$. Links: Das Kammerwasser war ungetrübt, die Iris erschien normal, auf der Descemetis waren noch einige Niederschläge sichtbar, das Sehvermögen war = 1. — Wir hatten es hienach mit einer akuten Iritis serosa des rechten und einer abgelaufenen des linken Auges zu thun. Wenige Tage später hatte sich das Kammerwasser des rechten Auges geklärt, die Sehschärfe erreichte annähernd ihre normale Höhe, um nun wiederum linkerseits auf $^{17}/_{50}$ reducirt zu werden; hier hatten sich mittlerweile von Neuem die Zeichen einer akuten Iritis serosa eingestellt: Verschwommensein des Irisgewebes, Trübung des Kammerwassers mit neuen Beschlägen der Descemetis — wiederum ohne äusserlich sichtbare Entzündungserscheinungen. Nachdem auch diese Attacke überstanden war, konnte ich noch einmal einen solchen Turnus der Iritis zunächst auf dem rechten und kurze Zeit darauf auf dem linken Auge beobachten. — Mit Rücksicht auf das ätiologische Moment wurde Patient einer erneuten Schmierkur von 5 Gramm pro die bei gleichzeitiger innerer und äusserer Anwendung unseres Thermalwassers unterworfen. Nach der 16. Einreibung klagte Patient über unangenehme spannende und juckende Empfindungen am rechten Hüftbeinkamm, am rechten Vorderarm und der linken Ferse; überall fand ich an diesen Stellen erbsengrosse, runde, disseminirt stehende Pusteln, die nach wenigen Tagen auf ihrer Spitze eine Delle zeigten, später eintrockneten, um nach weiteren 8 Tagen ohne Narbenbildung zu verschwinden. Dieser ersten Eruption folgte nach einigen Wochen eine zweite an den verschiedensten Körperstellen nach, wobei die Pusteln unter denselben Erscheinungen wie das erste Mal entstanden, um dann bis zum Ende der Kur, die mehr als 80 Einreibungen à 5 Gramm erforderte, nicht wieder zu erscheinen. Sowol die Iritis serosa wie das beschriebene Exanthem sollen nach brieflichen wie mündlichen Mittheilungen sich nicht wieder gezeigt haben. — Wir haben es somit mit einem Patienten zu thun, der, früher stets gesund, sich inficirte und im gummösen Stadium der Lues von einer häufig recidivirenden Iritis serosa befallen wurde. Das Auftreten und der Verlauf der Augenkrankheit, der schliessliche Erfolg einer energisch durchgeführten Inunctionskur, die gleichzeitige Eruption von Pusteln, die nach Zeissl besser mit dem Namen einer Varicella syphilitica, als nach Alibert mit dem eines Syphilide pemphigoïde des adultes belegt werden können und an welchen der Patient, wie bereits erwähnt, vor der Infection nie gelitten hatte, stellen die syphilitische Natur des Augenleidens wohl ausser allen und jeden Zweifel. Mir ist aus der ganzen ophthalmologischen Literatur kein Fall einer Iritis serosa syphilitica bekannt; auch habe ich selbst bei einer bald 23jährigen Praxis an den Thermen von Aachen, die jährlich von vielen Tausenden Luetischer aufgesucht werden und unter denen ich im Laufe der Jahre Hunderte mit den verschiedensten Erkrankungen des Uvealtractus und in den allermannigfachsten Formen zu beobachten Gelegenheit hatte, doch noch nie einen dem oben beschriebenen ähnlichen Fall zu Gesicht bekommen.

Andere Niederschläge und Ausscheidungen im Kammerwasser, wie Hyphaema und Hypopyum sind bei syphilitischer Iritis sehr selten. Ich wenigstens habe bei der Iritis syphilitica plastica und gummosa niemals ein Hypopyum oder ein Hyphaema zu beobachten Gelegenheit gehabt; Schmidt fand dagegen in seinen 34 Fällen 2 Mal Hypopyum, v. Schroeder unter 250 Fällen 2 Mal Hyphaema und 10 Mal Hypopyum; ich glaube aber, dass es sich in allen diesen Fällen nicht sowol um die uncomplicirten Formen von Iris-Erkrankungen als vielmehr um eine Complication mit Cyclitis, um eine Irido-Cyclitis gehandelt habe, bei der auch sonst Hypopyum und Hyphaema nicht selten zu sein pflegen.

Dagegen machte Schmidt[12]) zuerst auf ein eigenthümliches gallertartiges Exsudat in der vorderen Kammer aufmerksam, welches ganz das Aussehen und die Form einer getrübten, in die vordere Kammer luxirten Linse hatte; in dem Schmidt'schen Falle wurde sogar die Diagnose auf eine Luxatio lentis gestellt, bis man dann nach einer Schmierkur die Masse sich verkleinern und schliesslich ganz verschwinden sah. Nunmehr constatirte man, dass die Linse sich in ihrem Aufhängebande befand und dass es sich um ein leicht gerinnbares Exsudat gehandelt habe. Bald darauf veröffentlichte Gunning[13]) drei ähnliche Fälle von freiem, grauem, gelatinösem Exsudate, von denen zwei sicher syphilitischen Ursprunges waren, während bei dem dritten die Syphilis wenigstens nicht ausgeschlossen werden konnte. Es folgte dann Grüning[14]), der ebenfalls mehrere derartige Fälle sah, von denen jedoch einige nach Traumen und Operationen, andere dagegen auch bei Syphilis aufgetreten waren. Während in den folgenden Jahren Fälle von Iritis mit gelatinösem Exsudat von Kipp[15]), Drognat-Landré[16]) u. A. bei syphilitischer

Iritis beobachtet wurden, publizirten Keyser [17]), Schmalenbach [18]), Klotz [19]), Laqueur [20]), Schmidt [21]), Schliephake [22]) ähnliche Ausscheidungen in die vordere Kammer, in welchen Syphilis entweder nicht nachgewiesen werden konnte oder auch direkt auszuschliessen war. Einige von den genannten Autoren betrachten diese gallertartige Masse als Exsudationsproduct, andere dagegen als Lymphextravasat (z. B. Schliephake). Ich selber sah im Ganzen sechs hieher gehörige Fälle und zwar war bei allen der syphilitische Ursprung sicher nachweisbar. Den ersten dieser Fälle beobachtete ich schon im Jahre 1867 bei einem an Syphilis leidenden Patienten, welcher wiederholt Recidive von Iritis plastica zu überstehen gehabt hatte. In der vorderen Kammer fand ich ein in der Höhe des unteren Randes der Pupille mit gerader Linie scharf abschneidendes, bei Bewegungen des Kopfes in leicht zitternde Bewegungen gerathendes, opak-graues Exsudat, das schon nach 8 Tagen vollständig verschwunden war. Unter den übrigen von mir beobachteten Fällen befanden sich ebenfalls zwei einer luxirten Linse ähnliche Exsudationen, welche bis zur Mitte der Pupille reichten, die untere Hälfte der Kammer fast ganz ausfüllten und nur die Randzonen der Iris zu Tage treten liessen; in allen diesen Fällen handelte es sich, wie erwähnt, um Syphilis, in allen gelang es aber auch der eingeschlagenen Therapie, die Exsudationen zur Resorption zu bringen. Trotzdem nach Durchsicht der einschlägigen Literatur nicht zu leugnen ist, dass ausser der Syphilis noch andere ätiologische Momente, besonders Traumen, zur Entstehung dieser eigenthümlich geformten Exsudationen beitragen können, habe ich doch geglaubt, derselben hier Erwähnung thun zu müssen, weil, wenigstens in den von mir beobachteten sechs Fällen, die Syphilis als alleinige Ursache der Erscheinung angeschuldigt werden musste.

Recapitulire ich nochmals das über Iritis syphilitica bisher Gesagte, so zeigt sich dieselbe:

1) Als Iritis plastica mit Exsudationen an den freien Pupillarrand (hintere Synechien), in die Pupille (Pupillarmembran) und in die vordere Kammer, wo sie als gallertartige Exsudationen auftreten oder sich auf die hintere Hornhautwand präcipitiren;

2) als Iritis mit partiellen Schwellungen des Irisgewebes;

3) als Iritis papulosa im condylomatösen Stadium der constitutionellen Syphilis;

4) als Iritis gummosa im gummösen Stadium;

5) als Iritis serosa.

Während sich bei der Iritis plastica und serosa nur durch Berücksichtigung aller begleitenden Umstände, der Anamnese u. s. w. die Diagnose auf Syphilis stellen lässt, gestatten die drei anderen Iritis-Formen diese Diagnose ohne Weiteres und erfordern in allen Fällen eine energische antisyphilitische Behandlung. — Die Prognose ist bei den einfach plastischen Formen im Allgemeinen eine gute (Bull fand den Ausgang der syphilitischen Iritis bei Negern sehr ungünstig), kann indessen dann, wenn Pupillarabschluss (Seclusio pupillae) bei totaler hinterer Synechie oder Pupillarsperre (Occlusio pupillae) bei Membranbildung in der Pupille entsteht, durch das Hinzutreten von Sekundärglaucom oder Irido-Cyclitis eine zweifelhafte, sogar recht schlechte werden. Die Knotenbildung in der Frühperiode der Syphilis schwindet meistens in kürzerer Zeit und giebt zu einer anderen Prognose resp. Behandlung, als diejenige ist, welche durch die sie begleitende Iritis geboten wird, keine Veranlassung; dagegen kann die stärkere Entwickelung grösserer Gummigeschwülste durch Hinübergreifen auf das Corpus ciliare und Durchbruch durch die Sclera zu totaler Atrophie des Auges führen.

b. Corpus ciliare.

Die constitutionelle Syphilis ergreift den Ciliarkörper wol ausschliesslich nur im Verlaufe einer der bisher beschriebenen Iritis-Formen oder aber in Verbindung mit den später zu berücksichtigenden Erkrankungen der Aderhaut. Wir sahen, dass der Uebergang der Iritis plastica in Cyclitis sich ankündigt durch starke Schmerzhaftigkeit der Ciliarkörpergegend sowie durch Trübungen im vorderen Glaskörperabschnitt; wir sahen ferner, dass, wenn bei Iritis specifica ein Hypopyum oder ein Hyphaema der vorderen Kammer angetroffen wird, dieses auf Mitbetheiligung des Corpus ciliare schliessen lässt.

Auch die Gummata des Ciliarkörpers sind wol ausschliesslich als Theilerscheinung einer über andere Augenhäute verbreiteten gummösen Erkrankung anzusehen; die früher erwähnten und einige in dem nachfolgenden Literaturverzeichniss noch angeführte Fälle beweisen das zur Genüge. Nur drei Fälle finde ich in der Literatur verzeichnet, in welchen das gummöse Neugebilde auf den Ciliarkörper beschränkt war. Mauthner[23]) beobachtete einen Fall von buckelförmiger Auftreibung in der Gegend des oberen äusseren Quadranten des Ciliarkörpers. Die Sclerotica war an der betreffenden Stelle stark verdünnt, in der vorderen Kammer war eine Geschwulstbildung nicht nachweisbar. Bei Merkurbehandlung nahm die Vorwölbung der Sclera allmälig ab und verschwand schliesslich mit Hinterlassung einer schiefergrau gefärbten Stelle. Mauthner hielt die Geschwulstbildung für ein auf das Corpus ciliare beschränktes Gumma, welches weder auf die Iris noch auf die Chorioidea übergegriffen hatte. Bei Woinow[24]) handelte es sich um einen ophthalmoskopisch und bei seitlicher Beleuchtung sichtbaren Tumor, der von Anderen für ein Sarkom gehalten wurde; auf die gegen die vorhandene Syphilis eingeleitete Therapie verschwand der Tumor vollständig. Den dritten Fall von selbstständigem Gumma des Corpus ciliare publicirte Alt[25]); hier handelte es sich in einem von Knapp mit der Diagnose Iridocyclitis specifica enucleirten Bulbus um eine kugelige Verdickung des Corpus ciliare, die bei der mikroskopischen Untersuchung alle Charaktere der Gummigebilde zeigte. Auch Alt bemerkt, dass er ein solch' vereinzeltes Gumma des Ciliarkörpers in der Literatur nirgend verzeichnet finde.

c. Chorioidea.

Wenn einige Autoren, wie Zehender, v. Wecker u. A. angeben, dass die weitaus grösste Zahl sämmtlicher Chorioidealerkrankungen syphilitischer Natur sei, so kann mein Krankenmaterial, so gross und so vielgestaltig dasselbe gerade mit Bezug auf die Erkrankungen der Aderhaut auch gewesen sein mag, doch aus den früher schon erörterten Gründen nichts Wesentliches zur Beantwortung dieser Frage beitragen. Soviel indessen kann ich auch in Uebereinstimmung mit sämmtlichen Autoren, die darüber geschrieben, constatiren, dass die Chorioidea häufiger als der Ciliarkörper, wiewol nicht in derselben Häufigkeit wie die Regenbogenhaut, durch die Syphilis in Mitleidenschaft gezogen werden kann. Auch hier begegnen wir mehrfachen Erkrankungsformen, wenn ich auch schon von vorneherein hervorheben will, dass ausser der von Förster[26]) in ihrem Auftreten, ihrem Verlauf und ihrer Symptomatologie so prägnant beschriebenen Chorioiditis syphilitica, doch keine der anderen Formen als pathognomonisch für Syphilis angesehen werden kann. Zum

Unterschiede von den Erkrankungen der Iris, denen wir sowol in
der Frühperiode der Syphilis, im condylomatösen Stadium, wie auch
in der Spätperiode, dem gummösen Stadium begegneten, muss ich
constatiren, dass die Erkrankungen der Chorioidea den späteren,
selbst den spätesten Stadien der Lues angehören, sowie dass dieselben
auch durch Fortpflanzung der Entzündung von Ciliarkörper und
Regenbogenhaut entstehen können.

Bei den Erkrankungen der Iris sahen wir, dass, sobald im
Verlaufe der Iritis plastica oder bei circulärer Synechie sich
Schmerzhaftigkeit in der Gegend des Ciliarkörpers und Trübungen
im vorderen Glaskörperabschnitt einstellen, wir auf eine Mitbetheiligung des Corpus ciliare schliessen müssen. Nicht selten
sinkt hiebei das Sehvermögen so stark, dass nur noch die grössten
Buchstaben mühsam erkannt werden können, der intraoculare Druck
vermindert sich, das Auge wird weicher und massenhafte, bei jeder
Bewegung des Auges sich in Klumpen zusammenballende und in
dem Glaskörper umherschwirrende Trübungen verdecken den Augenhintergrund so sehr, dass die Papilla nervi optici nur noch wie im
Nebel hindurchschimmert, während die Details des Augenhintergrundes sich vollkommen der Untersuchung entziehen. Zuweilen
und dann in den schwersten Fällen kann sich dem getrübten Kammerwasser noch eine Beimischung von Blut und Eiter hinzugesellen.
Dieser Symptomencomplex findet sich dann, wenn der ganze Uvealtractus, Iris wie Corpus ciliare, wie auch endlich die Chorioidea in
den Prozess hineingezogen sind — wir bezeichnen denselben dann
als Irido-Chorioiditis oder Irido-Cyclitis. Charakteristische, auf
Syphilis hinweisende Zeichen bietet indessen diese Affection nicht
dar und nur durch den Verlauf der Erkrankung, durch die Anamnese
und durch etwa noch bestehende anderweitige syphilitische Symptome
werden wir auf den causalen Zusammenhang mit Syphilis aufmerksam
gemacht. Diese Form gehört zu den gefährlichsten Erkrankungen
der Uvea und endet häufig genug durch Bildung einer Cataracta
accreta, sowie durch Verflüssigung des Glaskörpers und consekutive
Netzhautablösung und durch Atrophie des vorderen Bulbus-Abschnittes
mit vollständiger Erblindung, selbst das zweite bisher intakte Auge
ist nicht sicher vor sympathischer Erkrankung. Loring und Eno[27])
beobachteten einen Fall von Iridocyclitis syphilitica, wo eine so
massenhafte Exsudatbildung an eine umschriebene Stelle von Iris,
Ciliarkörper und Episcleralgewebe stattfand, dass sie ein Gumma

vortäuschte. Unter den heftigsten Schmerzen erblindete das Auge
in wenigen Tagen; es wurde enucleirt, da das zweite zu erkranken
begann. Nichtsdestoweniger bildete sich an diesem Auge eine ähnliche Affection aus, mit einer Anschwellung an der Insertion des
Rectus externus beginnend. Doch gelang es einer energischen antisyphilitischen Behandlung, eine Heilung herbeizuführen und das Auge
zu erhalten. — Indessen auch ohne vorausgegangene oder begleitende
Iritis finden wir im Verlaufe der syphilitischen Diathese nicht selten
eine zweite Form von Chorioiditis, welche sich durch nichts weiter,
als durch bewegliche Glaskörperflocken bemerkbar macht, die theils
punkt-, theils fadenförmig den ganzen Glaskörper durchsetzen und
bei jeder Bewegung des Auges in lebhafte Bewegung gerathen.
Da der Glaskörper sein Ernährungsmaterial von der Chorioidea
erhält, so müssen wir aus dem Vorhandensein dieser Glaskörperflocken auf einen schleichenden Prozess der Aderhaut rückschliessen
und uns sagen, dass der Glaskörper durch die Immigration oder Neubildung krankhaften Ernährungsmaterials Seitens der Chorioidea
eine Trübung oder einen Zerfall seiner Elemente erfährt. Doch
auch bei dieser Form, ob sie nun beide Augen oder nur eines
befällt, können wir ohne Weiteres noch nicht die Syphilis diagnostiziren; bekannt ist es ja, dass auch bei hochgradiger Myopie
(Sclerotico-Chorioiditis posterior), wie in Folge von Blutungen aus
den Chorioideal- und Netzhautgefässen, endlich auch bei Uterin- und
Menstruationsleiden sich Glaskörperflocken häufig nachweisen lassen.
Da wir es uns aber jeden Augenblick gegenwärtig halten müssen,
dass bei allen intraocularen Erkrankungen, mögen sie nun die Aderhaut oder die Netzhaut betreffen, der Verdacht auf irgend eine
Allgemeinerkrankung vorhanden ist, so werden wir bei derartigen
Glaskörpertrübungen, wo keiner der oben genannten ätiologischen
Momente vorliegt, auf Syphilis zu fahnden haben und häufig genug
unsere Diagnose auch bestätigt finden. Die Iris kann hiebei sekundär
in Mitleidenschaft gezogen werden, pflegt dann aber meistens nichts
weiter, als einige Synechien aufzuweisen, die den Mydriaticis nur
geringen Widerstand entgegenstellen. Das Gewebe der Chorioidea
zeigt bei dieser Erkrankungsform keine sichtbaren ophthalmologischen
Veränderungen; nur finde ich einen Fall von Hock l. c. erwähnt,
in welchem sich nach dem Verschwinden der Glaskörpertrübungen
eine ausgesprochene Atrophie der Chorioidea nebst Gewebstrübung
des Sehnerven entwickelt hatte. Im Allgemeinen bietet diese Erkran-

kungsform keine ungünstige Prognose, nur müssen wir bei derselben auf häufige Recidive gefasst sein.

Wir haben es bisher mit Erkrankungen der Aderhaut zu thun gehabt, die ohne ophthalmoskopisch nachweisbare Veränderungen im Gewebe der Chorioidea sich lediglich durch die Anwesenheit von Glaskörpertrübungen dokumentirten. Wir fanden, dass diese häufig syphilitischen Ursprunges waren, ohne dass sie indessen für Syphilis pathognomonische Zeichen darböten. Gehen wir nun zu jenen Chorioidealerkrankungen über, welche ophthalmoskopisch sichtbare Veränderungen erkennen lassen, und fragen wir, ob durch ihr Auftreten die Diagnose auf Syphilis schon gesichert sei. Von den beiden hier am häufigsten genannten Formen, der Chorioiditis disseminata und der Chorioiditis areolaris, stellt die erstere die in der Peripherie des Augenhintergrundes sich lokalisirende und nach dem Centrum hin fortschreitende Form dar, während die Chorioiditis areolaris mehr die Umgebung des hinteren Pols occupirt. Beide in den mannigfachsten, bizarrsten Formen bald als weisse, Exsudationen ähnelnde Flecke, die mit mehr oder weniger Pigment umsäumt sind, bald als gelblich-röthliche, mit Epithelpigment verdeckte, eben noch durchschimmernde kleine Flecke, bald als kleine zierliche oder grössere Pigmentanhäufungen auftretend, sollen nach Ansicht einiger Autoren (Zehender, Wecker, Klein u. A.) in den überwiegend meisten Fällen syphilitischer Natur sein, während Andere wiederum die syphilitische Natur beider Formen leugnen. Nach v. Graefe[28]) soll es die kleinfleckige Form, zumal wenn sie sich am hinteren Augenpol lokalisirt (Förster's Chorioiditis areolaris), sein, welche stets auf Syphilis schliessen lässt; Galezowski[29]) hebt diejenige Form als charakteristisch hervor, in welcher die Flecken ringförmig, und zwar als schwarze Ringe um weisse Flecken sich zeigen; er findet darin eine Analogie mit den Hautsyphiliden und nennt sie Chorioidite disseminée circinée. Was mich betrifft, so muss ich gestehen, dass ich unter den vielen zu meiner Beobachtung gelangten Fällen von Chorioid. dissem. und areolaris, mögen sie nun klein- oder grossfleckig sein, mögen die einzelnen Flecken eine Farbe haben, welche sie wollten, mögen sie mehr dem Centrum, der Macula lutea, oder der Peripherie, dem Aequator bulbi sich nähern, ich sage, dass ich unter all' diesen Chorioidealerkrankungen, so lange sie frei von Glaskörpertrübungen waren, keine gefunden habe, die ich mit Sicherheit als syphilitische hätte bezeichnen können,

da die genannten Erkrankungen in Bezug auf ihr Auftreten und
ihren Verlauf durchaus nicht in den Rahmen der übrigen syphilitischen Erkrankungen sich einfügen liessen. Ueberdies sah ich
sowol in meinem hiesigen Wirkungskreise wie bei meiner auswärtigen Klientel eine Menge hieher gehöriger Fälle, bei denen
keine Spur von Syphilis vorlag und in denen das Sehvermögen Jahrzehnte hindurch ein vortreffliches geblieben, trotzdem der Augenspiegel eine so weit vorgeschrittene Entartung der Chorioidea nachwies, dass kaum eine Stelle des Augenhintergrundes von den rund-
lichen, weissen oder schwarzen Flecken verschont geblieben war;
auch Förster hat l. c. schon darauf aufmerksam gemacht, dass
die Stabilität der bei dieser Chorioidealerkrankung auftretenden
Symptome nicht in dem Charakter noch florider syphilitischer Erscheinungen liege. — Wesentlich anders gestaltet sich für mich die
Sache, sobald ich die genannten Formen complicirt finde mit Trübungen, die sich mehr im hinteren Theile des Glaskörpers befinden,
sobald die Erkrankung, wie Bergmeister [30]) nachwies, sich dem
hinteren Pol nähert, wo dann sichtliche Circulationsstörungen im
Gebiete des Sclerotikalgefässkranzes eintreten, während sie vorzugsweise den vorderen Glaskörperabschnitt einnehmen, sobald sich die
Gewebserkrankung der Chorioidea dem vorderen Theile des Uvealtractus, dem Corpus ciliare, nähert. Sobald ich daher die flecken-
förmige Chorioiditis — in welcher Form auch immer — in Verbindung mit Glaskörpertrübungen antreffe, stelle ich ungescheut die
Diagnose auf Syphilis, wenn ich auch recht gut weiss, dass in Ausnahmefällen zu einer schon Jahre lang bestehenden fleckenförmigen
Chorioiditis sich Glaskörpertrübungen auch aus andern ätiologischen
Gründen hinzugesellen können. Sicherlich kommen solche Ausnahmen vor; indessen kann ich versichern, dass ich mich in
der grossen Anzahl der von mir beobachteten Fälle bei Berücksichtigung des genannten Symptomencomplexes bisher in meiner
Diagnose nicht geirrt habe. Wie Mauthner, so hält auch v. Wecker
die Glaskörperflocken bei der fleckigen Chorioiditis für suspekt,
während Mooren [31]) deren pathognomonische Bedeutung für Syphilis
leugnet.

Die pathologische Anatomie hat uns über den Charakter der
Flecken in der Chorioidea, welche sich Anfangs als gelblich-röthliche
Stellen präsentiren, die allmälig bei Maceration des Pigmentepithels
eine stärker lichtbrechende weisse Beschaffenheit annehmen, bisher

noch wenig Aufklärung gebracht. Von vorneherein sie für Gummata zu halten, wie Hutchinson es zu thun scheint, halte ich nicht für berechtigt. Indessen glaube ich, dass es sich in den auf Syphilis beruhenden Fällen um die Absetzung eines Exsudates in das Gewebe der Chorioidea handelt, wie wir es bei der Iritis bereits kennen gelernt haben; der Behandlung gelingt es meistens, die Exsudationen zur Resorption und die Krankheit zur Heilung zu bringen. In einem Falle konnte ich wirkliche Gummibildungen in der Chorioidea nachweisen. Es handelte sich um einen 32jährigen Engländer, bei welchem sich noch anderweitige syphilitische Symptome, wie Ozaena mit Abgang nekrotischer Knochenstückchen, Periostitis einiger Rippen etc. vorfanden. Das rechte, bereits seit mehreren Monaten tief erkrankte Auge zeigte eine hochgradige Sehschwäche, welche nur noch das mühsame Erkennen von Fingern ermöglichte; der Glaskörper war so getrübt, dass eine Durchmusterung des Augenhintergrundes unmöglich war. Als der Glaskörper sich allmälig klärte, unterschied ich deutlich zwei runde hellere Stellen, von denen die eine nach innen vom Sehnerven, die andere nach oben und aussen sich befand; die Retinalgefässe gingen darüber hinweg, jene hellen Stellen mussten deshalb entweder den äusseren Schichten der Netzhaut oder der Chorioidea angehören; mit Rücksicht auf die Glaskörpertrübungen glaubte ich mich für Letzteres aussprechen zu müssen. Eine stärkere parallaktische Verschiebung der darüber ziehenden Gefässe bewies mir, dass es sich um Knoten handelte, welche in den Glaskörperraum hineinragten. Aus der Stärke des Convexglases, welches ich bedurfte, um die Kuppe der Knoten deutlich erkennen zu können, gelang es mir, auch deren Höhe herauszurechnen [nach der Formel $\dfrac{F^1}{f_1} + \dfrac{F^2}{f_2} = 1$, wobei f_1 die Entfernung des virtuellen Sammelpunktes der durch die Convexlinse convergent auf das Auge fallenden Strahlen von der ersten Hauptebene des Auges bedeutet und $=$ der Brennweite der Hülfslinse gesetzt werden kann, f_2 die Entfernung des auf der Oberfläche der kleinen Tumoren gelegenen reellen Sammelpunktes der Strahlen von der zweiten Hauptebene, F^1 die eine Brennweite $= 14$ Mm., F^2 die zweite Brennweite $= 18{,}5$ Mm. [32])]; danach hatte der innere Knoten eine Grösse von 1,5 Mm., der nach oben und aussen liegende von 1 Mm. Nach einer energischen, lange Zeit durchgesetzten antisyphilitischen Behandlung verschwanden sie vollständig mit Hinterlassung einer sichtbaren pigmentlosen Stelle; ich konnte sie für nichts

Anderes, als für Gummata der Chorioidea halten. Seggel[33]) beschreibt
den Fall eines die Sclera kugelig hervorwölbenden Gumma der
Chorioidea; aus der Anamnese des 4 Monate vorher inficirten, 22 Jahre
alten Patienten, dem Verlaufe der Krankheit und dem Auftreten der
Augenkrankheit stellte Seggel zunächst die Diagnose auf Gumma
der inneren Häute. Da sich die Hervorwölbung des Tumor durch
die Sclera 4 Mm. vom lateralen Hornhautrande befand, während
nach Merkel[34]) die grösste Länge des Ciliarmuskels zwischen 2,4 bis
3,5 Mm. schwankt, so kann bei einer 4 Mm. betragenden Entfernung
der inneren Grenze der scleralen Hervorbuchtung von der Hornhaut-
grenze, der Ciliarkörper nicht mehr als die Ausgangsstelle des Gumma
angesehen werden.

Zweier recht selten zu beobachtenden Formen von Chorioidealerkrankungen will ich hier noch Erwähnung thun, von denen die
erstere sicherlich stets syphilitischer Natur ist, da sie von den wenigen
Autoren, die sie beschrieben, nur bei constitutioneller Syphilis beobachtet
worden ist; dieselbe kann mit, auch ohne Glaskörperflocken auftreten
und bildet eigentlich schon den Uebergang zu den Retinalerkrankungen.
Es handelt sich hiebei um ein ausgedehntes, weisslich-grünes, unter
der Netzhaut liegendes Exsudat in der Gegend der Macula lutea,
wobei sich ausserdem die Retina rings um die Papille diffus getrübt
zeigt. Zuweilen tritt diese Form unter stürmischen Reizerscheinungen
Seitens des ganzen Uvealtractus auf: Iritis, massenhafte Glaskörperflocken, heftige Schmerzen, Drucksteigerung; in anderen Fällen entwickelt sie sich langsamer. Das Sehvermögen ist stets hochgradig
herabgesetzt und wird auch nie mehr vollständig wieder hergestellt.
Ich sah diese Form im Ganzen 2 Mal; den ersten Fall beobachtete
ich im Jahre 1870 bei einem 23jährigen Oekonomen, der an constitutioneller Syphilis litt und schon längere Zeit seines Auges wegen
in der Behandlung von Graefe's sich befunden hatte. Hier fand
ich den Glaskörper frei und in der Gegend der Macula lutea eine
weisse, stark lichtbrechende Stelle, über welche die Netzhautgefässe
hinweggingen; dieselbe hatte eine Längsausdehnung von ca. 3 Papillen,
und eine Breitenausdehnung von ca. 1 Papille. Das centrale
Sehen war vollständig aufgehoben, der Kranke fixirte mit einer nach
aussen von der Macula lutea gelegenen Netzhautparthie; die hiebei
auftretenden störenden Doppelbilder suchte er durch Ausschluss des
anderen wegen Hornhauttrübungen von jeher schschwachen Auges
zu unterdrücken. Ich sah den Kranken mehrere Jahre, nachdem

er die hiesigen Thermalquellen gebraucht und eine energische
Inunctionskur angewandt hatte, wieder und constatirte, dass die Stelle,
wo jenes Exsudat gesessen, nunmehr vertieft, dekolorirt war, und
dass sich auf ihr mehrere unregelmässig geformte Pigmentschollen
angehäuft hatten. Ausser diesem Falle habe ich nur noch einen
dem ähnlichen zu Gesichte bekommen; derselbe präsentirte sich mir
indessen nur einmal, so dass ich über den Verlauf und den Ausgang
der Affection nichts anzugeben vermag. Aehnliche Fälle veröffentlichten Bader[35]), Galezowski[36]), Hutchinson[37]). Bergmeister
(l. c.) hat fünf Fälle dieser Art 1½—5 Jahre nach der Affection
untersucht; darunter ist ein Auge durch Occlusio pupillae und Drucksteigerung zu Grunde gegangen; in drei Fällen bestand das Exsudat
weiter fort, so dass nur excentrisch Finger erkannt wurden; in dem
fünften Falle resorbirte sich das Exsudat, so dass nur eine matt-
weisse Trübung übrig blieb; die Affection war stets einseitig und
immer luetisch.

Einer ebenso seltenen Erkrankungsform ist hier noch Erwähnung
zu thun, die Leber[38]) zu den atypisch auftretenden Formen der
Retinitis pigmentosa zählt, während ich meine, dass sie wegen der
starken Chorioidealveränderungen und der stets vorhandenen Glaskörpertrübungen eher in das Gebiet der Chorioidealerkrankungen
hineingehört, wenn sie auch einzelne Symptome aufweist, welche
für Retinalerkrankungen pathognomonische Bedeutung haben. Es
handelt sich nämlich um einen von der Peripherie des Augenhintergrundes zum Centrum fortschreitenden Atrophirungsprozess der Chorioidea, während sich in der Peripherie, am Aequator bulbi Pigmentanhäufungen verschiedener Form und Grösse vorfinden. Im Anfange
der Erkrankung zeigt sich eine der Glaskörpertrübung entsprechende
Herabsetzung des Sehvermögens und vor Allem eine concentrische Einengung des Gesichtsfeldes, wie sie sich bei der typischen Retinitis pigmentosa findet; Hemeralopie, d. h. Schlechtersehen bei verminderter
Lichtintensität, scheint hiebei nicht immer beobachtet worden zu sein.
Durch Uebergreifen des Prozesses auf den Sehnerven sinkt das Sehvermögen mehr und mehr und unter dem Bilde der gelben Sehnervenatrophie tritt schliesslich vollständige Erblindung ein. Ich sah
diesen Prozess nur 1 Mal bei einer an Lues acquisita leidenden
40jährigen Dame, die 1 Jahr vor ihrer ersten Vorstellung in Aachen
eine starke Abnahme ihres beiderseitigen Sehvermögens erlitten hatte,
eine Abnahme, welche besonders nach Sonnenuntergang so störend

wurde, dass die Patientin es nicht wagen durfte, Abends ohne Begleitung die Strasse zu passiren. Die Sehschärfe war rechterseits $= {}^{17}/_{200}$ des normalen, linkerseits ca. ${}^{15}/_{200}$, das peripherische Sehen beiderseits stark eingeengt, mit Mühe wurden nur noch einzelne Worte von Jaeger 6 entziffert. Rechterseits zeigten sich einzelne hintere Synechien; beide Glaskörper waren durch feinen Glaskörperstaub getrübt, gestatteten indessen noch eine Durchmusterung des Augenhintergrundes. Die Papille etwas trübe, die Netzhautgefässe verengt; rings um die Papilla nervi optici und in einiger Entfernung von derselben bedeckte die Epithelschicht noch die Chorioidea. Etwas entfernter von der Sehnervenpapille lagen die Chorioidealgefässe unbedeckt in dem durch seine gelblich-weisse Farbe als atrophisch sich darstellenden Gewebe der Chorioidea da; peripherisch davon war das Pigment in vielen unregelmässigen Haufen und Schollen abgelagert, zwischen denselben zeigten sich noch einzelne zerstreute Inseln, in welchen die Pigmentepithelschicht noch intakt zu sein schien. Hutchinson [39]) beobachtete diese Form hauptsächlich bei hereditärer Syphilis und meint, dass die Erkrankung ungefähr zu gleicher Zeit mit der Keratitis parenchymatosa entstände; 3 Mal fand er sie indessen auch bei acquirirter Syphilis und fand, dass sie spät auftreten und sehr langsam verlaufen kann. Bergmeister (l. c.) beobachtete davon fünf Fälle, konnte in ihnen aber Syphilis nicht constatiren.

Wie bereits im Eingang dieses Kapitels über Chorioidealerkrankungen erwähnt, ist die letzte der hieher gehörenden Formen, die Chorioiditis syph. diffusa oder Chorio - retinitis diejenige, die durch die meisterhafte Schilderung Förster's (l. c.) in ihrem Verlauf und in ihrer Symptomatologie uns am besten bekannt ist. Leber zählt sie ebenfalls zu den Erkrankungen der äusseren Retinalschichten; doch ziehe ich es vor, wie Förster und Jacobson es gethan, sie bei den Erkrankungen der Chorioidea abzuhandeln, aus Gründen, die ich bereits bei der vorigen Form der Chorioidealkrankheiten entwickelt habe; da aber ausserdem, wie wir sogleich sehen werden, Skotome, Micropsie u. s. w. das Bild der Erkrankung vervollständigen, Symptome, welche zweifellos auf einen Zusammenhang mit Retinalaffectionen hindeuten, so ist, wie ich gerne zugeben will, die uns hier beschäftigende Chorioiditis syphilitica mit gleichem Rechte zu den Chorioideal- wie den Retinalerkrankungen zu zählen. Nettleship [40]) hat bei der syphilitischen Chorioiditis Ansammlung von

Zellen in der Aderhaut gefunden, sowie Exsudationen zwischen ihr
und der Netzhaut, ferner Verdünnung der Aderhaut und Vermehrung
des Pigmentepithels der Netzhaut. Zunächst finden wir eine die
hinteren Parthien des Glaskörpers einnehmende Glaskörpertrübung,
welche bei genauer Untersuchung mit dem lichtschwachen Planspiegel
sich in kleine punktförmige Trübungen auflöst, die wie kleine
Stippchen in einem Vorhange den hinteren Abschnitt des Glaskörpers
durchsetzen und den Eintritt des Sehnerven wie mit einem Hauch,
einem feinen Nebel bedecken. Dieser Nebel erstreckt sich nicht bis
zur Peripherie des Augenhintergrundes, sondern umgiebt lediglich die
Sehnervenpapille, sowie die nächste Umgebung derselben, so dass
in dieser Zone auch die Retinalgefässe verschleiert erscheinen, während
sie ausserhalb derselben absolut klar und deutlich sich dem Unter-
sucher präsentiren. Diese Trübung macht häufig genug den Eindruck
einer Netzhauttrübung um die Papille herum, so dass sie von
Manchen auch als eine wirkliche Trübung und Schwellung des
Netzhautgewebes angesehen wird; man erkennt indessen, wie gesagt,
bei sorgfältiger Untersuchung, dass es sich um Trübung des hinteren
Theiles des Glaskörpers handelt. Weicht diese nach kürzerer oder
längerer Zeit einer energischen Allgemeinbehandlung, so bemerkt
man in den meisten Fällen kleine Exsudationen unterhalb der Gefäss-
schicht der Netzhaut und gewöhnlich in der Umgebung der Macula
lutea; Velardi[41]) spricht diese Chorioiditis auch als Chorioiditis
gummosa an wegen der Analogie mit gummöser Iritis und hält die
Flecken an der Macula lutea für Gummiknötchen. Bei längerem
Bestehen schreitet die Krankheit auch nach vorne und ergreift Ciliarkörper, wie Iris, so dass es auch jetzt wieder zu Verlöthungen der
Iris mit der vorderen Kapsel und zu Präcipitaten auf die hintere
Hornhautfläche, die Membrana Descemetii, kommen kann.

Zu diesen objektiv nachweisbaren Symptomen tritt nun noch
eine ganze Anzahl prägnanter und charakteristischer subjektiver
Symptome hinzu. Zunächst constatiren wir eine fortschreitende Verminderung des centralen Sehvermögens, welche sich besonders Abends
bemerkbar macht (Hemeralopie); während am Tage das Sehvermögen
vielleicht noch ein ziemlich brauchbares war, sinkt dasselbe bei
verminderter Lichtintensität in einer dem objektiven Krankheitsbilde
disproportionirten Weise. Es besteht starke Verminderung des Licht-
sinnes (L), der sich durch das Förster'sche Photometer am besten
untersuchen lässt. Da, wie ich aus Erfahrung weiss, bei manchen

von meinen Collegen, die sich nicht speziell mit der Ophthalmologie beschäftigen, vielfach falsche Vorstellungen darüber bestehen, was wir mit Lichtsinn bezeichnen und wie derselbe geprüft wird, so sei es mir gestattet, hier mit wenigen Worten auf denselben einzugehen, wenn das auch nicht direkt in den Rahmen dieser Abhandlung hineingehört. Wir verstehen bekanntlich unter Lichtsinn die Fähigkeit, verschiedene Helligkeiten zu unterscheiden, während wir als Farbensinn die Fähigkeit bezeichnen, Licht verschiedener Brechbarkeit zu unterscheiden, und als Raumsinn die Fähigkeit, Licht gleichzeitig und räumlich verschieden zu unterscheiden (Aubert). Vermittels des Förster'schen Photometers wird das geringste Maass von Beleuchtung festgestellt, bei welcher grosse Objekte in einem bestimmten Abstande erkannt werden. Betreffs der näheren Beschreibung des qu. Apparates verweise ich auf Förster's Angaben in Zehender's Monatsschrift für Augenheilkunde, Jahrgang 1871, S. 338. Hier nur so viel, dass durch allmäliges Verkleinern einer Oeffnung die kleinste Lichtmenge gefunden wird, welche dem zu Prüfenden das Erkennen von schwarzen Strichen oder Buchstaben auf einer dahinter befindlichen weissen Tafel ermöglicht; braucht ein normales Auge hiezu 2 Qu.-Mm. Lichtöffnung und bezeichnen wir diesen Werth mit h, den bei einem Patienten dagegen gefundenen mit H, so ist der Lichtsinn $L = \dfrac{h}{H}$, da man annehmen kann, dass die Lichtempfindlichkeit im umgekehrten Verhältniss zur Grösse der Lichtquelle steht. Bezeichnen wir nun h = 2 Qu.-Mm. mit 1, so erhalten wir bei dem Untersuchten Brüche mit dem Zähler 1. Diese kurzen Angaben mögen genügen; der sich hiefür interessirende Leser wird das Nähere in Förster's Arbeit leicht finden. — Wir finden also bei der uns hier beschäftigenden Chorio-Retinitis die centrale Sehschärfe, wie auch den Lichtsinn wesentlich herabgesetzt; ausserdem constatiren wir bei der Untersuchung des peripherischen Gesichtsfeldes zonuläre oder ringförmige Defecte. Während der Fixationspunkt seine Functionsfähigkeit bewahrt hat, existirt in grösserer oder geringerer Entfernung von demselben eine Zone, in welcher sich perimetrisch deutlich ein Skotom in einem mehr oder weniger geschlossenen Ringe nachweisen lässt, während ausserhalb dieses Ringes auch in der Peripherie die Perzeption erhalten ist; diese zonulären Skotome oder Defecte schicken nun zuweilen auch Ausläufer in die perzipirende Netzhautperipherie, so dass dadurch sehr unregelmässige Gesichtsfelder zu Stande kommen. Innerhalb dieser Defecte erscheinen dem Patienten rothe oder grüne oder gelbe Flecken und Kugeln oder er bemerkt in denselben Bewegungen, welche der über einer erhitzten Platte in leicht zitternde Bewegung versetzten Luft ähneln; diese Photopsien sind auf Circulationsstörungen in der Chorioidea und Retina zu beziehen. Endlich sind noch als zwei hieher gehörende Symptome die Micropsie und die Metamorphopsie zu erwähnen; die Kranken sehen mit dem erkrankten Auge Gegenstände, Geldstücke etc. wesentlich kleiner, als mit dem gesunden; ausserdem sehen sie gerade senkrechte Linien geknickt und nach dem Centrum hin eingebogen. Die Micropsie weisen wir am besten bei binocularem Sehakt durch ein vertikal vor ein Auge gehaltenes Prisma nach; es werden dadurch übereinander stehende Doppelbilder hervorgerufen und der Kranke giebt dann mit grosser Bestimmtheit an, um wie viel ihm das dem kranken Auge zugehörige Bild kleiner erscheint, als das des gesunden Auges; diese Micropsie erklärt sich durch das in Folge der Netzhautschrumpfung hervorgerufene Verschwinden oder Auseinanderweichen der Retinalzapfen. Die Metamorphopsie (Verzerrt- oder Schiefsehen) macht sich dem Kranken besonders beim Lesen in lästiger Weise bemerkbar, indem die Buchstaben ihm schief vorkommen und die Linien ineinander zu laufen scheinen.

Recapitulire ich nochmals das über die Chorioideal-Erkrankungen Gesagte, so fanden wir, dass die Chorioidea erkrankt:

1) Als Irido-Chorioiditis mit massenhaften Glaskörperflocken, zuweilen auch mit einer Beimischung von Eiter oder Blut zum Kammerwasser;

2) als chronische Chorioiditis, die sich lediglich durch Glaskörperflocken charakterisirt;

3) als exsudative Prozesse der mannigfachsten Art in das Gewebe der Chorioidea;

4) als Chorio-Retinitis.

Für Syphilis charakteristisch werden wir mit Sicherheit nur die Chorio-Retinitis und von den übrigen Formen nur diejenigen ansprechen dürfen, bei denen sich auch fein- oder grobkörnige Trübungen des Glaskörpers nachweisen lassen.

Die Prognose ist bei der ersten Form eine schlechte, wenn nicht sehr bald eine energische antisyphilitische Behandlung eintritt; ohne dieselbe geht das Auge durch Cataract oder durch

84 Literatur.

Atrophie zu Grunde. Die Prognose der anderen Formen ist eine entschieden günstigere; wenn auch häufig genug ophthalmoskopisch sichtbare Narbenbildungen, atrophische Aderhautstellen, Pigment-ablagerungen u. s. w. das ganze Leben hindurch persistiren, so kann bei zweckentsprechender Behandlung doch das Sehvermögen nahezu oder auch vollständig wieder hergestellt werden.

Literatur.
—

V. Uvea.

a. Iris.

1. Hock: Die syphilit. Augenkrankheiten. Wiener Klinik, Jahrgang 1876, S. 69.
2. Widder: Graefe's Arch. f. Ophth. Bd. XXVII, 2, S. 108.
3. Fuchs: Graefe's Arch. f. Ophth. Bd. XXX, 3, S. 139.
4. Michel: Graefe's Arch. f. Ophth. Bd. XXVII, 2, S. 229.
5. Virchow: Arch. f. pathol. Anatomie und Physiol. Bd. XV, 2, S. 217—336. Virchow: Krankhafte Geschwülste Bd. II, S. 392—482.
6. Arlt: Krankheiten des Auges Bd. II, S. 67 u. 88.
7. Desmarres: Traité des maladies des yeux 1855, Bd. II, S. 501.
8. Mackenzie: Traité pratique des maladies des yeux, traduit de l'anglais par Laugier et Richelot. Paris 1844, S. 376.
9. v. Hippel: Graefe's Arch. f. Ophth. Bd. XIII, S. 73.
10. Hirschberg und Steinheim: Arch. f. Augen- u. Ohrenheilk. von Knapp und Moos Bd. I, 2, S. 144.
11. Alexander: Genuine Tuberkulose der Iris und des Ciliarkörpers. Hirschberg's Centralbl. f. prakt. Augenheilk. 1884, Juni.
12. Schmidt: Eigenthümlich geformte Exsudate bei Iritis. Klinische Monatsbl. f. Augenheilk. 1871, S. 94—98.
13. Gunning: Ueber gallertartige Ausscheidungen in der vorderen Augen-kammer. Klinische Monatsbl. f. Augenheilk. Bd. X, S. 7—11.
14. Grüning: Ueber schwammiges Exsudat in der vorderen Augenkammer. Arch. f. Augen- u. Ohrenheilk. Bd. III, 1, S. 166—168.
15. Kipp: Syphilitische Iritis mit gelatinösem Exsudat. Arch. f. Augen- und Ohrenheilk. Bd. III, 1, S. 190—193.
16. Drognat-Landré: De l'iritis syphilitique. Annal. d'Ocul. Bd. LXXIII, S. 251—264.
17. Keyser: Iritis with gelatinous exsudation into the anterior chamber. Philad. med. and surg. Rep. S. 241.
18. Schmalenbach: Zur Casuistik geformter Exsudate bei Iritis. Inaugural-Dissertation. Greifswald.
19. Klotz: Iritis rhumatismale à forme anormale. Bordeaux médical S. 161.
20. Laqueur: Nagel's Jahresber. f. Ophth. 1874, S. 329.
21. Schmidt-Rimpler: Linsenähnliches Exsudat bei Iritis. Klin. Monatsbl. f. Augenheilk. Bd. XIII, S. 315—317.
22. Schliephake: Arch. f. Augen- u. Ohrenheilk. Bd. V, 2, S. 286—303.

Ferner: Demarbaix: Gaz. des hôpit. S. 303. — Piéchaud: Journal d'Ophth. 1872, S. 449—454. — Boncour: Journal d'Ophth. 1872, Bd. I, S. 565—574. — Mooren: Ophth. Mittheilungen S. 47, 48. — Desmarres: Gaz. des hôpit. No. 98, 779, 1876. — Alt, Arch. f. Augen- u. Ohrenheilk. Bd. VII, S. 54. — Pflüger: Augenklinik in Bern, 1877 u. 1878. — Hock, Wiener med. Presse 1880, No. 52. — v. Schroeder: Inaugural-Dissertation. Dorpat. — Treitel: Berliner klin. Wochenschr. No. 28, 1881. — Schaefer: Berliner klin. Wochenschr. No. 27, 1883. — Seggel: Bericht über die Augenkrankenstation München S. 33, 1884. — Graefe und Colberg: Arch. f. Ophth. Bd. VIII, S. 288. — Schnabel: Knapp's Arch. f. Augenheilk. Bd. V, S. 111. — Campart: Bullet. de la clin. nation. ophth. des quinze-vingts 1885, S. 58. — Dehenne: Union médic. 1887, No. 23, S. 270.

b. Corpus ciliare.

23. Mauthner in Zeissl's Lehrbuch S. 272.
24. Woinow: Fall von Gummata corporis ciliaris. Sitzungsber. der Ges. russ. Aerzte in Moskau No. 10.
25. Alt: Beiträge zur pathol. Anatomie des Auges. Arch. f. Augen- u. Ohrenheilk. Bd. VI, 1, S. 1—21, und 2, S. 455—464.
Ferner: Barbar: Inaugural-Dissertation. Zürich.

c. Chorioidea.

26. Förster: Zur klinischen Kenntniss der Chorioiditis syph. Graefe's Arch. f. Ophth. Bd. XX, 1, S. 33.
27. Loring und Eno: Syphilitic gumma in the ciliary body. Transact. americ. ophth. Soc. S. 174—178.
28. v. Graefe: Vortrag in der Sitzung der Gesellsch. f. wissensch. Medizin in Berlin vom 1. Febr. 1858.
29. Galezowski in den syph. Augenkrankheiten von Manz. (Nagel's Jahresbericht pro 1872, S. 226.)
30. Bergmeister: Beiträge zur Beurtheilung der Aderhautentzündung und ihres Einflusses auf das Sehvermögen. Graefe's Arch. f. Ophth. Bd. XX, 2, S. 95—122.
31. Mooren: Fünf Lustren ophthalmologischer Wirksamkeit S. 158.
32. Knapp: Arch. f. Augenheilk. Bd. VI, 2, S. 40.
33. Seggel: Ueber Irido-Chorioid. gummosa und die Häufigkeit der Iritis syph. überhaupt. Knapp's Arch. f. Augenheilk. Bd. IX, S. 454.
34. Merkel in Graefe und Saemisch's Handb. Bd. I, S. 44.
35. Bader: On ophthalmoscopic appearances of secundary syphilis. Ophth. Hosp. Rep., Oct. 1858, S. 245.
36. Galezowski: Chorioïdite syphilitique. Gaz. des hôpit., 14 Janv. 1862.
37. Hutchinson: Syphilitic Chorioiditis, symmetrical and causing complete blindness. Note of miscellaneous cases No. 56; Ophth. Hosp. Reports Bd. VI, Part. 4, Oct. 1869.
38. Leber: Graefe's Arch. f. Ophth. Bd. XVII, 1, S. 314.
39. Hutchinson: A clinical lecture on progressive chorioiditis in connexion with acquired syphil. Medical Times and Gaz. 1877, S. 535.
40. Nettleship: On the pathological changes in syphilitic Chorioiditis and retinitis. Ophth. Hosp. Rep. Bd. XI, S. 1.
41. Velardi: Studio sulla corioidite sifilitica napoli.

Sechstes Kapitel.

Erkrankungen der Retina und des Nervus opticus.

a. Retina.

In dem vorigen Kapitel, in welchem die Erkrankungen der Chorioidea abgehandelt wurden, habe ich bereits jener Formen syphilitischer Erkrankungen Erwähnung gethan, welche als Uebergangsformen zu den Erkrankungen der Retina zu betrachten sind und deren Sitz ebensowol in die Chorioidea wie in die Retina verlegt werden kann. Es wurde dort zunächst die Chorioiditis syphilitica oder Chorio-Retinitis besprochen, bei welcher staubförmige Glaskörpertrübungen, ferner die Fortpflanzung der Entzündung auf Ciliarkörper und Iris zunächst für den Sitz der Erkrankung in der Chorioidea plädirten, während Skotome, Verminderung des centralen wie peripherischen Sehvermögens, Micropsie und Metamorphopsie auf das Mitergriffensein der Retina, wenigstens in deren äusseren Schichten hinwiesen. Wir fanden ferner, dass sowol der centripetal fortschreitende Atrophirungsprozess der Chorioidea mit Zerstörung des Pigmentepithels und fleckenförmiger Entartung in der Peripherie des Augenhintergrundes gegen den Aequator hin, wie endlich auch die fleckenförmigen und areolaren Formen der Chorioiditis nur dann als syphilitische angesprochen werden können, wenn sich in ihnen Trübungen des Glaskörpers nachweisen lassen. Lange Zeit hindurch war man daher geneigt, jene Form von Retinitis zu leugnen, welche mein verehrter Freund und Lehrer Jacobson[1]) schon vor 30 Jahren beobachtete und zuerst als syphilitische Retinitis beschrieb; man war, sage ich, geneigt, das Vorkommen einer solchen auf Syphilis beruhenden Retinitis überhaupt zu leugnen und die hiebei in der Gegend des Sehnerveneintritts sich lokalisirende Trübung auf eine im hinteren Augapfelabschnitt vor der Papille ausgespannte Glaskörpermembran zurückzuführen, somit jene von Jacobson so anschaulich beschriebene Erkrankung des Augenhintergrundes nicht als eine Affection der Retina, sondern als eine der Chorioidea zu betrachten. Indessen zeigt doch die sorgfältige Untersuchung eines reichhaltigen hieher gehörigen Krankenmaterials, dass jene von Jacobson beschriebene, von Vielen übersehene oder gar geleugnete Retinitis syphilitica wirklich existirt und vielleicht nicht so gar selten zur Beobachtung gelangt; hiezu kommt nun noch, dass Mauthner[2]) einen solchen während des Lebens beobachteten Fall nach dem Tode untersucht und gefunden hat, dass es sich nicht um eine durch eine Glaskörpermembran vorgetäuschte Netzhauttrübung, sondern um eine wirkliche Retinitis in ihren inneren Schichten gehandelt habe.

Man findet in solchen Fällen in der Gegend des Sehnerveneintritts eine deutlich nachweisbare, über der Papille schwebende nebelartige, grauliche Trübung, welche sich zungenförmig besonders längs den Gefässen in die Peripherie hinein erstreckt; gegen den Aequator hin verschwindet der Nebel vollständig, um nunmehr dem normalen Farbenton Platz zu machen. Die Papille erscheint dabei diffus getrübt und schimmert als hellerer gelbröthlicher Fleck aus dem Nebel hervor. Dabei ist zum Unterschiede von der idiopathischen, nicht syphilitischen Retinitis meist nur eine sehr geringe Hyperämie des venösen Gefässsystems vorhanden, während die Arterien wohl immer normal erscheinen. Ob diese Trübung nun als der Ausdruck einer entzündlichen Schwellung der Netzhaut selber zu betrachten ist, oder ob es sich um eine dünne diffuse Exsudation handelt, welche sich zwischen Membrana limitans interna und Glaskörper, wie zwischen zwei parallelen Platten diffundirt, oder ob wir es endlich, wie Galezowski[3]) bei der Autopsie gefunden haben will, mit einer Verdickung der Membrana hyaloidea des Glaskörpers zu thun haben, lasse ich zunächst noch dahingestellt — der pathologischen Anatomie muss es vorbehalten bleiben, auch hierin das letzte Wort zu sprechen. Indessen ist an der Mitbetheiligung des Netzhautgewebes selber nicht zu zweifeln, da ich, wie Classen[4]), Schweigger[5]) u. A. in einigen wenigen hieher gehörigen Fällen beobachten konnten, dass sich die Netzhaut um die Papille herum in einem wallförmigen Ring verdickt zeigte und dass diese Verdickung zuweilen bis nahe an die Macula lutea reichte.

Ist es somit erwiesen, dass, wie Jacobson bei der Beschreibung seiner Retinitis syphilitica annahm und wie es bis dahin mit Entschiedenheit geleugnet wurde, das Gewebe der Retina selbstständig durch Syphilis ergriffen werden kann, so dürfte jeder etwa noch bestehende Zweifel dann hinfällig werden, wenn hiezu noch Blutungen oder Exsudationen in die Retina hinzutreten, welche dem Verlauf der Gefässe folgend sich mehr weniger weit in die Peripherie erstrecken und die Netzhautgefässe verdecken. Was zunächst die Blutungen betrifft, so kommen sie bei der syphilitischen Retinitis recht selten zur Beobachtung; ich selber habe sie im Ganzen nur 6 Mal beobachtet. Dieselben sind nicht radiär, sondern stellen rundliche Flecken dar und beruhen auf einer Erkrankung der Gefässwandungen, einer Endarteriitis, wie sie Haab[6]) gesehen und beschrieben hat und wie sie der bekannten Heubner'schen Gefässerkrankung entspricht; einmal beobachtete und beschrieb ich[7]) Netzhautblutungen in Verbindung mit Retinitis albuminurica, welche einer durch syphilitische Kachexie entstandenen amyloiden Degeneration der Nieren ihre Entstehung verdankte. Endlich sind noch die erwähnten Exsudationen ein sicherer Beweis für die Erkrankung der Retina; einen hieher gehörigen Fall finden wir in Liebreich's Atlas[8]); mir selber sind drei ähnliche zu Gesichte gekommen, von denen der prägnanteste folgender war: Der 28jährige v. X. hatte sich im 25. Lebensjahre infizirt, indessen bis ½ Jahr vor seiner Vorstellung in Aachen nur geringe Zeichen der constitutionellen Krankheit dargeboten. Zu dieser Zeit bemerkte er eine unter lästigen Erscheinungen von Druck, von Photopsien und Flimmern stetig zunehmende Sehschwäche des rechten Auges. Bei seiner Ankunft in Aachen befand sich das Auge in Divergenzstellung, mit einer peripherisch gelegenen Netzhautzone zählte Patient Finger auf ca. 20 Fuss, während er central nichts mehr zu unterscheiden vermochte. Der Glaskörper zeigte einige grössere flottirende Trübungen; die Papille sah gelblich aus, ihre Contouren waren verwaschen, nach unten vom Sehnerven schloss sich eine weissliche Figur an, welche dem Verlaufe der Art. und Vena nasalis inferior folgend sich sicherlich 2 Papillen weit in die Netzhaut hinein erstreckte; die genannten Gefässe verschwanden zum Theil in dieser Exsudation, welche seitlich nicht mit scharfen Grenzen abschnitt, sondern allmälig in die grau getrübte Netzhaut überging. Nach unten und aussen von dieser weisslichen im Netzhautgewebe liegenden Exsudation fand sich ein Sektor der Netzhaut, welcher eine grössere Zahl kleiner Blutextravasate in rundlicher Form aufwies. Dass wir es in diesem Falle mit einer im Verlaufe der syphilitischen Diathese aufgetretenen Retinitis mit Ausgang in Exsudation und Thrombenbildung in den erkrankten Gefässen zu thun hatten, darüber konnte kein Zweifel bestehen; die eingeschlagene

Behandlung bewirkte eine wesentliche Besserung, wiewol das Sehvermögen bei der Abreise des Kranken nur $^{17}/_{100}$ betrug, doch konnte bereits central fixirt und grosser Druck entziffert werden.

Diese Jacobson'sche Retinitis syphilitica ist nun nicht gar so selten, wie einige Autoren glauben. Wenn ich auch weder die Angaben Ole Bull's[9]) noch die Schnabel's[10]) bestätigen kann, von denen der Erste eine Retinitis oft als das erste Symptom der constitutionellen Syphilis ansah und unter 200 Syphilitischen 50% Retinitiden beobachtet haben wollte, während Schnabel behauptete, dass bei fast allen Iritiden auch Zeichen von Retinalreizung vorhanden sei, so habe ich doch jene syphilitische Retinitis in mehr als 100 Fällen, also in 7,7 % meiner syphilitischen Augenkranken nachweisen können.

Oft schon 1—2 Jahre nach erfolgter Infection vermag die unter den lästigsten Photopsien auftretende Retinitis das Sehvermögen des einen und häufig genug auch, nach Verlauf weniger Monate, des zweiten Auges hochgradig zu stören, selbst zu vernichten; dabei ist der Zusammenhang mit Syphilis häufig genug deshalb nur schwer nachweisbar, weil anderweitige diesem — dem condylomatösen — Stadium adäquate syphilitische Symptome der Haut, der Schleimhäute oder der Knochenhaut nur selten neben der Retinitis aufgefunden werden. Nur zweier Fälle der beschriebenen Retinitis entsinne ich mich, in denen ich noch anderweitige syphilitische Zeichen nachzuweisen vermochte; in dem einen Falle fand ich Elfenbein-Exostosen beider Tibien, welche sich im Verlaufe der constitutionellen Erkrankung entwickelt hatten und selbst noch 10 Jahre später, als ich den Kranken bei einem gelegentlichen Besuche in Kopenhagen wiedersah, nachweisbar waren; in dem anderen Falle waren Gummiknoten im Unterhautbindegewebe vorhanden. Bei sämmtlichen anderen Fällen liessen sich anderweitige Zeichen der bestehenden Syphilis nicht constatiren. Der causale Zusammenhang mit Syphilis wird somit auch hier nur unter Berücksichtigung aller Verhältnisse, des Auftretens und des Verlaufes der Augenkrankheit bewiesen werden können, wird indessen dann als sicher angenommen werden können, wenn wir neben der Retinitis noch andere Zeichen überstandener Syphilis: Narben der äusseren Bedeckung und der Schleimhäute, Schwellung der Nacken und Cubitaldrüsen oder gar Reste früherer Iritiden aufzufinden vermögen.

Was den Verlauf und den Ausgang der syphilitischen Retinitis betrifft, so zeigt dieselbe stets einen chronischen, äusserst schleppenden

Verlauf und ist durch ihre vielen Rückfälle ausgezeichnet. Die meisten Fälle weichen indessen einer zweckentsprechenden Behandlung, wenn auch häufig genug der ophthalmoskopische Befund lange Zeit hindurch nur geringe Veränderungen aufweist, während die Sehschärfe eine stetige Zunahme erfährt. In denjenigen Fällen aber, in denen keine energische Behandlung eintritt, in denen dagegen verzettelte antisyphilitische Kuren ängstlich und mit Schwächung des Kranken vorgenommen werden, in diesen Fällen ist der Ausgang gewöhnlich kein günstiger: der Sehnerv bekommt ein atrophisches Aussehen von gelblicher Farbe, die Netzhautgefässe werden enge, das centrale und periphere Sehvermögen und auch das Farbenunterscheidungsvermögen nehmen mehr und mehr ab — der Ausgang in vollständige Erblindung ist jetzt nur noch eine Frage der Zeit. Ein solcher Fall befindet sich gerade jetzt noch in meiner Klientel: Der 66jährige Patient hatte eine beiderseitige Retinitis und auf dem linken Auge Reste einer abgelaufenen Iritis, die Sehschärfe betrug Anfangs nur $^{17}/_{100}$, von Jaeger 8 wurden einzelne Worte gelesen, die Infection hatte 3 Jahre vorher stattgefunden. Die recht energische antisyphilitische Behandlung, neben welcher ausserdem auf eine reichliche, kräftigende, durch alte und schwere Weine unterstützte Ernährung und fleissige Bewegung in frischer Luft gesehen wurde, hatte nach 2 Monaten den Erfolg, dass die S auf $^{17}/_{30}$ gestiegen und Jaeger 1 anstandslos gelesen wurde. Nunmehr sandte ich den aus dem Norden Europas stammenden Patienten in südliche Gegenden, wo er sich mehrere Monate einer ungestörten Gesundheit zu erfreuen hatte. In die Heimath zurückgekehrt, sollen Schmerzen in Armen und Beinen eingetreten sein, die der behandelnde Arzt, trotzdem anderweitige syphilitische Zeichen nicht mehr eingetreten waren, doch in Verbindung zur Lues brachte und demgemäss von Neuem mit lange fortgesetzten Einreibungen grosser Dosen grauer Salbe behandelte; das Sehvermögen war und blieb in den ersten 2 Monaten ein gutes, trotzdem Appetit wie Kräfte des bejahrten Patienten abzunehmen begannen. Doch nicht lange sollte dieser Zustand dauern! Trotzdem das Sehvermögen jetzt mehr und mehr sank, trotzdem die körperlichen Kräfte sich nicht heben wollten, wurde doch mit Einreibungen, Holzträncken, Jodkalium etc. fortgefahren. Vor 3 Monaten stellte sich mir Patient von Neuem vor; jetzt fand ich das binoculare Sehen auf Fingerzählen in Stubenlänge herabgesetzt, gelesen wurden jetzt nur noch einzelne Worte von Jaeger 20 und 21. Die Retina zeigte keine Spur von Trübung, dagegen waren die Netzhautgefässe haardünn, die Papilla nervi optici atrophisch. Wie ich erfahre, ist jetzt auch der Rest des Sehvermögens geschwunden.

Gehört nun die bisher besprochene Retinitis häufig genug noch den frühen Symptomen der Syphilis an, so ist doch die letzte, uns hier beschäftigende Form, die zuerst von Graefe[11]) als centrale, recidivirende Retinitis beschrieben wurde, als eine Spätform der Syphilis zu betrachten. Wir finden derselben sowol in einigen Handbüchern über Syphilis, wie in den Abhandlungen über Krankheiten der Retina Erwähnung gethan (Mauthner, v. Wecker, Galezowski u. A.), ohne dass jedoch von den Autoren selbst beobachtete Fälle publizirt worden wären. Zweifellos hat vor Graefe schon Schweigger (l. c.) diese Form gemeint, wo er von einer Retinitis an der Macula lutea spricht; doch beschreibt er sie nur als eine Complikation von Aderhaut-Erkrankungen, deren Dependenz von Syphilis von Schweigger nirgend betont wird. Mooren[12]) scheint in einem seiner Krankheitsfälle dieses Bild vor Augen gehabt zu haben, wenigstens spricht die Häufigkeit der Recidive — in welchen die S von Jaeger 1 auf Jaeger 19 reduzirt wurde — dafür, wenn auch Mooren des ophthalmoskopischen Befundes keine Erwähnung thut; ferner beobachtete Reuss[13]) einen solchen Fall von centraler, recidivirender Retinitis; auch Ewetzky sah einen ähnlichen. Was mich betrifft, so habe ich diese Form bis zum Jahre 1876, wo ich zum ersten Male meine Erfahrungen hierüber publizirte[14]), drei Mal zu sehen Gelegenheit gehabt; seltsamer Weise ist mir seither kein solcher Fall mehr zu Gesichte gekommen. Die gewöhnliche Form der syphilitischen Retinitis macht, wie Graefe schon hervorhob, auch den gewöhnlichen Verlauf aller Entzündungskrankheiten durch, d. i. eine Steigerung der Symptome, die Akme, und einen Rückgang sämmtlicher Erscheinungen; müssen wir bei der Retinitis syph. auch auf Rückfälle immer gefasst sein, so gehören sie doch dort, wo die Retina bereits zur Norm zurückgekehrt war, nicht zu den regelmässigen Erscheinungen, während in den Fällen von centraler, recidivirender Retinitis die unerwartet und häufig erscheinenden Rückfälle das Charakteristische dieser Form ausmachen. Bemerkenswerth ist bei letzterer noch die Lokalisation an der Macula lutea; während bei der gewöhnlichen Form syphilitischer Netzhaut-

erkrankung die diffuse Trübung vom Papillenrande ausgeht, und
namentlich den grösseren Gefässstämmen folgend, sich mehr weniger
weit in die Netzhaut hinein erstreckt, ist es hier die Stelle der
Macula lutea und deren nächste Umgebung, welche vorzugsweise
von der Krankheit ergriffen wird. Dieses sind die beiden Haupt-
charaktere der erwähnten Form, in welchen auch die von mir
beobachteten drei Fälle übereinstimmen; jeder von ihnen bietet
jedoch noch gewisse Eigenthümlichkeiten dar, auf welche ich mit
einigen Worten noch eingehen werde.

Erster Fall. M. O. aus Kasan, 23 Jahre alt, stellte sich mir
im Jahre 1868 zum ersten Male wegen seines Augenleidens vor;
Anfangs 1867 syphilitisch inficirt, hatte Patient die ganze Reihenfolge
sekundärer Symptome: Drüsenschwellung, Exantheme, Ulcera faucium,
Defluvium capillorum bereits überstanden. Seit 3 Monaten bemerkt
Patient eine Abnahme seines beiderseitigen Sehvermögens, welches
häufigen Schwankungen unterworfen gewesen und wiederholentlich
bis auf das mühsame Erkennen grosser Gegenstände in unmittelbarer Nähe herabgesetzt gewesen sein soll. Die Untersuchung ergab:
rechts S $^1/_3$, Emmetropie, links S fast 1, Se normal; beiderseits die
Zeichen überstandener Iritiden in Form rostbrauner Flecken auf der
vorderen Linsenkapsel. Rechterseits enthält der Glaskörper viele
leicht bewegliche Flocken, welche eine Durchmusterung des Augenhintergrundes verhinderten; linkerseits war der Glaskörper ungetrübt,
der Augenhintergrund normal. Vier Tage nach Ankunft des Patienten
in Aachen fand ich auf dessen linkem Auge einen Nachschub jener
Entzündung, von welcher der Kranke seit 3 Monaten wiederholt
heimgesucht worden war; die S war auf ein Minimum herabgesetzt,
Se schien normal zu sein, in der vorderen Kammer ein kleines
Hypopyum, die Iris stark geschwollen, einzelne Synechien, der hochgradig getrübte Glaskörper verhinderte jeden Einblick auf den
Augenhintergrund. Am Abend desselben Tages war auf Anwendung
von Atropin das Hypopyum verschwunden, die Synechien gelöst,
die Pupille stark dilatirt und im Verlaufe der nächsten 14 Tage stieg
die Sehschärfe wieder auf ihre frühere Höhe. Inzwischen waren
rechterseits die Glaskörperflocken resorbirt, doch war trotzdem die
S nur bis auf $^1/_3$ gestiegen; den Grund hiefür fand ich in einer grau-
lichen Trübung an der Macula lutea, welche sich fast bis zum
äusseren Rande der Papilla nervi optici erstreckte, den übrigen
Theil des Augenhintergrundes dagegen frei liess. Nach wenigen

Tagen erkrankte nun wiederum dieses Auge in derselben soeben beschriebenen Weise: Hypopyum, Irisschwellung, Glaskörpertrübung, um in den nächsten Tagen wieder zur Norm zurückzukehren und einem erneuten Recidiv des linken Auges Platz zu machen. Trotz der sofort verordneten energischen Inunctionen wiederholte sich unter meinen Augen das Recidiv rechterseits 2 Mal und linkerseits 3 Mal in so regelmässiger und gleichmässiger Weise, dass man dieselbe schon Tags vorher prognostiziren konnte. Nachdem Patient 80 Inunctionen ohne allen und jeden Erfolg bei einem im Uebrigen durchaus tonisirenden Verfahren verbraucht hatte, glaubte ich von weiterer Anwendung der grauen Salbe Abstand nehmen zu müssen und verordnete nebst einem längeren Aufenthalt im Süden Jodeisen. Statt dessen unterwarf sich Patient einer erneuten Inunctionskur unter der Leitung eines anderen hiesigen Collegen — mit demselben negativen Erfolg; 3 Mal wurden die beschriebenen Entzündungs-nachschübe noch beobachtet. Ricord in Paris verordnete nun wiederum Inunctionen, und endlich gelangte Patient nach Berlin und in die v. Graefe'sche Klinik, in welcher er sich, wie mir Dr. Waldau gelegentlich mittheilte, noch länger als 1 Jahr auf-gehalten hat, um endlich unter abwechselnder Anwendung von toni-sirenden Mitteln und der grauen Salbe von seinem Uebel befreit zu werden.

Dieser Krankheitsfall zeichnet sich durch die ungewöhnlich grosse Anzahl seiner Recidive, sowie durch die Trübung an der Macula lutea von den gewöhnlichen Fällen syphilitischer Erkran-kungen der Binnenorgane des Auges aus; die Recidive erschienen hier unter der Form einer Irido-Chorioiditis mit ungewöhnlich starker Trübung des Glaskörpers, der jedoch in kurzer Zeit sich immer wieder aufhellte und dann die an der Macula lutea sich lokalisirende Trübung der Untersuchung zugänglich machte; durch diese Charaktere dürfte ihm eher der Name einer centralen recidivirenden Chorio-Retinitis als der einer Retinitis beigelegt werden können.

Der zweite Fall präsentirte sich mir im Jahre 1874 bei einem 30 Jahre alten Patienten, M. A., der im Jahre 1871 inficirt war und bei welchem sich im Jahre 1872 eine rechtsseitige Retinitis eingestellt hatte. Die Krankheit kündigte sich durch Verzerrt- und Kleinersehen der Objekte an und hatte zu so bedeutender Herabsetzung des Sehver-mögens geführt, dass grosser Druck nur noch mühsam hatte erkannt werden können. Die Krankheit wich der gewöhnlichen Behandlungsweise, um 3 Monate später das linke Auge zu befallen und ebenso zu verlaufen. Im Jahre 1873 wiederholte sich die Augenkrankheit rechterseits 2 Mal, linkerseits 1 Mal und endete stets mit Wiederherstellung des Sehvermögens; nur sollen seit jener Zeit die mit dem rechten Auge fixirten Gegenstände dem Patienten immer kleiner erschienen sein, als sie in Wirklichkeit waren. — Als sich mir Patient vorstellte, constatirte ich rechterseits eine Sehschärfe von $^{14}/_{40}$, linkerseits von 1, rechts fand ich centrales Skotom für Roth und Grün, ausserdem eine Micropsie, so dass dem Patienten die fixirten Gegenstände reichlich um $^{1}/_{4}$ kleiner erschienen, als mit dem linken Auge. Ophthalmoskopisch erkannte ich rechterseits an der Macula lutea eine zarte graue Trübung, welche sich noch etwas nach oben und nach innen bis zur Papilla nervi optici erstreckte; bei scharfer Einstellung und mydriatischer Pupille sah ich deutlich kleine weisse Stippchen in dem graulich getrübten Gewebe; links war eine solche Trübung nicht nachweisbar; Papillen wie Netzhautgefässe und der ganze übrige Augenhintergrund beiderseits normal. 14 Tage nach begonnener Kur zeigte sich linkerseits ein Recidiv; die Sehschärfe sank auf $^{1}/_{4}$ und auch jetzt gab der Kranke an, dass ihm alle Gegenstände verzerrt erschienen; das Ophthalmoskop zeigte den Glaskörper rein, nunmehr liess sich aber auch hier eine an der Macula lutea gesättigt und in feinen Ausläufern bis zur Papille sich erstreckende Trübung nachweisen, welche jedoch innerhalb der nächsten 4 Wochen wieder verschwand und einer Restitution der Sehschärfe Platz machte.

Dieser Krankheitsfall hat mit dem ersten gemeinsam: 1) die Abhängigkeit von der Syphilis; 2) die häufigen Recidive, nachdem die S schon ganz oder fast ganz zur Norm zurückgekehrt war; 3) die Trübung an der Macula lutea. Bemerkenswerth ist der Fall jedoch dadurch, das ein jedes Recidiv durch Auftreten von Metamorphopsie und Micropsie eingeleitet worden.

Der dritte Fall endlich betraf die 32jährige C. I. aus Aachen, welche im Frühjahre 1874 inficirt, sich mir im Herbst desselben Jahres vorstellte. Ausser vielfachen syphilitischen Erscheinungen an Haut und Schleimhaut fand ich ophthalmoskopisch rechts eine feine graue Trübung, welche am äusseren Rande der leicht verschleierten Opticus-Scheibe beginnend, sich fast bis zur Macula lutea erstreckte, diese jedoch bei der ersten Untersuchung zunächst noch frei gelassen hatte; links war die Trübung eine mehr gleichmässige,

sich um die Papille concentrirende; die Retinalgefässe zeigten keine
Abnormitäten. Dabei war neben einer mässigen Herabsetzung der
centralen S rechterseits ein zonulärer Gesichtsfeldsdefect nachweisbar,
welcher den Fixationspunkt frei liess und sich besonders nach der
Nasenseite hin erstreckte; jenseits des Defectes, nach der Peripherie
hin, war das Gesichtsfeld normal. Innerhalb des Defectes wurden
weder Farben noch auch Bewegungen meiner Hand bemerkt, während
jenseits desselben normales Gesichtsfeld constatirt werden konnte;
linkerseits war das Gesichtsfeld gleichmässig herabgesetzt, zeigte
jedoch nirgend den Defect. Acht Tage nach Beginn der Inunctionskur
hatte sich der rechtsseitige Gesichtsfeldsdefect nach dem Centrum
hin vergrössert und nun auch den Fixationspunkt mit einbegriffen,
so dass kaum mehr die Bewegungen der Hand unterschieden werden
konnten, während in der Peripherie sowol die farben- wie die raum-
empfindenden Netzhautelemente in normaler Weise functionirten;
dem entsprechend war die Trübung jetzt auch concentrirter geworden,
occupirte besonders die Macula lutea, während sie die Opticus-Scheibe
nunmehr frei liess. In wenigen Wochen kehrte das Sehvermögen
zur Norm zurück und der Gesichtsfeldsdefect glich sich aus. Die
Scene sollte sich jedoch bald wieder ändern; Anfangs December
zeigte sich das erste Recidiv zuerst linker- dann rechterseits und
hier wieder in der Form des beschriebenen zonulären Defectes,
welcher sich in 8 Tagen zum vollständigen centralen Skotom umwandelte, um nach wenigen Wochen dem früheren Verhalten der S
von Neuem Platz zu machen. Solcher Recidive beobachtete ich im
Laufe des Jahres 1875 acht, und immer in der soeben beschriebenen
Weise; das längste freie Intervall betrug 2 Monate, während in der
übrigen Zeit ein fortwährendes Schwanken der subjektiven wie der
objektiven Symptome vorhanden war.

Dieser dritte Fall zeigt mit den beiden ersten wesentlich über-
einstimmende Momente; zunächst ist es sein unmittelbares Abhängigkeitsverhältniss von der Syphilis, ferner die grosse Hartnäckigkeit
gegen jedwede Therapie, die grosse Zahl der plötzlich und unerwartet auftretenden Recidive und endlich die Trübung an der Macula
lutea — Symptome, welche allen drei Fällen gemeinsam sind. Nur die
Art der Recidive ist es, in welchem die Fälle nicht unwichtige
Differenzen unter sich zeigen: in dem ersten Falle tritt das Recidiv
in Form einer akuten Irido-Chorioiditis mit starker Glaskörpertrübung
auf, in dem zweiten meldet es sich unter den Erscheinungen der

Metamorphopsie und der Micropsie und in dem dritten endlich unter der Form des zonulären Gesichtsfeldsdefectes.

Recapitulire ich das über die syphilitischen Formen der Retinalkrankheiten Gesagte, so fanden wir:

1) die Retina erkrankt bei der Syphilis in Folge der verschiedenen Formen der Chorioiditis syphilitica (Chorio-Retinitis);

2) als einfache Retinitis (Jacobson), bei welcher eine hauchartige Trübung die Papille und die centralen Theile der Netzhaut bedeckt, die peripheren dagegen frei lässt;

3) als Retinitis mit Exsudation längs den Netzhautgefässen;

4) als Retinitis mit Blutungen in Folge von Gefässerkrankung und Thrombenbildung;

5) als centrale recidivirende Retinitis.

b. Nervus opticus.

Die ungewöhnlich grosse Zahl von Sehnervenerkrankungen (568 = 40,93 % der Gesammtzahl), welche sich mir in den verflossenen 22 Jahren präsentirten und welche mit mehr oder weniger Berechtigung auf eine syphilitische Grundursache zurückgeführt wurden, findet ihre Erklärung darin, dass die Aachener Heilquellen mit Vorliebe von solchen Kranken aufgesucht werden, welche an Affectionen des Cerebrospinalnervensystems leidend sich schon allen erdenklichen Heilversuchen unterzogen hatten und nunmehr noch alles Heil von einer Aachener Kur erwarteten. Bekanntlich verbinden sich mit dem genannten Leiden gern und oft Erkrankungen der Sehnerven, die wir dann, wenn wir das zu Grunde liegende Leiden des Centralnervensystems als syphilitisches auffassen, mit eben solchem Recht auf dieselbe Grundursache zurückführen müssen. Ob indessen jene cerebralen und spinalen Affectionen wie diese Sehnervenerkrankungen wirklich immer syphilitischer Natur sind oder ob sie nicht bei einem früher mit Syphilis behafteten, späterhin aber von derselben befreiten Patienten ganz unabhängig von derselben irgend einer anderen Gelegenheitsursache ihre Entstehung verdanken, lässt sich in vielen, vielleicht den meisten Fällen mit Sicherheit nicht nachweisen. — Aus dem Gesagten geht denn nun schon hervor, dass wir aus der Form der Sehnervenerkrankung deren syphilitische Natur nicht erkennen können und dass es überhaupt keine Erkrankung des Sehnerven giebt, die durch ihr Auftreten, ihren Verlauf, die dabei zu beobachtenden ophthalmoskopischen Veränderungen und functionellen Störungen sich von anderen genuinen, nicht syphilitischen Sehnervenleiden unterscheidet. Wenn ich trotzdem alle jene Fälle, welche zum bei weitem grössten Theil schon mit der Diagnose „Syphilis" mir zukamen, zur Grundlage meiner Abhandlung über syphilitische Sehnervenleiden mache, trotzdem durch Autopsien der Beweis für deren luetische Erkrankung nur selten hat erbracht werden können, so thue ich es, weil einerseits andere Ursachen der Sehnervenaffection meistentheils sich nicht haben nachweisen lassen, andererseits weil auch in sämmtlichen Fällen Syphilis vorausgegangen war. Ob aber das post hoc ergo propter hoc hier berechtigt war, war, wie gesagt, stets zu vermuthen, selten aber stricte zu beweisen.

Was nun von den nicht syphilitischen Sehnervenleiden gilt, gilt ceteris paribus ebenso auch von den auf syphilitischer Basis beruhenden; ich muss deshalb hier auf die grösseren umfassenden Werke über die Erkrankungen der Sehnerven — unter denen ich in erster Linie die klassische Abhandlung von Leber in Graefe und Saemisch's Sammelwerk erwähne — hinweisen, in welchen der ophthalmoskopischen Befunde wie der semiotischen Bedeutung der Sehnervenerkrankungen besonders für die Beurtheilung der Cerebral- wie Spinalerkrankungen eingehende Berücksichtigung gewidmet ist. Hier will ich nur der Vollständigkeit des Gegenstandes wegen wie für diejenigen meiner Leser, die umfassenderen ophthalmologischen Studien sich nicht hingeben wollen oder können, das Nothwendigste erwähnen.

Zunächst wissen wir, dass der Sehnerv an seinen beiden Enden — dem centralen im Gehirn und dem peripheren in der Netzhaut — wie auch in seinem ganzen Verlauf zunächst in selbstständiger Weise, dann aber auch durch Propagation des Krankheitsprozesses von der Umgebung aus sekundär ergriffen werden kann. Die Papilla nervi optici, das periphere Ende des Sehnerven, giebt uns meistens Auskunft über diejenigen Vorgänge, welche den Sehnerven in seinem ganzen Verlaufe bis zu dessen centralem Ende treffen, wenn wir auch, wie wir später sehen werden, Fällen begegnen, in welchen die Papille intakt erscheint, in denen somit der Krankheitsprozess noch nicht bis zum peripheren Ende des Sehnerven vorgedrungen ist. Wir müssen deshalb zunächst diejenigen Erkrankungsformen berücksichtigen, in denen wir ophthalmoskopisch Veränderungen der Sehnervenpapille antreffen, und dieselben von jenen trennen, in welchen letztere vermisst werden. — Was nun die

ersteren betrifft, so finden wir zunächst, dass bei fast allen intensiven
Entzündungsprozessen in der Retina auch der Sehnervenkopf mit
an der Entzündung Theil nimmt — wir sprechen dann von einer
Neuro-Retinitis. Die Papille zeigt sich hiebei ein wenig geschwellt,
ihre Contouren verwischt, der Sehnerv hebt sich durch seine Farbe
nur wenig von der ihn umgebenden allseitig getrübten Netzhaut
ab; die centrale Sehschärfe zeigt sich hiebei hochgradig herabgesetzt,
während das periphere Sehen wie auch das Farbenunterscheidungsvermögen wesentliche Veränderungen nicht erleidet. — Von dieser
Sehnerven und Netzhaut gleichmässig occupirenden Entzündung
müssen wir ferner jene Formen trennen, welche nur die Papille und
deren nächste Umgebung betreffen (Neuritis optica); gewöhnlich
unterscheiden wir nach v. Graefe hiebei zwei Formen: die Stauungspapille und die Neuritis descendens. Jede dieser beiden Formen
zeigt, wenn sie doppelseitig auftritt, uns unzweideutig an, dass wir
es mit einem Prozess des Sehnerven resp. seiner Umhüllungen, den
Sehnervenscheiden, zu thun haben, und der weiteren Untersuchung
muss es in jedem Falle vorbehalten bleiben, zu entscheiden, ob der
Sehnerv in seinem cerebralen Verlauf oder extracerebral, aber noch
intrakraniell oder endlich intraorbital von der Läsion ergriffen ist.
Was die ophthalmoskopischen Bilder betrifft, so finden wir bei der
Stauungspapille eine starke, steile, zuweilen unregelmässige Schwellung des Sehnervenkopfes, dessen Grenzen durch streifige Trübungen
verdeckt sind; dabei ist hochgradige Stauung in den Venen und
Ischämie in den arteriellen Gefässen vorhanden. Die Neuritis descendens dagegen zeigt eine geringere Schwellung der Papille und
eine geringere Stauung in den Venen; dagegen erstreckt sich die
Trübung und Schwellung des Gewebes viel weiter in die Netzhaut
hinein und zeigt häufig Blutungen und weisse Plaques; an der
Macula lutea sieht man zuweilen einen Kranz kleiner, weisser Punkte
wie bei der Retinitis albuminurica. Diese Merkmale sind indessen
nicht überall so prägnant entwickelt, dass man stets die eine Form
von der anderen zu unterscheiden vermöchte; es finden sich mancherlei
Uebergänge von der einen zur anderen Form, sie finden sich zuweilen sogar in demselben Auge vereinigt. Während eine doppelseitige Stauungspapille überall dort angetroffen wird, wo eine raumbeschränkende resp. druckvermehrende Ursache innerhalb der Schädel-
kapsel vorhanden ist, durch welche nach den Untersuchungen von
Axel Key, Retzius, Manz u. A. der Lymphstrom aus dem

Arachnoidealsack zwischen die Scheiden des Schnerven gepresst wird und dadurch comprimirend auf den Sehnerven und dessen Gefässe wirkt, weist die Neuritis descendens auf einen Entzündungsprozess hin, welcher die Nervensubstanz selber betrifft oder welcher, auf die Sehnervenscheiden von der Umgebung aus fortgepflanzt, sich schliesslich auch auf die Substanz des Nerven überträgt; zu den letzteren Prozessen gehört vor Allem die Meningitis basilaris. Ich habe schon erwähnt, dass sich beide Vorgänge, die Stauungspapille, wie die Neuritis descendens, zuweilen in einem und demselben Individuum vereinigt vorfinden. Denn einerseits wirkt die zwischen die Sehnervenscheiden hineingepresste Lymphe entzündungserregend auf die Axencylinder ein und fügt der ödematösen Schwellung des Sehnervenkopfes und der Stauung in den Gefässen noch eine in die Netzhaut ausstrahlende Entzündung der Nervenfasern hinzu, andererseits erzeugt aber auch ein massiges basilares Exsudat ausser den Zeichen der Entzündung noch die der Stauung, so dass wir auch jetzt wieder beide Prozesse vereinigt finden. Nach Iwanoff stellt die Stauungspapille Anfangs nur eine starke Hyperämie der Papille dar mit Durchtränkung der Gewebe und Erweiterung der Gefässe; in der Mehrzahl der Fälle folgt auf die Hyperämie entzündliche Exsudation mit Anhäufung massenhafter zelliger Elemente; auch Hulke[15]) fand in einem Falle von Stauungspapille eine deutliche entzündliche Schwellung im intrakraniellen und orbitalen Verlaufe des Sehnerven.

Die Stauungspapille gilt, wie wir sahen, als Indicator eines cerebralen druckvermehrenden Prozesses im weitesten Sinne des Wortes; ob die Druckursache aber durch ein Sarkom oder eine Echinococcus-Geschwulst oder aber eine gummöse Neubildung hervorgerufen ist, vermögen wir aus dem ophthalmoskopischen Befunde nicht zu ersehen; auch für die topische Diagnostik sind die Erscheinungen an der Papille nicht zu verwerthen. In seltenen Fällen wird die Stauungspapille auch durch orbitale Tumoren hervorgerufen. Da diese indessen einseitig zu sein pflegen, während die durch cerebrale Läsionen hervorgerufene Stauungspapille stets doppelseitig ist, so wird die differentielle Diagnose, ob die Krankheitsursache gegebenen Falles eine centrale oder eine orbitale sei, nicht schwer zu stellen sein. Die Diagnose indessen, ob das Cerebralleiden ein syphilitisches sei, werden wir nur aus der Anamnese, den begleitenden Symptomen und der ganzen Charakteristik des

Kranken zu stellen vermögen. Treten bei einem früher syphilitischen Individuum, bei welchem sich die charakteristischen Cerebralerscheinungen: Kopfschmerzen, Schlaflosigkeit, anfallsweiser Schwindel
bis zur Ohnmacht, Gefühl von Betäubtheit, Wüstheit, Wirrheit, ver-
ändertes psychisches Verhalten, zuweilen auch epileptiforme und
apoplektische Anfälle vorfinden, Erscheinungen, wegen deren ich
auf die Abhandlungen über Gehirnsyphilis von Wunderlich [16]),
Strümpell [17]), Heubner [18]), Braus [19]) u. A. verweisen muss, auch
noch Sehstörungen mit der charakteristischen Stauungspapille auf,
so werden wir selten fehlgehen, wenn wir ein syphilitisches Cerebralleiden diagnostiziren; wir werden, sage ich, selten fehlgehen, wir
werden aber in recht vielen Fällen durch eine rechtzeitige Diagnose
und eine energische antisyphilitische Behandlung nicht allein die
Gesundheit, sondern auch das Leben des Patienten zu retten vermögen.

Die pathologische Anatomie lehrt uns, dass sich die Syphilis
des Gehirns besonders in folgenden drei Formen dokumentirt: 1) als
umschriebene Gummigeschwulst; am häufigsten entwickelt sich
dieselbe in der Dura mater und zwar sowol zwischen Dura und
Knochen, wie zwischen Dura und Arachnoidea; ferner im Subarach-
noidealraum, von wo aus sie die benachbarten Gefässe und Nerven
ergreift und auch in die Gehirnsubstanz selber hineinwuchert. An
der Basis des Gehirns sind es das Chiasma und der Raum um
dasselbe, das Infundibulum, der Pons, die Pedunculi, welche von der
Geschwulstmasse ergriffen werden. Im Innern des Gehirns kommen
solche gummöse Neubildungen äusserst selten vor. 2) Als Veränderungen innerhalb der grossen Gefässe, besonders der an der Basis
des Gehirns verlaufenden. Nach Heubner entwickelt sich die
syphilitische Neubildung zwischen der elastischen Lamelle der Intima
(Membrana fenestrata) und dem Endothel; die aus endothelialen
sich allmälig vermehrenden Zellen bestehende Neubildung innerhalb
der Gefässe verengt das Lumen derselben in so hohem Grade, dass
es häufig genug zu vollständiger Thrombosirung des betreffenden
Gefässes und somit zur Ernährungsstörung und schliesslich zur
Erweichung eines ganzen Bezirkes innerhalb des Gehirns kommt.
Besonders häufig kann der Erweichungsprozess innerhalb der grossen
Intercalarganglien auf die erwähnten Veränderungen der Gefässwandungen zurückgeführt werden. 3) Als gummöse Entzündung und
diffuse Infiltration, welche sowol sämmtliche Häute an der Convexität
der Rinde, wie an der Basis ergreifen, dieselben unter sich wie mit

dem Gehirn verschmelzen und zur Bildung einer syphilitischen Schwiele Veranlassung geben kann.

Finden. wir nun bei einem Syphilitischen beiderseitige Stauungspapille, so werden wir uns darauf beschränken müssen zu untersuchen, ob das Gumma an der Basis des Gehirns oder in der Rinde sich lokalisirt; eine genauere topische Diagnostik werden wir, wie gesagt, aufgeben müssen. Während die basilaren Gummata meistens auch zur Erkrankung anderer Gehirnnerven, des Oculomotorius, des Abducens, des Facialis führen und durch die Combination einer beiderseitigen Stauungspapille mit Augenmuskellähmung die Diagnose auf basilaren Sitz des Gumma ermöglicht wird, bedingen die Gummata an der Convexität des Gehirns häufig Reizsymptome, die sich bis zu epileptischen Anfällen steigern können. Einen hieher gehörigen Fall beobachtete ich vor einigen Jahren bei einem 28jährigen Patienten aus Bordeaux, der in seinem 25. Lebensjahre infizirt, in seinem 27. Lebensjahre den ersten epileptischen Insult zu bestehen hatte, dem bis zu seiner 1 Jahr später erfolgten Vorstellung in Aachen noch vier weitere Anfälle gefolgt waren; da ausserdem heftige, besonders nächtliche Kopfschmerzen vorhanden waren, der Augenspiegel überdies eine beiderseitige Stauungspapille erkennen liess, so zögerte ich nicht, die Diagnose auf Gummata des Gehirns zu stellen, die einerseits reizend auf die motorische Gehirnrinde gewirkt und die epileptischen Anfälle ausgelöst hatten, andererseits aber auch eine raumbeschränkende Wirkung ausgeübt und dadurch die Stauungspapillen veranlasst hatten. Eine demgemäss eingeleitete energische antisyphilitische Behandlung war von dem glänzendsten Erfolge begleitet; Epilepsie, Kopfschmerzen, Störungen des Sehvermögens sind verschwunden und bis heute, nach einem 2jährigen Zeitraum, nicht wiedergekehrt, von der Stauungspapille ist nichts mehr wahrzunehmen, nur erscheinen die Papillen etwas blass, die Gefässe dünner als in der Norm. Noch mehrere dem ähnliche vermöchte ich aus meiner Praxis anzuführen, in denen ausser der Stauungspapille noch Reizsymptome Seitens des Grosshirns vorhanden waren und in denen die lange fortgesetzte antisyphilitische Behandlung von eben demselben günstigen Erfolge begleitet gewesen; doch begnüge ich mich mit dem angeführten Falle, der als Paradigma für alle ähnlichen Fälle gelten mag und kann. Ueber Fälle von Stauungspapille mit Augenmuskellähmungen, deren ich ebenfalls eine grössere Anzahl zu beobachten Gelegenheit hatte, werde ich im folgenden

Kapitel Näheres anführen, in welchem ich spezieller die syphilitischen Muskelerkrankungen behandeln werde.

Das Sehvermögen, welches wir bei der Stauungspapille vorfinden, entspricht nicht immer den ophthalmoskopisch nachweisbaren Veränderungen, steht im Gegentheil zu denselben oft in einem grellen Missverhältniss; während wir die Papille oft kolossal geschwellt, die Stauung in den venösen Gefässen auf's Höchste gestiegen finden, constatiren wir häufig genug nur eine geringe Herabsetzung des Sehvermögens und ein normales peripheres Gesichtsfeld, wir müssen in diesen Fällen annehmen, dass die eigentlich Licht percipirenden Elemente, vornehmlich die Stäbchen- und Zapfenschicht der Netzhaut, intakt geblieben sind. In anderen Fällen, besonders dann, wo wir aus der gleichzeitig nachweisbaren Neuritis descendens auf Mitbetheiligung der Axencylinder schliessen können, finden wir eine sehr starke Herabsetzung der Sehschärfe. Lehrt uns sonach die Erfahrung, dass das Sehvermögen oft noch ganz intakt ist, während die Stauungspapille uns einen vorgeschrittenen Prozess innerhalb der Gehirnkapsel anzeigt, so ist es Pflicht eines jeden gewissenhaften Arztes, überall dort den Augenspiegel zu Rathe zu ziehen, wo noch anderweitige Zeichen auf ein syphilitisches Hirnleiden hinweisen; erst durch den Nachweis der Stauungspapille wird die Diagnose auf eine raumbeschränkende resp. druckvermehrende Läsion im Gehirn gesichert. Wird eine energische antisyphilitische Behandlung früh genug eingeleitet, so ist der Ausgang der Sehnervenerkrankung meistens ein günstiger, selbst wenn auch eine dekolorirte und theilweise atrophische Papille zurückbleibt, kann das Sehvermögen normal sein. Wird dagegen mit unzulänglichen Mitteln vorgegangen oder die antisyphilitische Behandlung nicht energisch und nicht lange genug durchgeführt, so endet, wenn anders das Leben des Patienten erhalten bleibt, der Prozess mit totaler Atrophie des Sehnerven und Verlust des Sehvermögens. Auf die verschiedenen Formen der Sehnervenatrophie werde ich im Laufe dieses Kapitels noch zurückkommen.

Die zweite, der uns hier interessirenden Formen, welche sich durch ophthalmoskopische Veränderungen an der Papilla nervi optici dokumentiren, ist die Neuritis descendens; dieselbe beruht auf entzündlicher Veränderung der Sehnervensubstanz selber und kann hervorgerufen sein dadurch, dass eine von der Umgebung auf die Sehnervenscheiden übertragene Entzündung (Perineuritis) durch ihr Product comprimirend und entzündungserregend die Substanz des

Nervus opticus trifft oder dass letztere von vorncherein und ohne
das Zwischenglied der Perineuritis von der Läsion ergriffen wird
(Neuritis). Die pathologische Anatomie (Leber[20]) hat in solchen
Fällen interstitielle Neuritis und Perineuritis, fettige Degeneration
der Nervenfaserbündel, Einlagerung von Körnchenzellen mit gleichzeitiger Atrophie der Nervenfasern nachgewiesen. — Auf die Scheiden
des Sehnerven kann die Entzündung übertragen werden von der
Periorbita an bis in die Centraltheile des Gehirns hinein. Eine einseitige Neuritis optica wird für den Sitz der Läsion innerhalb des
gleichseitigen Sehnervenstammes zwischen Chiasma und dem orbitalen
Ende des Sehnerven plädiren, während eine beiderseitige Neuritis
auf Ergriffensein des centralen Sehnervenendes vom Chiasma an bis
bis zum Occipitallappen hinweisen wird. Besonders encephalo-meningitische Prozesse sind es, welche durch Vermittelung der Sehnervenscheiden die Nervensubstanz ergreifen und dadurch das Bild der
Neuritis descendens hervorrufen. — Diese durch descendirende Perineuritis und interstitielle Neuritis des Opticusstammes hervorgerufene
Neuritis optica präjudizirt nun ebenso wenig, wie die Stauungspapille
es gethan, auf die Quellen, von denen der Prozess ausgegangen, wie
auch auf die Grundursache desselben; wir werden daher auch hier
wieder alle jene objektiven und subjektiven, auf Gehirnaffektion
hinweisenden Symptome zu berücksichtigen haben und uns fragen
müssen, ob dieselben dem Bilde eines syphilitischen Centralleidens
entsprechen oder nicht.

· Während, wie wir sahen, bei der Stauungspapille mehr die gummösen Neubildungen in Frage kamen, sind es bei der Neuritis descendens mehr diffuse Entzündungsprozesse oder, was wol noch häufiger
der Fall ist, die oben schon beschriebenen syphilitischen Gefässveränderungen, deren Natur uns erst durch Heubner's[21]) Untersuchungen
erschlossen ist, wenn auch früher schon Gefässerkrankungen bei
Syphilis beobachtet sind, z. B. durch v. Graefe, Esmarch und
Jessen, Steenberg, Wagner u. A. Da nun, wie Heubner gezeigt,
besonders die Basilararterien, zumal die Art. fossae Sylvii und deren
Aeste von dieser Gefässerkrankung befallen werden, so sind es vor
Allem die grossen Intercalarganglien, welche durch vollständigen oder
theilweisen Verschluss der Ernährungsquelle in Mitleidenschaft gezogen
und der Erweichung wie dem nekrotischen Zerfall entgegengeführt
werden. Da nun der Sehnerv durch diese Ganglien seinen Weg
nimmt und an der Basis um die Gehirnschenkel sich herumschlagend

sich mit dem der anderen Seite kreuzt, das Chiasma bildet und nunmehr als Stamm des Sehnerven in das Foramen opticum eintritt, so kann derselbe sowol in dem Gehirn selber, wie auch ausserhalb desselben an der Basis, wie auch endlich in seinem kurzen intraorbitalen Verlaufe von der Erkrankung seiner Umgebung mit ergriffen werden.

Endlich zeigt der Fall von Barbar[22]), dass die Sehnervensubstanz auch direkt durch Gummata innerhalb der Substanz zum Zerfall gebracht werden kann und dass auch dadurch das Bild der Neuritis descendens entsteht. Bei einem 43jährigen Syphilitischen findet sich beiderseitige Neuritis optica; bei der Section fällt sofort eine ungewöhnliche Verdickung der stark gerötheten Sehnerven auf, welche über das Foramen opticum hinüberquellen und diese Volumszunahme gegen das Chiasma und durch dieses hindurch beibehalten; der Tractus opticus ist weich, mit einer Menge prall gespannter Gefässe versehen; an die Stelle der Nervenbündel ist ein wahrer Brei getreten, der besteht aus Massen grosser Körnchenkugeln, lymphoiden Zellen, Amyloidkörpern und Resten von Nervenfasern. Ausserdem Perineuritis und ampullenförmige Abhebung der äusseren Nervenscheide von der inneren. Aehnlich ist der Fall von Arcoleo[23]), in welchem eine käsige Beschaffenheit der Gummata eingetreten war.

Ich erwähnte schon oben des ophthalmoskopischen Befundes bei Neuritis descendens zum Unterschiede von der Neuro-Retinitis und der Stauungspapille und will hier nur hinzufügen, dass der Augenspiegelbefund bei Perineuritis sich von dem bei Neuritis nicht unterscheidet. — Das centrale wie das periphere Sehen ist hiebei in hohem Grade beeinträchtigt und zwar in der Weise, dass bei der Perineuritis zunächst das centrale Sehen erhebliche Einbusse erleidet, während bei der eigentlichen Neuritis mehr das periphere Gesichtsfeld eingeschränkt ist und erst allmälig die Abnahme der centralen Sehschärfe vorschreitet. Die in der Peripherie des Sehnervenstammes dicht unterhalb der Sehnervenscheide verlaufenden Fasern biegen einfach in die Netzhaut um und versorgen die Macula lutea; es wird deshalb bei Ergriffensein dieser äusseren Sehnervenbündel durch Entzündung des Perineurium auch am meisten die Macula lutea und mit ihr das centrale Sehen leiden, während bei Erkrankung der mehr axial gelegenen Sehnervenbündel, welche über die zur Macula lutea verlaufenden Fasern hinweg zur Peripherie der Netzhaut gehen, zunächst auch das periphere Sehen mehr ergriffen wird und die Verminderung der centralen Sehschärfe erst später erfolgt. In diesem Sinne fasse ich auch die beiden Formen von Neuritis auf, die Galczowski[24]) als syphilitische bezeichnet; nur kann ich nicht zugeben, dass das Fortschreiten der Sehschwäche von der Peripherie zum Centrum oder umgekehrt uns einen Anhalt biete, zu entscheiden, ob die Neuritis eine syphilitische sei oder nicht.

Schliesslich geht auch diese Form, ebenso wie die Stauungspapille bei unzweckmässiger Behandlung, in Atrophie des Sehnerven über. Unter den zahlreichen Fällen von Neuritis descendens, welche ich selber bei syphilitischen Centralleiden beobachtet, bieten nur wenige ein besonderes Interesse dar; ich will deshalb die Geduld des Lesers durch eine zahlreiche Casuistik nicht ermüden, zumal ich auf mehrere derselben in dem nachfolgenden Kapitel zurückzukommen haben werde.

Wir haben uns bisher mit denjenigen Sehnervenaffectionen beschäftigt, bei denen die Papilla nervi optici entweder unter dem Bilde einer Stauungspapille oder dem einer Neuritis descendens als Dokumentationsherd intracranieller Erkrankungen angesehen werden konnte; gehen wir nun zu den Atrophirungsprozessen der Sehnervenpapille über, unter deren Bild häufig genug Sehschwäche und vollständige Erblindung bei Syphilitischen zur Beobachtung kommt. Auch hier müssen wir wie bei den nicht syphilitischen Sehnervenatrophien drei Formen unterscheiden, die in ihrem ophthalmoskopischen Aussehen wesentlich untereinander differiren. Wir haben 1) die Atrophia n. optici als Ausgang der beiden bisher besprochenen Formen von Neuritis, die neuritische Atrophie; wir haben 2) die cerebrale und 3) die spinale Form von Sehnervenatrophie. — Der Augenspiegel zeigt zunächst die nach einer der beiden Formen von Neuritis optica entstandene atrophische Papille undurchsichtig, opak, von bläulich-grauer Farbe, den Rand verschwommen, die Austrittsstelle der Gefässe wie mit einem Schleier bedeckt, die Arterien fadenförmig, ihre Wandungen häufig von weissen Streifen begleitet als Ausdruck einer Verdickung der Adventitia, auch die Venen verengt. Die cerebrale Form des intraocularen Sehnervenendes dagegen zeigt eine glänzend weisse Papille, die Contouren derselben scharf begrenzt, die Lamina cribrosa zeigt sich deutlich innerhalb der Sehnervenpapille, die Arterien und Venen im Anfange wenig, später mehr verdünnt, zeigen indessen nie eine so hochgradige Verengerung wie bei der neuritischen Form. Endlich zeigt sich bei der spinalen Form von Atrophie der Papille diese von bläulicher oder bläulich-grüner Farbe, die Contouren scharf begrenzt, die Lamina cribrosa deutlich durchschimmernd, die Gefässe von der Norm nur wenig abweichend.

Was nun die Entstehung der Sehnervenatrophie bei Syphilis anbetrifft, so fanden wir schon, dass die durch Gummata, oder encephalo-meningitische Prozesse oder endlich durch Heubner'sche Gefässerkrankung inducirte Neuritis optica schliesslich mit Atrophie endete.

Bei der Cerebralatrophie handelt es sich um eben dieselben Prozesse innerhalb der Gehirnsubstanz, die indessen nicht zu entzündlichen, an der Papille sich dokumentirenden Prozessen, sondern durch Circulationsstörungen oder durch Compression des Sehnerven direkt zu descendirender Atrophie führt. So veröffentlichte v. Graefe[25]) einen Fall, in welchem ein syphilitischer Basaltumor zunächst Unterbrechung der Nervenleitung und dann Atrophie der Sehnervenpapille veranlasst hatte zu einer Zeit, wo weder durch Drucksteigerung eine Stauungspapille noch auch ein Anstoss für descendirende Neuritis gegeben war.

Was nun endlich die spinale Form der Atrophia n. optici betrifft, so habe ich zunächst zu erwähnen, dass auch heute noch trotz vieler und langjähriger Erörterung des Für und Wider die Autoren nicht darüber einig sind, welche Formen von Spinalerkrankungen als syphilitische zu betrachten sind. Nach Erb[26]) soll die Syphilis als eine der häufigsten Ursachen der Hinterstrang-Sklerose angesehen werden müssen; ferner verdanke die Myelitis transversa, die Paralysis ascendens acuta, die Brow-Séquard'sche Lähmung wie auch die Leptomeningitis chronica der syphilitischen Diathese zuweilen ihre Entstehung. Erb sagt: „Abgesehen von den syphilitischen Affectionen an den Spinalhäuten oder dem Wirbelkanal, von den syph. spezifischen Neubildungen im Rückenmark selbst, welche nur auf indirektem Wege, durch Compression des Rückenmarkes Myelitis hervorrufen, ist das Auftreten subacuter und chronischer Myelitis bei früher und noch gegenwärtig syphilitischen Individuen ein so überaus häufiges, dass ein Zusammenhang zwischen der Lues und der chronischen Myelitis durchaus nicht von der Hand zu weisen ist etc." Dasselbe behaupten ausser Erb, Fournier, Berger, Rumpf u. A., während Leyden, Westphal, Eulenburg es mit Entschiedenheit leugnen, dass die Tabes — die ja als Sklerose der Hinterstränge auch zu den chronischen Myelitis-Formen gezählt

werden muss — durch Syphilis hervorgerufen werden könne. Bei
Lewinsky[27]) finde ich eine Zusammenstellung derjenigen Autoren,
welche in der Tabes-Syphilis-Frage Statistiken aufgenommen haben,
und zwar fand:

Eulenburg	in 106 Fällen	36 % Syphilis	
Erb	» 36	52 »	»
Erb (1883)	» 100	88 »	»
Erb	» 100	91 »	»
Gowers	» 33	70 »	»
Rumpf	» 27	66 »	»
Fournier	» 103	94 »	»
Voigdt	» 200	70 »	»
Gesenius	» 56	20 »	»
Berger	» 145	20 »	»
Westphal	» 75	14 »	»

in 981 Fällen   56,4 % Syphilis.

Wir finden also unter 981 Tabesfällen 56,4 % Syphilis angegeben,
während

Bernhardt . . .	bei 155 Nicht-Tabischen	15,8 %	
Erb	» 400	»	12 »
Lewinsky . . .	» 620	»	11 »

somit unter 1175 Nicht-Tabischen nur 12,9 %
Syphilitischer vorfanden.

Was mich betrifft, so habe ich unter den 87 Fällen von tabischer Sehnervenatrophie, die sich meiner Beobachtung darboten,
keinen Fall gesehen, in welchem nicht Syphilis vorausgegangen war;
häufig hatten sich die ersten Zeichen der Tabes erst 10—15 Jahre
nach der Infection bemerkbar gemacht. Ob aber in allen Fällen
die Syphilis als diejenige Krankheit angesehen werden musste, die
ihre Producte in das spinale Nervensystem abgelagert, oder ob durch
die vorausgegangene Syphilis das Rückenmark nur weniger wider-
standsfähig geworden gegen andere Einflüsse, so dass jene zu der
Erkrankung der Hinterstränge nur als indirekte Veranlassung anzusehen war, oder ob endlich die vor vielen Jahren ohne jede weitere
Spur geheilte Syphilis ohne jeden Einfluss auf die jetzige Erkrankung des Rückenmarks geblieben, liess sich auch hier ebensowenig
entscheiden, wie bei den Cerebralerkrankungen. Mit der mehr

wenig gesicherten Diagnose einer syphilitischen Tabes kamen die meisten der Kranken nach Aachen und wegen gleichzeitig bestehender Sehschwäche in meine Behandlung. Diese geht den anderen Symptomen der Tabes oft Jahre lang voraus, ist neben Augenmuskellähmungen zuweilen sogar als einziges Symptom der Tabes vorhanden. Unter stetig zunehmender Sehschwäche, winkeliger sectorenförmiger und unregelmässiger Einengung des peripheren Gesichtsfeldes und vollständigem Verlust des Farbenunterscheidungsvermögens schreitet die Sehnervenatrophie mehr und mehr vor und endet mit totaler Erblindung, welche sich überdies sehr selten mit einem Auge begnügt, sondern gewöhnlich beiderseitig ist. Zeitweise Stillstände des Prozesses mit kürzerer oder längerer Erhaltung des Status quo habe ich, wie auch Andere, zuweilen beobachten können; doch eine wirkliche Heilung, d. h. dauernde Erhaltung des Sehvermögens, habe ich unter den Fällen von tabischer Sehnervenatrophie, die ich gesehen und von denen ich gehört, niemals beobachtet; mochte der Fall als ein syphilitischer angesehen und demgemäss mit Schmieroder Jodkaliumkuren behandelt werden, mochte er als genuiner Prozess mit allen erdenklichen Mitteln, wie Elektrizität, Secale cornutum, Strychnin, Argent. nitr., Bade- und Brunnenkuren behandelt werden — der einmal eingeleitete Sklerosirungs- und Atrophirungsprozess der Sehnerven schreitet unaufhaltsam vorwärts und durch kein Mittel sind wir im Stande, dem schliesslichen Ausgang in Erblindung vorzubeugen. Rumpf scheint bei Anwendung seines elektrischen Pinsels zu besseren Resultaten gelangt zu sein; ich kann, wie ich öffentlich und privatim es schon seit lange thue, nur meine warnende Stimme erheben gegen die übermässige Anwendung des Quecksilbers, welche in Fällen von tabischer Sehnervenatrophie nur zu sehr geeignet ist, den Atrophirungsprozess innerhalb der Sehnervensubstanz zu beschleunigen. Aus den ersten Jahren meiner hiesigen Praxis, wie aus Beobachtungen und gelegentlichen Consultationen mit anderen Collegen habe ich die Ueberzeugung gewonnen, dass trotz der begründeten Annahme eines innerhalb des Rückenmarkes abspielenden syphilitischen Prozesses doch eine antisyphilitische Behandlung mit grossen Dosen grauer Salbe niemals das Sehvermögen wiederherzustellen, in sehr vielen Fällen dagegen noch unter meinen Augen den Eintritt totaler Erblindung zu beschleunigen vermochte.

Ist nun auch das Abhängigkeitsverhältniss der Sehnervenatrophie

von syphilitischen Erkrankungen des Rückenmarks resp. seiner Häute
sowol statistisch wie klinisch sicher nachgewiesen, so fragt es sich
noch, wie wir uns denn den Einfluss der Medulla spinalis auf die
Sehnervensubstanz resp. eine Erkrankung der letzteren durch die
erstere zu erklären haben. Es würde mich zu weit führen und
gehört auch nicht in den Rahmen dieser Abhandlung, wollte ich
auf alle in Betracht kommende Punkte hier näher eingehen; ich
verweise dieserhalb auf die die Frage erschöpfend behandelnde
Arbeit von Rieger und v. Förster[28]). Hier nur so viel, dass,
wie mir scheint, als Erster Wharton Jones behauptete, wir
könnten uns das erwähnte Abhängigkeitsverhältniss recht wol durch
Vermittelung des Sympathicus erklären, und zwar in der Weise,
dass die Opticus-Affection als eine vasomotorische Innervationsstörung
zu betrachten sei. Wenn nun auch experimentelle Untersuchungen
wie klinische Erfahrungen es erwiesen haben, dass durch Reizung
des Rückenmarkes und des sympathischen Nervengeflechtes auch
eine Beeinflussung des Gefässgebietes der Retina und des Sehnerven
entstehen könne, so ist es doch auch unzweifelhaft, dass in anderen
Fällen wiederum nicht allein einfache Ernährungsstörungen innerhalb des Sehnerven, sondern auch wirkliche typische graue Degeneration in der Sehnervensubstanz, genau wie im Rückenmark, angenommen werden muss. Leber hat mehrere derartige Fälle zur
mikroskopischen Untersuchung bekommen und in diesen Fällen auch
sklerotische Nester der Sehnervensubstanz nachweisen können; dasselbe finde ich bei Erb angegeben[1]).

Ich unterlasse es, aus meinem Material einzelne Fälle hier
anzuführen, da sie sich untereinander und mit den allbekannten
tabischen Fällen zu sehr gleichen, als dass ich besondere Gesichts-
punkte hier anzuführen vermöchte. Nur eines Falles von ascendirender
(Landry'scher) Paralyse mit Sehnervenatrophie auf syphilitischer
Basis will ich hier Erwähnung thun. Der 27jährige Patient aus
einer der Nachbarstädte Hollands hatte sich in seinem 25. Lebensjahre infizirt und war wegen der bald darauf eintretenden Haut-

---

[1]) In der zweiten Auflage seines Lehrbuches (1885) stellt Strümpell die
Hypothese auf und wird darin von Moebius unterstützt, dass unter der Einwirkung der luetischen Infection ein (chemisches) Gift gebildet werde, welches
speciell auf die centripetalen Fasersysteme deletär wirke. Er vergleicht in dieser
Beziehung die syph. Tabes mit denjenigen Veränderungen des Nervensystems,
welche oft der Diphtherie folgen; hier wie dort zeigten sich oft die schwersten
Nervenerkrankungen auf die leichteren Formen der ursprünglichen Infection.

und Schleimhautsymptome mit Sublimatpillen behandelt worden. Hienach erfreute er sich 1½ Jahre lang einer durch nichts gestörten Gesundheit, absolvirte seine Examina und hatte seine wie es schien endgültig geheilte Syphilis vollkommen vergessen, als er resp. sein Arzt durch das Auftreten von Doppelbildern und von Sehschwäche wieder an dieselbe erinnert wurde. Nach einer in der Heimath ziemlich oberflächlich durchgeführten Inunctionskur scheint die Augenmuskelaffection bald verschwunden zu sein; doch kurze Zeit darauf stellten sich Schwäche in den unteren Extremitäten, mangelnde Ausdauer beim Gehen und Treppensteigen, Parästhesien ein und als diese Schwäche in den Beinen sich nach wenigen Wochen zu vollständiger Paralyse gesteigert hatte, gelangte der Patient hieher und in meine Behandlung. Die vollkommen schlaffen, unbeweglichen, nicht atrophischen Unterextremitäten zeigen eine vollständige Paralyse, die oberen Extremitäten sind noch frei beweglich, wenn auch die motorische Kraft derselben entschieden schon abgenommen hat, die Hörnerven sind intakt, Doppelbilder nicht vorhanden, beide Sehnerven zeigen flache atrophische Excavationen, Blase und Mastdarm functioniren normal; Patellarreflex ist vorhanden, doch entschieden geschwächt, die Hautsensibilität nicht gestört, Fieber während der Zeit der Beobachtung nicht vorhanden; ausser einigen geschwellten Nacken- und Inguinaldrüsen ist kein auf Syphilis hinweisendes Symptom nachweisbar; 8 Tage später wurden die Rumpfmuskeln ergriffen und bald darauf traten auch Störungen der Respirationsmuskeln auf. Schon in der 2. Woche seines hiesigen Aufenthaltes ging der Patient unter den Zeichen vollkommener Lähmung der Intercostalmuskeln zu Grunde; die Section wurde nicht gestattet. Ich glaube nicht fehlzugehen, wenn ich diesen Fall zu den immerhin seltenen Fällen von Landry'scher Paralyse rechne, in welchem ebenso wie in einigen Fällen von Landry, Kussmaul u. A. Syphilis als ätiologisches Moment sicher anzunehmen war.

Es sind bisher diejenigen auf Syphilis beruhenden Prozesse besprochen worden, in welchen ophthalmoskopisch sichtbare Veränderungen der Sehnervenpapille nachgewiesen werden konnten. Wenden wir uns nun denjenigen zu, bei welchen der Augenspiegel uns im Stich lässt und bei denen wir aus den functionellen Störungen versuchen müssen, einen Rückschluss auf den Sitz der Läsion zu machen. Wir begegnen hier zunächst der Amblyopia und der Amaurosis syphilitica, die in den Schriften früherer Autoren eine so grosse Rolle gespielt hatte, bis wir aus der Zahl derselben alle jene Prozesse auszuscheiden vermochten, deren Erkenntniss uns heut zu Tage durch das Ophthalmoskop ermöglicht ist. Es bleiben deshalb nur wenige Fälle von Sehstörungen übrig, in denen wir einen absolut normalen Augenhintergrund constatiren, bei welchen also der Prozess sich hinter der Papille entweder im Stamm des Sehnerven oder im Cerebrum selber abspielt. Bei einseitiger Sehstörung kann die Läsion zunächst vor dem Chiasma sitzen und handelt es sich dann wol nur um eine Hyperämie oder Entzündung des betreffenden Sehnerven, die entweder nur gering gewesen oder deren Erscheinungen noch nicht bis zur Papille vorgedrungen sind. Doch kann einseitige Amaurose bei normalem Spiegelbefund auch cerebraler Natur sein und zwar beim Sitz der Läsion im hinteren Theil der inneren Kapsel wie auch bei Rindenläsionen. Auf die erstere hat zuerst Charcot hingewiesen und gezeigt, dass dabei contralaterale Anästhesie der übrigen Sinnesnerven und der Körperoberfläche vorhanden ist, was bei den durch Rindenläsion verursachten Sehstörungen nicht der Fall ist. — Von doppelseitigen Sehstörungen und normalem Augenhintergrund habe ich bei Syphilitischen 35 Fälle zu verzeichnen gehabt; nachdem ich indessen constatirt, dass in elf von diesen Fällen, die ich noch mehrere Jahre hindurch zu beobachten Gelegenheit gehabt, allmälig eine particlle oder totale Atrophie des Sehnervenkopfes sich eingestellt hatte, glaube ich, dass es sich in allen hieher gehörigen Fällen entweder nur um einfache durch die Heubner'schen Gefässveränderungen hervorgerufene Circulationsstörungen passagerer Natur handelt oder dass in allen übrigen Fällen, in denen es der Therapie nicht gelingt, der Circulationsstörungen Herr zu werden, die Erkrankung schliesslich das Bild der Sehnervenatrophie darbietet. Wir werden deswegen die sogenannte Amblyopia syph., bei welchen zunächst ein normaler Augenhintergrund vorhanden ist, in die Kategorie jener Affectionen verweisen, die bereits auf den früheren Seiten besprochen sind und die ebenfalls den intrakraniellen mit Atrophie endenden Prozessen der Sehnerven zuzuzählen sind.

Zu den Erkrankungen der Sehnerven, die wir bei Syphilitischen zuweilen beobachten und bei denen ein normaler Augenhintergrund vorhanden zu sein pflegt, haben wir nun noch die Hemiopia fugax oder das Flimmerskotom und die typische Hemiopia oder, wie Hirschberg will, richtiger Hemianopsia zu zählen. Beide Formen sind als untrügliche Herderkrankungen und zwar als Erkrankung eines Tractus opticus aufzufassen. Was nun zunächst die typische Hemianopsie betrifft, so muss bei der Hemianopsia lateralis sinistra der rechtsseitige Tractus opticus (Fasciculus lateralis des rechten und Fasciculus cruciatus des linken Auges), bei der Hemianopsia lateralis dextra der linksseitige Tractus opticus (Fasciculus lateralis des linken und Fasciculus cruciatus des rechten Auges) vom Chiasma an rückwärts durch die Intercalarganglien Thalamus opticus, Corp. quadrigem., die Corpora geniculata und den Nucleus Luysii bis zum Occipitallappen hin als Sitz der durch die Syphilis hervorgerufenen Läsion angesehen werden. In den meisten der bisher bekannt gewordenen Fälle von lateraler Hemianopsie ist es derjenige Theil des Tractus opticus, welcher zwischen Pedunculus cerebri und Chiasma nerv. optic. der Basis des Gehirns anliegt und durch die hier nicht selten zu beobachtenden gummösen Neubildungen in Mitleidenschaft gezogen wird. Indessen auch Erkrankungen der genannten Intercalarganglien wie des Occipitallappens können zu hemiopischen Gesichtsfeldsdefecten führen. Hier handelt es sich dann wol immer um Erweichungsherde oder, wenn die Hemianopsie plötzlich, vielleicht unter epileptiformen oder apoplektischen Anfällen auftritt, um Blutungen aus den syphilitisch entarteten Gefässen an den genannten Stellen. Es ist leicht ersichtlich, dass bei Ergriffensein des einen Tractus opticus auch die ganze contralaterale Gesichtsfeldshälfte ausgefallen sein muss und habe ich selber davon mehrere Fälle (sieben) beobachtet; ein besonderes Interesse gewährt indessen nur der folgende Krankheitsfall, in welchem es sich nicht um den Ausfall ganzer Gesichtsfeldshälften, sondern nur um kleine mathematisch genau und symmetrisch in beiden Gesichtsfeldshälften gelegene Defecte gehandelt hatte. Der 46jährige Patient aus Süd-Amerika war in seinem 31. Lebensjahre infizirt gewesen und hatte die gewöhnliche Reihenfolge syphilitischer Symptome durchgemacht; eine Reihe von Jahren war derselbe vollständig gesund geblieben, als er plötzlich und ohne alle Vorboten einen epileptiformen Anfall auf der Strasse erlitt, dem bald darauf noch mehrere andere folgten. Doch scheint es, als ob es sich bei den letzten Anfällen mehr um kleine Apoplexien gehandelt habe, wenigstens bemerkt Patient seitdem eine geringe Schwäche der linksseitigen Extremitäten; ausserdem klagte er über eine gewisse Gêne beim gemeinsamen Schakt. Bei der Untersuchung constatirte ich in der rechten

inneren wie der linken äusseren Gesichtsfeldshälfte ganz symmetrisch gelegene kleine Skotome, in denen auch Farben falsch
angegeben wurden; die Skotome hatten in verticaler Richtung nur
eine Ausdehnung von ca. 5^0, in der Horizontalen waren sie noch
kleiner, der Augenhintergrund war absolut normal. Ich musste den
Sitz der Läsion in den Occipitallappen verlegen, wo, wie man wol
annehmen darf, eine jede Nervenzelle auch eine Faser für jedes
der beiden Augen abgiebt; nur auf diese Weise vermochte ich mir
die kleinen symmetrisch gelegenen Defecte zu erklären; denn wäre
der rechte Tractus opticus intracerebral oder basal von der Läsion
ergriffen worden, so würden wir den Ausfall der ganzen nach links
gelegenen Gesichtsfeldshälften haben constatiren müssen. — Die
Literatur ist nicht ganz arm an einschlägigen Beobachtungen von
lateralen Hemianopsien, auch solcher auf syphilitischer Basis; nur
ist auch hier wieder zu berücksichtigen, dass Erweichungsherde,
wie sie Gowers im Thalamus opticus, Huguenin im Stirnlappen
und der Insula, Förster und Wernicke im Occipitallappen
u. a. a. bei lateraler Hemianopsie beobachtet haben, auch anderen
Gefässveränderungen ihre Entstehung verdanken können und dass
die syphilitische Grundursache nur vermuthet, nicht aber bewiesen
werden kann. — Seltener als die laterale wird die temporale
Hemianopsie beobachtet, in welcher beide temporale Gesichtsfeldshälften ausfallen; in solchen Fällen muss, wenn wir die partielle
Sehnervenkreuzung heut zu Tage als erwiesen ansehen, die gummöse
Neubildung im vorderen oder hinteren Chiasma-Winkel gesucht
werden; ich selber habe hievon zwei Fälle beobachtet, von denen der
eine vollkommen, der andere nur theilweise Genesung erfuhr. Von
nasaler Hemianopsie habe ich nie einen Fall zu Gesicht bekommen.

Auch einige Fälle von Flimmerskotom und Hemianopsia fugax
glaubte ich auf Syphilis zurückführen zu müssen; wenigstens kamen
sie bei Kranken vor, welche, bevor sie Syphilis acquirirt, von dieser
häufig recht quälenden Affection nichts gewusst hatten; auch hier
ergab die ophthalmoskopische Untersuchung stets normale Verhältnisse des Augenhintergrundes. Den letzten dieser Fälle beobachtete
ich noch im letzten Frühjahr mit meinem Collegen Mayer bei einem
jungen Offizier, der, früher stets gesund, seit der vor 2 Jahren
acquirirten Lues an mannigfachen luetischen Erscheinungen litt, zu
welchen überdies noch Kopfschmerzen und eine etwa alle 8 Tage
sich einstellende linksseitige Hemianopsie sich hinzugesellt hatten,

welche vollständig die bekannten Charaktere des Flimmerskotoms zeigte und stets in migräneartige Kopfschmerzen und zeitweises Erbrechen überging. Ich glaubte annehmen zu dürfen, dass wir es in diesem Falle wahrscheinlich mit einem passagären Prozess im rechtsseitigen Tractus opticus zu thun hatten, der, da er sich erst im Verlaufe der syphilitischen Allgemeinerkrankung und in Begleitung von heftigen Kopfschmerzen gezeigt hatte, auf eine durch Circulationshindernisse innerhalb der syphilitisch erkrankten Centralgefässe hervorgerufenen Innervationsstörung des Tractus opticus in seinem centralen Verlauf zurückgeführt werden musste. Eine energische antisyphilitische Behandlung und der Gebrauch des Amylnitrit scheint die Anfälle, wie ich vernommen, gemildert oder ganz beseitigt zu haben.

Recapitulire ich nochmals das über syphilitische Sehnervenerkrankung Gesagte, so finden wir den Sehnerven erkrankt:

I. Mit sichtbaren Veränderungen an der Papilla nervi optici:

    1) Als Stauungspapille bei allen intrakraniellen Prozessen, welche druckvermehrend und raumbeengend innerhalb der Gehirnkapsel wirken.

    2) Als Neuritis descendens bei encephalitischen und meningitischen Prozessen, welche sich auf die Sehnervenscheiden fortgepflanzt und die Sehnervensubstanz mitergriffen haben und bei Gumma im Sehnerven selbst.

    3) Als Sehnervenatrophie, wobei wir drei Formen unterscheiden mussten: eine in Folge der sub 1 und 2 angeführten neuritischen Prozesse, eine cerebrale und eine spinale.

II. Ohne sichtbare Veränderungen der Papilla nervi optici:

    1) Als Amblyopia und Amaurosis syphilitica, welche auf Gefässerkrankung beruht und entweder vorübergehend ist oder ebenfalls zur Sehnervenatrophie führt.

    2) Als Hemianopsia, welche auf Erkrankung des Tractus opticus vom Chiasma bis zum Occipitallappen beruht und bleibenden Defect hervorruft.

    3) Als Flimmerskotom.

Literatur.

VI. Retina und Nervus opticus.

a. Retina.

1. Jacobson: Retinitis syphilitica. Königsberger med. Jahrbücher 1859, Bd. I, S. 283.
2. Mauthner: Lehrbuch der Ophthalmoscopie S. 370.
3. Galezowski: Études sur les amblyopies et les amauroses syphilitiques. Arch. génér. de méd. 1871.
4. Classen: Graefe's Arch. f. Ophth. X, Bd. II, S. 157.
5. Schweigger: Vorlesungen über den Gebrauch des Augenspiegels S. 110.
6. Haab: Arteriitis syphilitica. Schweizer Correspondenzbl. 1886, No. 6, S. 152.
7. Alexander: Retinitis ex Morb. Bright. Zehender's Monatsbl. f. Augenheilk. Bd. V, S. 221.
8. Liebreich: Atlas für Ophthalmoscopie Taf. X, Fig. 1.
9. Ole Bull: Nogle forelöbige Mededelelser om Retinalaffectioner ved Syphilis. Nordisk med. Arkiv Bd. III, S. 19.
10. Schnabel: Mittheilungen aus der Innsbrucker Augenklinik. Wiener med. Blätter 1882, No. 33 u. 34.
11. v. Graefe: Arch. f. Ophth. Bd. XII, 2, S. 211.
12. Mooren: Ophthalmiatrische Beobachtungen 1867, S. 288.
13. Reuss: Wiener med. Presse 1885.
14. Alexander: Zur Casuistik der centralen recidivirenden Retinitis. Berliner klin. Wochenschr. 1876, No. 35 u. 36.

Ferner: Hansen, E.: Hosp. Tidende 1871, No. 46. — Wiesener: Norsk. Magazin for Laegeridenskaben Bd. I, S. 617. — Bader: Guys Hosp. Rep. 1871, S. 463. — Hutchinson: Ophth. Hosp. Rep. Bd. VIII, S. 1. Turnbull: Philad. med. and surg. Rep. 1874, S. 484. — Schnabel: Arch. f. Augen- u. Ohrenheilk. Bd. V, 1, S. 101. — Hirschberg: Beiträge zur prakt. Augenheilk. 1876. — Hirschberg: Centralbl. f. prakt. Augenheilk. 1882, Nov. — Ewetzky: Centralbl. f. prakt. Augenheilk. 1882, Juni. — Goldzieher: Wiener med. Wochenschr. 1884, No. 29. — Hirschberg: Centralbl. f. prakt. Augenheilk. 1886, S. 92. — Nettleship: Arch. f. Augenheilk. von Knapp u. Schweigger Bd. XVII, 3, S. 368. — Perlia: Ebendaselbst 2, S. 235. — Mandelstamm in Pagenstecher's klin. Beobachtungen H. 3, S. 81—83. — Oglesby: Edinb. med. Journ. 1870. — Schön: Die Lehre vom Gesichtsfeld 1874, S. 110—114. — Hirschberg: Berliner klin. Wochenschr. 1870, No. 45. — O. Bull: Arch. f. Ophth. Bd. XVIII, 2, S. 128—132. — Knapp: Arch. f. Augen- u. Ohrenheilk. Bd. IV, S. 205—206.

b. Nervus opticus.

15. Hulke: Ophth. Hosp. Rep. 1868, Bd. VI, S. 100.
16. Wunderlich: Ueber luetische Erkrankungen d. Gehirns u. Rückenmarks. Sammlung klin. Vorträge v. Volkmann Bd. II, S. 739—760.
17. Strümpell: Krankheiten d. Nervensystems. Leipzig 1885.
18. Heubner: Die Syphilis des Gehirns und des übrigen Nervensystems. Im Handbuch f. spez. Pathologie u. Therapie von Ziemssen.

19. Braus: Die Hirnsyphilis. Berlin 1873.

20. Leber: Zur Kenntniss der Neuritis des Sehnerven. Graefe's Arch. f. Ophth. Bd. XIV, 2, S. 333.

21. Heubner: Die luetischen Erkrankungen der Hirnarterien. Leipzig 1874.

22. Barbar: Ueber einige seltenere syphilitische Erkrankungen des Auges. Inaugural-Dissertation. Zürich 1873.

23. Arcoleo: Tumeur gommeuse dans le Chiasma des nerfs opt. Compte rendu du congrès national de Paris S. 183.

24. Galezowski: Aperçu sur les atrophies de la papille du nerf optique et sur leur étiologie. Journ. d'Ophth. Bd. I, 1872.

25. v. Graefe: Zur Casuistik der Geschwülste. Arch. f. Ophth. Bd. VIII, 2, S. 61.

26. Erb: Die Krankheiten des Rückenmarks und des verlängerten Marks. In Ziemssen's Handbuch für spez. Pathologie u. Therapie.

27. Lewinsky: Ueber die Beziehungen der Syphilis zur Tabes dorsualis. Inaugural-Dissertation. Berlin 1886.

28. Rieger und v. Forster: Auge und Rückenmark. Graefe's Arch. f. Ophth. Bd. XXVII, 3, S. 108.

Ferner: Jackson: West Riding Lunatic Asylum med. reports Bd. IV, S. 24. — London Hospital: Med. Times and Gaz. Bd. II, No. 1438. — Greiff: Arch. f. Psychiatrie u. Nervenkrankheiten Bd. XII, S. 564. — Herxheimer: Inaugural-Dissertation. Würzburg. — Pflüger: Arch. f. Ophth. Bd. XXIV, 2, S. 184. — Mauthner: Lehrbuch der Ophthalmoskopie. Wien 1868. — Rumpf: Die syph. Erkrankungen des Nervensystems. Wiesbaden 1887. — Nothnagel: Topische Diagnostik der Gehirnkrankheiten. Berlin 1879. — Cohn: Zehender's klinische Monatsbl. f. Augenheilk. Bd. XII, S. 203. — Treitel: Arch. f. Augenheilk. Bd. X, S. 460. — Schöler: Jahresbericht pro 1881. Berlin 1882. — Eulenburg: Virchow's Arch. f. pathol. Anatomie Bd. XCIX. — Berger: Deutsche mediz. Wochenschr. 1885, No. 1 u. 2. — Oppenheim: Virchow's Arch. f. path. Anat. Bd. CIV. — Buttersack: Arch. f. Psych. u. Nervenkrankheiten Bd. XVII, 3, S. 603. — Rumschewitsch: St. Petersburger mediz. Wochenschr. vom 7. (19.) März 1887.

Siebentes Kapitel.

Erkrankungen der Augenmuskeln.

A. Allgemeiner Theil.

Bevor ich in die spezielle Schilderung der auf Lues beruhenden
Augenmuskellähmungen eintrete, sei es mir gestattet, mit wenigen
Sätzen auf die anatomischen und physiologischen Verhältnisse der
uns hier beschäftigenden Augenmuskeln und der drei dieselben
versorgenden Nerven (Oculomotorius, Trochlearis und Abducens)
einzugehen; ich hoffe dadurch manchem meiner Collegen, der sich
nicht eingehender mit den speziellen Verhältnissen befasst hat,
einen Dienst zu leisten — lehrt mich doch eine sich immer wieder-
holende Erfahrung, dass gerade das Verständniss für die betreffenden
Muskel- und Nervenverhältnisse Vielen recht schwierig fällt und
dass dadurch die Orientirung in dem so vielgestaltigen Bilde der
Lähmungen ihnen unmöglich wird. Des Näheren muss ich dabei
auf die vorzüglichen klassischen Arbeiten von Alfr. Graefe[1]) und
von Mauthner hinweisen[2]).

Während der M. trochlearis und der M. abducens von den
gleichnamigen Nerven innervirt werden, stehen die übrigen vier
Bewegungsmuskeln (Rect. sup., Rect. inf., Rect. intern. und Obliq.
infer.), sowie die beiden Pupillarmuskeln (M. sphincter pupillae und
Tensor chorioideae) und der Levator palpebrae superioris unter der
Herrschaft des N. oculomotorius. Betrachten wir zunächst die
Ursprungs- und Nervenkerne des letzteren, so wissen wir durch die
experimentellen Untersuchungen von Völkers und Hensen[3]),
dass der Oculomotorius mit breiter Wurzel am Boden des dritten
Ventrikels und des Aquaeductus Sylvii entspringt und zwar derartig,
dass am weitesten nach vorne der Kern für den Tensor chorioideae
sich befindet, dem sich unmittelbar der des Sphincter pupillae
anschliesst; es folgen dann längs dem Aquaeductus Sylvii die
Kerne der übrigen Oculomotoriuszweige und zwar nach dem
Schema von Kahler

medial der Rectus intern., lateral der Levat. palpebr. sup.,
»   » Rectus infer.,   »   » Rectus sup.,
                              »   » Obliq. infer.

und endlich der Trochleariskern, während der Abducenskern
schon dem Bereiche des hinteren Dritttheils des Pons und dem
vierten Ventrikel angehört. Die centrale Faserung des Oculomotorius geht dann durch den Grosshirnschenkel, wo er das
Tegmentum und den Nucleus tegmenti, dann die Substantia nigra
und den Pes pedunculi durchbricht, um endlich als Stamm des
Oculomotorius an der unteren Fläche des Gehirns zum Vorschein zu
kommen; die centrale Faserung des Trochlearis kreuzt sich nach
Gudden's Untersuchungen im Velum medullare mit dem der
anderen Seite, während die Faserung des N. abducens den Pons
durchsetzt. An der Basis des Gehirns tritt der Oculomotorius alsdann an der medialen Seite der Grosshirnschenkel und dem vorderen
Rande der Brücke aus der Gehirnmasse hervor, am seitlichen Rande
der Brücke, sich um die Grosshirnschenkel schlagend, erscheint der
N. trochlearis und am hinteren Rande der Brücke endlich kommt
der dritte Nerv, der Nerv. abducens, an der Gehirnbasis zum Vorschein. Der Oculomotorius tritt alsdann seitlich vom Processus
clinoideus posterior des Keilbeins durch die Dura mater, die vom
Trochlearis an der Pyramidenspitze und vom Abducens am oberen
Theil des Clivus durchbohrt wird; Oculomotorius und Trochlearis
gehen über den Sinus cavernosus hinweg, während der Abducens
den Sinus selber durchsetzt. Am vorderen Ende des Sinus cavernosus
treten alle drei Nerven, aneinander gedrängt in das periostale
Gewebe, welches die Fissura orbitalis sup. ausfüllt. Durch diese
Bindegewebsmasse, welche aus einer Verbindung der Periorbita und
der Dura mater des Gehirns hervorgeht, treten die drei Nerven
in die Orbita in der Weise ein, dass am weitesten medial der
N. oculomotorius, etwas nach unten und lateral der Abducens und
seitlich davon der Trochlearis die Orbitalhöhle betritt. Vorher hatte
sich der Oculomotorius noch in den Ramus sup., von welchem die
Nervenzweige für Rectus sup. und Levator palpebr. sup. abgehen,
sowie in den Ramus inf. gespalten, der den Rect. int., Rect. inf.
und Obliq. infer. innervirt; von diesem letzteren zweigt sich endlich
noch die Radix motoria zum Ganglion ciliare ab, deren Fasern in
den Nervi ciliares zum Sphincter iridis und M. ciliaris gehen.
Endlich treten die Nerven in die Muskeln ein, deren Sehnen in der

bekannten Weise die Tenon'sche Kapsel durchbohrend, sich an den Bulbus inseriren.

Was die Wirkungsweise dieser Muskeln betrifft, so haben wir zu berücksichtigen:

1) die Wirkung auf die Stellung der Cornea;
2) » » » » » des vertikalen Hornhautmeridians.

Der Rect. ext. rollt die Cornea nach aussen und bleibt ohne Wirkung auf die Stellung des vert. Meridians;

der Rect. int. rollt die Cornea nach innen und bleibt ohne Wirkung auf die Stellung des vert. Meridians;

der Rect. sup. rollt die Cornea nach oben und innen und stellt das obere Ende des Meridians nach innen;

der Rect. inf. rollt die Cornea nach unten und innen und stellt das obere Ende des Meridians nach aussen;

der Obliq. sup. rollt die Cornea nach unten und aussen und stellt das obere Ende des Meridians nach innen;

der Obliq. inf. rollt die Cornea nach oben und aussen und stellt das obere Ende des Meridians nach aussen.

Wir haben somit drei Muskeln (Rect. ext., Obliq. sup. und inf.), welche als Aussenwender den Bulbus nach aussen rollen, und drei Muskeln (Rect. int., Rect. sup. und Rect. inf.), welche als Innenwender denselben nach innen rotiren; nach oben endlich wird der Bulbus noch rotirt von der combinirten Wirkung des Rectus sup. und des Obliq. inf. und nach unten durch den Rect. inf. und Obliq. superior. Ausserdem steht noch ein jeder Muskelapparat des einen Auges mit dem des anderen in einem Associationsverhältniss, so dass je ein Muskel der einen Seite mit dem associirten der anderen Seite mit der gleichen Innervationsstärke bewegt wird; besteht nun eine Disproportion in der Nerventhätigkeit dieser solcherart associirten Muskeln, so muss daraus eine defective Wirkung entstehen — es resultirt ein doppelter Gesichtseindruck oder Doppelsehen.

Es müssen diese Muskel- und Nervenverhältnisse genau berücksichtigt werden, wollen wir vorkommenden Falles uns einen Einblick in den pathologischen Zustand verschaffen und eine exakte Diagnose der Lähmung ermöglichen. Ich hielt es daher für nöthig, den anatomischen Verlauf der betreffenden Nerven und deren physiologische Wirkung hier wenigstens zu berühren, bevor ich auf die

Schilderung der pathologischen Zustände übergehe; des Näheren muss ich, wie gesagt, auf die betreffenden Lehrbücher hinweisen.

Die Lähmung eines Augenmuskels kündigt sich dem Kranken durch einen Gesichtsschwindel an, dessen nächste Veranlassung in einer Störung des Orientirungsvermögens zu suchen und als fehlerhafte Projection zu bezeichnen ist. Während bekanntlich das Einfachsehen dadurch zu Stande kommt, dass die beiden Sehlinien im fixirten Objekt sich schneiden, weicht bei jeder Augenmuskellähmung die Sehlinie des gelähmten Auges davon ab, es tritt Schielen ein und der Kranke verlegt das Objekt in perverser Weise an einen anderen Punkt im Raume, als er es mit dem gesunden Auge thut; hierdurch entsteht Verwirrtheit und Gesichtsschwindel, dem der Kranke durch den Verschluss eines Auges oder durch entsprechende Kopfhaltung zu entgehen sucht. Ausser diesen subjektiven Symptomen finden sich bei jeder Augenmuskellähmung noch objektiv nachweisbare Symptome und zwar mangelhafte Beweglichkeit des Auges nach der Seite des gelähmten Muskels und das Entstehen von Doppelbildern. Letztere müssen häufig erst durch das Vorhalten eines dunkel gefärbten Glases dem Kranken zum Bewusstsein gebracht werden. Vermuthen wir nun nach den Klagen des Kranken eine Augenmuskellähmung, können aber aus den zuweilen recht geringfügigen und kaum nachweisbaren Beweglichkeitsdefecten nicht erkennen, welcher Muskel der gelähmte ist, resp. auf welchem Auge die Lähmung gesucht werden muss, so haben wir uns hiebei an einige allgemein gültige Sätze zu halten. Zunächst gehört dasjenige Bild dem kranken Auge an, welches in der Region des Doppelsehens der Objektsbewegung vorauseilt. Ein Beispiel möge das Gesagte erläutern: Die Bewegung der Augen nach links z. B. wird durch die gleichzeitige Contraction des linksseitigen Rectus externus und des rechtsseitigen Rectus internus bedingt. Halte ich einem Kranken nun vor das rechte Auge ein roth gefärbtes Glas vor, so wird, wenn bei horizontaler Bewegung eines Objektes (einer Kerze, eines Lineals) nach links hin Doppelbilder entstehen, zunächst zu untersuchen sein, ob der Rectus externus des linken Auges oder der Rectus internus des rechten Auges der gelähmte sei. Nach dem oben aufgestellten Satze ist das nach links vorauseilende Bild das Scheinbild, gehört somit dem erkrankten Auge an; erklärt der Kranke nun, dass dieses Scheinbild roth gefärbt sei, während das andere die natürliche Farbe hat, so wissen wir nunmehr, dass das rechte das erkrankte ist; giebt er dagegen an, das vorauseilende linke Bild sei ungefärbt, das zurückbleibende rechte dagegen habe die Farbe des Glases, so haben wir den erkrankten Muskel auf dem linken Auge zu suchen. Eine genauere Kenntniss und Berücksichtigung der oben kurz angegebenen physiologischen Wirkungsweise der einzelnen Augenmuskeln wird uns auch bald lehren, welcher von den Muskeln der gelähmte ist. Wir sahen oben, dass wir über drei Auswärtsdreher und über drei Einwärtsdreher jedes Auges verfügen; bei einer Lähmung eines der Auswärtsdreher wird das Auge durch den Antagonisten nach innen gerollt, es entsteht Einwärtsschielen, pathologische Convergenz, während bei Lähmung eines Einwärtswenders Auswärtsschielen oder pathologische Divergenz entsteht. Nun gilt als zweiter allgemeiner Satz, dass bei jeder pathologischen Convergenz gleichnamige, bei jeder pathologischen Divergenz dagegen ungleichnamige oder gekreuzte Doppelbilder entstehen (beim gleichnamigen Bilde verschwindet beim Schliessen eines Auges das Bild derselben Seite, beim gekreuzten Bilde das der entgegengesetzten Seite). Bei dem oben angeführten Beispiele hatten wir die Angabe des Patienten, dass ihm bei Bewegung des Objektes in horizontaler Richtung nach links das vorauseilende linke Bild roth erschien — es musste somit das rechte Auge das gelähmte sein; das linke Bild gehörte somit dem rechten, das rechte dagegen dem linken Auge an, wir haben somit pathologische Divergenz vor uns, welche bei horizontaler Bewegung des Objektes nur durch eine Lähmung des rechtsseitigen Rectus internus hervorgerufen sein konnte. Dieselben Erwägungen haben bei den nach oben wirkenden Muskeln (Rectus superior und Obliquus inferior), sowie bei den nach unten wirkenden (Rectus inferior und Obliquus superior) Platz zu greifen, nur dass wir hiebei noch in Betracht zu ziehen haben, wie bei Lähmung eines Aufwärtsrollers das Scheinbild höher und bei Lähmung eines Abwärtsrollers das Scheinbild tiefer stehen muss, als das andere. — Endlich haben wir noch die Stellung der Doppelbilder zu einander zu berücksichtigen und haben uns als dritten allgemeinen Satz zu merken, dass das Doppelbild des kranken Auges so steht, wie der gelähmte Muskel normaler Weise wirken sollte. Wir fanden:

dass der Rectus sup. das obere Ende des vertikalen Hornhautmeridians nach innen stellt; es wird mithin das bei Lähmung des Rect. sup. entstehende Doppelbild ein gekreuztes (wegen pathologischer Divergenz) sein und mit der Spitze nach innen stehen müssen;

dass der Rect. inf. den vertikalen Meridian nach aussen stellt; das ebenfalls gekreuzte Doppelbild wird demnach mit der Spitze nach aussen stehen;

dass der Obliq. sup. das obere Ende des vertikalen Meridians nach innen stellt, das gleichnamige (wegen pathologischer Convergenz) Doppelbild wird daher mit der Spitze nach innen geneigt sein;

dass der Obliq. inf. das obere Ende des vertikalen Meridians nach aussen neigt; das ebenfalls gleichnamige Doppelbild wird ebenfalls nach aussen geneigt sein.

Da der M. rect. ext. und der Rect. int. keine Wirkung auf die Stellung des vertikalen Hornhautmeridians ausüben, so werden auch die bei Lähmungszuständen dieser beiden Muskeln entstehenden Doppelbilder eine Neigung nach irgend einer Seite nicht aufweisen.

Die im Verlaufe der Syphilis zu beobachtenden Lähmungen der Augenmuskeln resp. der dieselben innervirenden Nerven sind so häufig und so mannigfach, dass sie jedem Syphilidologen wie jedem Augenarzte bekannt sind. Graefe und viele der zuverlässigsten Beobachter geben an, dass mehr als die Hälfte sämmtlicher Augenmuskellähmungen syphilitischer Natur sind. Was mich betrifft, so fand ich

	Syphilitische.
unter 269 Lähmungen der Bewegungs- nerven der Augen	146, d. i. 53,5 %
» 76 einseitigen Pupillen- und Ac- commodationslähmungen .	59, d. i. 77,6 »
zusammen unter 345 Lähmungen der Augenmuskeln	205, d. i. 59,4 %

in denen die Syphilis als ätiologisches Moment nachgewiesen werden konnte. So häufig sich hienach auch die syphilitischen Augenmuskellähmungen präsentiren, so ist doch aus der Lähmung allein die syphilitische Grundursache noch nicht nachweisbar; vielmehr werden wir, wie bei den meisten der bisher besprochenen Affectionen des Auges, noch den Nachweis der früher stattgehabten Infection, den Nachweis noch bestehender syphilitischer Symptome der allgemeinen Decke, der Schleimhäute und des Knochengerüstes, endlich den Nachweis etwaiger Störungen des Centralnervensystems zu erbringen haben, ehe wir die Lähmung als eine syphilitische anzusprechen berechtigt sind. Aus der Lähmung selber die Syphilis diagnosticiren zu wollen, darauf werden wir wol zur Zeit noch verzichten müssen, wenn auch nicht geleugnet werden kann, dass gewisse von einigen Autoren angegebene Merkmale — das Ergriffensein einzelner Nervenzweige, die Zu- und Abnahme der Symptome u. A. — auf die syphilitische Natur des Leidens hinzudeuten vermögen.

Ferner stimmen wol alle Beobachter darin überein, dass die Augenmuskellähmungen erst den späteren Stadien der Krankheit angehören; so verlegen z. B. Fournier und Drysdale[4]) die Augenmuskellähmungen in das erste Stadium der Gehirnlues und geben an, dass am häufigsten der N. oculomotorius, seltener schon der N. abducens und in nur wenigen Fällen der N. trochlearis ergriffen gefunden sind. Jeaffreson[5]) fand allerdings schon 6 Monate nach der Infection eine Lähmung des Oculomotorius. Es gehören demnach die den Augenmuskellähmungen zu Grunde liegenden Producte nicht dem condylomatösen, sondern wol ausnahmslos dem gummösen Stadium an; diese Producte können nun den Nerven direkt in Mitleidenschaft ziehen, indem sie zu Neuritis oder Perineuritis führen, oder sie machen den Stamm des Nerven leitungsunfähig, indem sie in Form einer gummösen Periostitis oder einzelner Gummiknoten innerhalb der Orbitalhöhle resp. an der Basis cranii den Nerven comprimiren, oder indem sie endlich durch das Mittelglied der schon wiederholt erwähnten Heubner'schen Gefässerkrankungen zu nekrotischen Zerstörungen der Gehirnsubstanz und dadurch zu Veränderungen der Wurzelfasern und der Nervenkerne Veranlassung geben; endlich will ich noch erwähnen, dass auch gummöse Neubildungen entfernterer Gehirnparthien, z. B. der Rinde durch Fernwirkung, wie auch die syphilitische Sklerose der Hinterstränge durch vasomotorische Störungen Lähmungen der Augenmuskelnerven herbeizuführen vermögen. Wir sehen somit, dass diese Producte der syphilitischen Diathese die Augenmuskeln resp. deren Nerven ergreifen können von der Orbitalhöhle an bis zu den Nervenkernen im Gehirn selber, und dementsprechend werden wir auch die Lähmungsursachen einzutheilen haben in periphere oder orbitale und in intracranielle, und bei letzteren nachsehen müssen, ob die Läsion eine basilare oder eine cerebrale ist. Das Hauptkriterium peripherer Lähmung, das Erloschensein der elektrischen Reizbarkeit werden wir aus anatomischen Gründen hier entbehren müssen; indessen besitzen wir doch einige Anhaltspunkte, welche uns die Diagnose, ob peripher oder central und — bei sorgfältigster Berücksichtigung aller anatomischen und physiologischen Verhältnisse — selbst eine genauere Bestimmung des Sitzes der Läsion innerhalb der Gehirnkapsel in sehr vielen, vielleicht den meisten Fällen ermöglichen werden.

Im Allgemeinen pflegt der betreffende Augennerv bei peripherem oder basalem Sitze des Leidens in seiner Totalität getroffen zu sein, während bei cerebralem Sitze der Läsion nur einzelne Zweige des Nerven sich ergriffen zeigen. Es ist auch a priori einleuchtend, dass, wenn der Strang eines Hirnnerven, wie er in der oben angedeuteten Weise aus der Gehirnmasse hervortretend alle Leitungsfasern in sich aufnimmt, von einer Druckursache oder einer Entzündung betroffen wird, dass sich der Effect dann ‏auch auf die ganze periphere Verzweigung des Nerven erstrecken wird und muss. Denken wir uns z. B. den N. oculomotorius peripher an der Basis cranii oder an der Fissura orbit. sup. von einem Gumma comprimirt, so wird sich die Lähmung auch an allen von ihm versorgten Muskeln einschliesslich der Pupillarmuskeln nachweisen lassen; sitzt die Läsion indessen in der Gehirnmasse, dem Centrum näher, wo die einzelnen Fasern des Oculomotorius noch weit auseinander treten und ein grösseres Areal occupiren, so wird eine nicht zu umfangreiche Läsion den Oculomotorius auch nur partiell ergreifen, wir werden demnach die Lähmung auch nur an einzelnen vom Oculomotorius innervirten Augenmuskeln vorfinden. Ein Unterschied zwischen orbitalem und basalem Sitze der Läsion dürfte hiebei kaum gemacht werden können, da ja in beiden Fällen sämmtliche im Stamm des Nerven befindliche Fasern der Compression unterliegen; indessen werden bei orbitalem Sitze noch anderweitige Merkmale, spontane Schmerzhaftigkeit, sowie Schmerzhaftigkeit bei Druck auf die Orbitalränder, wie ich es bereits im III. Kapitel dieses Werkes beschrieben, selten vermisst werden. — Wir werden ferner ausnahmslos eine basale Ursache dann anzunehmen haben, wenn sich sämmtliche Bewegungsnerven eines Auges ergriffen zeigen, ebenso dann, wenn sich zu diesen die Augenmuskeln betreffenden Lähmungen noch eine Lähmung des N. trigeminus hinzugesellt. Wir werden selbst aus der Reihenfolge, mit der die einzelnen Nerven befallen werden, den Sitz der Erkrankung, ob in der vorderen, der mittleren oder der hinteren Schädelgrube zu dagnostiziren vermögen. Jacobson[6] erwähnt, wie Wernicke bei Besprechung der Gehirntumoren Andeutungen giebt, wie das aus der Reihenfolge der Lähmungen zu ermöglichen sei. Ich führe jene Stelle aus der Jacobson'schen Monographie hier wörtlich an:

In der vorderen Schädelgrube folgt auf den N. olfactorius der N. opticus (Neuritis oder Atrophie) und der Tractus (Hemiopie), dann in der Fissura orbitalis sup. der erste Ast des Trigeminus und der Oculomotorius.

In der Hypophysisgegend leiden zuerst die Nervi optici und das Chiasma (erst monoculäre, dann binoculäre Amaurose), demnächst ein Oculomotorius oder beide, der Abducens, der erste Ast des Trigeminus.

Tumoren der mittleren Schädelgrube oberhalb der Dura mater erzeugen durch Druck auf den Hirnschenkel Hemiplegie, der sich Paralyse des Oculomotorius, des Trochlearis und des Chiasma allmählich anschliesst, unterhalb der Dura mater treffen wir die Fissura orbitalis sup. mit den drei Muskelnerven und dem Ophthalmicus, den Sinus cavernosus mit dem Stamme des Quintus, dem Ganglion Gasseri und den drei Muskelnerven. Wird die Scheidewand durchbrochen, so kommen die Tractus, die Sehnerven und das Chiasma an die Reihe.

Für die hintere Schädelgrube spricht die Combination des Trigeminus, Facialis und Abducens mit dem Acusticus, Glossopharyngeus, Vagus und Accessorius.

Die Diagnose der extracerebralen, d. i. basilaren resp. orbitalen Lähmungsursache wird nach allem bisher Erörterten nur selten wesentlichen Schwierigkeiten unterliegen: die totale Lähmung des Nerven, die Combination einer Augenmuskellähmung mit Lähmung benachbarter Nervenstämme, der Mangel anderweitiger auf ein Centralleiden deutender Zustände werden, wenn auch nicht immer, so doch in den meisten Fällen uns die Diagnose auf einen intracraniellen, aber extracerebralen Sitz der Läsion ermöglichen.

Was indessen die Diagnose einer centralen Lähmungsursache betrifft, so werden wir vor Allem uns nach Störungen im Geistes- oder Gemüthsleben des Patienten umzusehen haben, bevor wir eine Augenmuskellähmung als eine centrale anzusprechen berechtigt sind. Schon bei den auf centraler Ursache beruhenden syphilitischen Sehnervenleiden habe ich die allgemeinen pathologischen Verhältnisse der Gehirnlues erwähnt und hiebei auf die umfassenderen Werke von Wunderlich, Heubner u. A. hingewiesen. Ich führte dort an, wie nur selten in den centralen Hirntheilen sitzende Gummigebilde die Ursache centraler Störungen abgeben, sondern wie vorzugsweise die von Heubner beschriebenen gummösen Gefässveränderungen, ferner gummöse Entzündungen der Dura und der Pia mater die nächste Veranlassung zu allgemeinen Störungen wie zu Ausschaltungen einzelner Gehirntheile abgäben. Heftige Kopfschmerzen, Rausch- oder traumartige Zustände, Geistes- und Sinnesstörungen, Störungen der Intelligenz, apoplektiforme oder epileptiforme Anfälle, hemiplegische Zustände, anfallsweise auftretende Verschlimmerung und langsames Besserwerden aller Erscheinungen werden uns die Diagnose ermöglichen, dass eine gleichzeitig aufgetretene Augenmuskellähmung als eine centrale aufzufassen sei. Zuweilen wird uns auch das Alter des Kranken einen wol zu beachtenden Fingerzeig geben; finden wir z. B. bei einem jugendlichen oder in blühendem Mannesalter stehenden, früher syphilitisch inficirten Patienten eine unter starken Kopfschmerzen auftretende psychische Veränderung, vielleicht einen apoplektischen Anfall. der sich durch kein Herz- oder Arterienleiden erklären lässt oder einen epileptischen Insult, wie er in dem Vorleben des Patienten niemals zur Beobachtung kam, mit gleichzeitiger Lähmung eines Augenmuskels, so werden wir ohne Bedenken die Diagnose auf ein syphilitisches Centralleiden stellen dürfen. Ausser diesen nach allgemeinen pathologischen Grundsätzen zu beurtheilenden Zuständen und ausser dem bei den peripheren Lähmungen soeben angegebenen Umstande, dass bei letzteren der Nerv in seiner Totalität gelähmt ist, während bei centralem Sitze der Läsion es nur einzelne Fasern zu sein pflegen, hat v. Graefe[7]) noch auf die geringe Fusionsbreite bei centralen Lähmungen aufmerksam gemacht. Die durch Augenmuskellähmungen hervorgerufene Deviation des Auges und die dadurch entstehenden zu Gesichtsschwindel führenden Doppelbilder können im Interesse des Einfachsehens durch willkürliche Contraction des antagonistischen Muskels gedeckt werden: es tritt also Verschmelzung der Doppelbilder ein. Graefe zeigte nun: „dass die Verschmelzung der beiderseitigen Netzhauteindrücke ein centraler Akt sei und dass die Macht des binocularen Impulses über die Muskeln in innigster Beziehung steht zum Stande der centralen Innervation. Bei centralen Lähmungen finden wir deshalb ceteris paribus auch eine viel geringere Fusionsmacht, als bei basilaren und orbitalen". Wir finden deshalb, dass bei cerebrospinalen Lähmungen gar nicht selten über weite Gebiete des Gesichtsfeldes Doppelsehen besteht trotz einer sehr geringen Deviation der Gesichtslinie; suchen wir diese

Doppelbilder in der bekannten Weise durch Prismenvorrichtung zur Verschmelzung zu bringen, so gelingt uns das entweder gar nicht oder wir müssen das Prisma ganz ausserordentlich genau wählen. Ist das Prisma nur im Geringsten zu stark oder zu schwach gewählt, so wird die Diplopie dadurch nicht beseitigt, sie wird nicht genügend oder zu viel corrigirt. Dieses Symptom der geringen Fusionsbreite bei centraler Lähmungsursache giebt uns denn auch ein diagnostisches Merkmal an die Hand, dieselbe von den peripheren zu unterscheiden, bei welchen eine Verschmelzung der Doppelbilder leichter zu geschehen pflegt.

Endlich begegnen wir noch bei der chronischen Myelitis Augenmuskellähmungen, die häufig als erstes Zeichen und im Prodromalstadium der Sklerose der Hinterstränge auftreten, oft indessen sich auch in den späteren vorgeschrittenen Stadien der Erkrankung vorfinden. Ueber das Verhältniss der Tabes zur Syphilis habe ich bereits im VI. Kapitel das für unsere Zwecke Nothwendige gesagt und kann mich daher auf jenes beziehen. Diese tabetischen Augenmuskellähmungen zeichnen sich von den bisher besprochenen, bei denen wir die Krankheitsursache in die Gehirnkapsel verlegten, durch ihre Flüchtigkeit aus: wir finden eines Tages eine partielle Oculomotoriuslähmung oder eine Parese eines Abducens oder einer Pupille; in verhältnissmässig kurzer Zeit, oft schon nach wenigen Wochen, selbst nach einigen Tagen verschwindet die Lähmung wieder, um in derselben flüchtigen Weise früher oder später einen anderen Nerven desselben oder des anderen Auges zu ergreifen; gerade die Flüchtigkeit der Erscheinungen ist es, welche diese Lähmungen von den anderen bisher beschriebenen auszeichnet. Fournier[8]) hat hierfür folgendes Schema aufgestellt:

	Symptome der Tabes.	Symptome einer Läsion der Nervenbahnen.
Sofort zu constatirende Eigenthümlichkeiten.	I. Lähmung immer partiell, oft nur die Pupille betreffend.	I. Totale Lähmung.
	II. Lähmung vergesellschaftet, entweder mit a) Erhaltung des accommodativen Reflexes oder mit b) Myosis.	II. Nichts von alledem.

<table>
<tr><td></td><td>Symptome der Tabes.</td><td>Symptome einer Läsion der Nervenbahnen.</td></tr>
<tr><td rowspan="3">Im Verlaufe hervortretende Eigenthümlichkeiten.</td><td>III. Oft schnell vorübergehend, mitunter nur Tage, ja Momente dauernd.</td><td>III. Dauernd.</td></tr>
<tr><td>IV. Zu Recidiven geneigt.</td><td>IV. Nicht zu Recidiven geneigt.</td></tr>
<tr><td>V. Oft schnell spontan heilend.</td><td>V. Nur bei spezifischer Behandlung und auch dann nur langsam und allmälig heilend.</td></tr>
</table>

Wir müssen annehmen, dass ein direktes Abhängigkeitsverhältniss der Augenmuskeln vom Rückenmark dadurch besteht, dass Wurzeln der Augenmuskelnerven geradezu aus dem Rückenmark aufsteigen. So fanden Rieger und v. Forster [9] an Kaninchen bei Reizungsversuchen des blossgelegten Rückenmarkes rasche Augenbewegungen; ferner führen dieselben Autoren zwei Fälle an, in denen sich bei auf die Cervikalanschwellung beschränkter Poliomyelitis anterior und völlig intakten Hirnnerven complete Lähmung eines Levator palpebrae sup. vorfand; sie nehmen daher an, dass es sich bei diesen flüchtigen Augenmuskellähmungen um vasamotorische Einflüsse handeln müsse. Indessen giebt es auch Fälle von schweren bleibenden Augenmuskellähmungen bei tabetischer Erkrankung, in denen es sich dann nicht um vorübergehende, auf vasamotorischer Reizung beruhende Circulationsstörung innerhalb des Kerngebietes der Augenmuskelnerven handelt, sondern bei welchen bereits irreparabele Veränderungen in Form von sklerotischen Nestern im Höhlengrau des dritten, des vierten Gehirnventrikels und des Aquaeductus Sylvii eingetreten sind; so fand Kahler [10] neben Hinterstrangsklerose chronische Ependymitis am Boden des vierten Ventrikels mit Ausbreitung des subependymären sklerotischen Prozesses auf Vagus und Accessorius. — Ueber die bei Tabes häufig zur Beobachtung kommenden Erkrankungen der Pupillarmuskeln werde ich bei der speziellen Schilderung der Oculomotorius-Erkrankungen sprechen, wo ich im Zusammenhange über die auf syphilitischer Basis beruhende Pupillen- und Accommodationslähmung zu berichten haben werde. Hier nur so viel, dass auch die die Tabes begleitenden Pupillenlähmungen den oben erwähnten Charakter der tabetischen Augenmuskellähmungen überhaupt an sich tragen: sie sind flüchtig, bestehen häufig nur kurze Zeit und setzen der Behandlung wenig Widerstand entgegen, während, wie wir später sehen werden, die auf Syphilis beruhenden cerebralen Pupillen- und Accommodationslähmungen als jeder Therapie unzugängliche Veränderungen innerhalb des Bereiches der Nervenkerne anzusehen sind. Endlich fand Galezowski[11]) als Initialsymptom der Tabes beiderseitige Accommodationslähmung bei normaler Pupille; in der Umgebung des Bulbus war die Haut anästhetisch, was auch von Charcot und Berger hatte bestätigt werden können.

B. Spezieller Theil.

I. Lähmung des Oculomotorius.

Von sämmtlichen Augenmuskeln werden durch die Syphilis jene am häufigsten ergriffen, welche vom Oculomotorius innervirt werden; diese Beobachtung stimmt so sehr mit der Beobachtung anderer Autoren überein, dass Fournier die Oculomotoriuslähmung als syphilitische Lähmung par excellence ansprechen durfte. — Was mich betrifft, so sah ich unter 146 syphilitischen Lähmungen der Bewegungsnerven den Oculomotorius 95 Mal, d. i. in 65 % erkrankt, den Abducens in 49 Fällen, somit in 33,5 %, und den Trochlearis nur in 2 Fällen, d. i. in 1,5 %. Hiezu kommen noch 59 Fälle von syphilitischen Erkrankungen der ebenfalls vom Oculomotorius innervirten Pupillarmuskeln, des Sphincter pupillae und des Tensor chorioideae, so dass ich den Oculomotorius im Ganzen in 164 Fällen erkrankt fand. Von diesen 164 Fällen war der Nerv 19 Mal in seiner Totalität und 145 Mal in einzelnen seiner Zweige gelähmt worden. — In einigen wenigen Fällen haben wir es wol mit einer myopathischen Lähmung, d. h. mit direkter Erkrankung der vom Oculomotorius versorgten Muskeln zu thun, während in den bei weitem meisten Fällen die Lähmung neuropathischer Natur ist, d. h. der Nerv selber ist leitungsunfähig geworden, der Willensimpuls kann sich somit nicht auf den betreffenden Muskel übertragen.

Was nun zunächst die totale Oculomotoriuslähmung betrifft, so ist die Lähmungsursache meistens an der Basis cranii, nur selten in der Orbita zu suchen. Wir sahen, dass der Oculomotorius an der

Basis an der medialen Seite der Grosshirnschenkel erscheint, und dass die beiderseitigen Oculomotorii einen dreiseitigen Raum begrenzen, dessen hinteres, durch die Corpora candicantia nach vorn begrenztes Feld als Substantia perforata posterior und dessen vorderes, durch die Corpora candicantia nach hinten begrenztes Feld als Hirnanhang oder Hypophysis cerebri bezeichnet wird. Diese Stelle bis nach vorne über das Chiasma nerv. opticorum und nach hinten über den Pons hinaus ist nun aber der Lieblingssitz der basalen Gummata, wie auch der gummösen Entzündungen überhaupt. Es ist daher auch leicht ersichtlich, dass an dieser Stelle nothwendigerweise auch der Oculomotoriusstamm in seiner Totalität, einschliesslich der für die Irismuskeln bestimmten Fasern von dem Druck des Gumma oder des Exsudates getroffen sein muss; ich will hiebei noch erwähnen, dass die an der Basis cranii nicht selten vorkommenden Periostitiden und Ostitiden ebenfalls das Product einer gummösen Entzündung sind und ihren Einfluss in derselben Weise auf den Stamm des Oculomotorius auszuüben vermögen, wie die soeben erwähnten Producte. — Ist das Gumma oder die Entzündung beschränkt und von geringer Ausdehnung, so wird auch nur der eine Oculomotorius ergriffen werden, dehnt sich das syphilitische Product aber weiter aus, so werden beide Oculomotorii in Mitleidenschaft gezogen, wir werden es somit auch mit einer Lähmung der beiderseitigen vom Oculomotorius innervirten Augenmuskeln zu thun haben. Einen hieher gehörigen Fall publizirt Hughlings Jackson [12]), wo es sich um eine plötzlich aufgetretene Lähmung beider Oculomotorii handelte; die am vorderen Brückenrande befindliche Exsudation hatte beide Arteriae posteriores und beide Arteriae cerebellares superiores mit den beiden Oculomotorii zusammengeheftet und zeigte sich ähnlich derjenigen Masse, welche die Arterien verdickte.

Wie wir später sehen werden, findet sich in einigen wenigen Fällen die Krankheitsursache an einem anderen Orte als an der Basis des Gehirns, wenn nämlich die einzelnen Zweige des Oculomotorius nicht gleichzeitig, sondern der Reihe nach ergriffen werden; wo aber der Nerv von vorneherein in seiner Totalität gelähmt ist, sitzt die gummöse Entzündung resp. das Gummigebilde an der Basis und zwar an den erwähnten Stellen. Vollends wird diese Diagnose zur Gewissheit, wenn zu der Lähmung der Bewegungsnerven noch ein- oder beiderseitige Sehstörung hinzutritt. Die hintere Grenze der Substantia perforata anterior bilden nämlich die beiden Tractus

optici, welche als breite Markbänder aus den Corp. genicul. externa
und interna hervorgehend, die Grosshirnschenkel kreuzen und vorne
vor der Hypophysis cerebri das Chiasma nervorum opticorum bilden.
Wächst nun das den einen oder beide Oculomotorii comprimirende
Gebilde seitlich oder nach vorne, so muss auch eine Affection des
Tractus opticus die unausbleibliche Folge sein. Im vorigen Kapitel
haben wir es bereits gesehen, dass Erkrankung eines Tractus
opticus zur Hemianopsie führen muss. Hemianopische Gesichtsfeldbeschränkung mit totaler Oculomotoriuslähmung kann deshalb
nur durch eine comprimirende basale Ursache hervorgerufen sein;
hievon habe ich selber zwei Fälle gesehen, von denen der eine
sich noch im Frühjahre 1888 mir präsentirt hatte. Der 44jährige
Patient hatte sich vor 4 Jahren inficirt und war bisher in durchaus
unzureichender Weise behandelt worden. Narbige Züge des weichen
Gaumens, Drüsenpackete in den Achselgegenden, einzelne Hautnarben
liessen an der syphilitischen Natur des vorliegenden Leidens nicht
zweifeln. Seit ½ Jahr leidet Patient an den wüthendsten, jede Nachtruhe raubenden und jeder Therapie Trotz bietenden Kopfschmerzen,
und seit 3 Monaten auch an einer Lähmung des linken oberen Augenlides. Bei der Untersuchung fand ich eine totale Lähmung sämmtlicher
linksseitiger, vom Oculomotorius innervirten Muskeln, einschliesslich
des Sphincter pupillae und des Tensor chorioideae: das Auge stand
im äusseren Winkel, konnte nicht nach oben, innen, nur wenig nach
unten bewegt werden, die Excursionsfähigkeit nach aussen war
intakt, der N. abducens und N. trochlearis waren somit nicht
ergriffen, die Pupille erweitert, starr, reagirte weder auf Lichtreiz,
noch bei accommodativen Impulsen, das obere Lid hing faltenlos
über das Auge herab. Die centrale Sehschärfe war normal und
Jaeger 1 wurde anstandslos gelesen; dagegen zeigte sich eine vollständige rechtsseitige Hemianopsie — der Fasciculus lateralis des
linken und der Fasciculus cruciatus des rechten Auges zeigten sich
functionsunfähig; es war somit der ganze linke Tractus opticus von
der Lähmung ergriffen: es konnte deshalb an dem basalen Sitze einer
den linksseitigen N. oculomotorius und den Tractus opticus gleichzeitig comprimirenden gummösen Geschwulst nicht gezweifelt werden.
— Ausser der zu hemiopischer Gesichtsfeldbeschränkung führenden
Erkrankung eines Tractus opticus kann bei basalem Sitz eines den
Oculomotoriusstamm comprimirenden Gumma auch der ein- oder
der beiderseitige Sehnerv unter denjenigen Formen ergriffen werden,

die wir im vorigen Kapitel kennen gelernt haben. Wir finden dabei
sowol die Stauungspapille wie die Neuritis descendens, wie endlich
auch die Atrophie der Sehnervenpapille. Von allen diesen Zuständen
finden wir sowol in der Literatur wiederholt Fälle verzeichnet, wie
ich auch selber über mehrere dergleichen verfüge. Einen hieher
gehörigen Fall behandele ich noch heute: Ein 35jähriger Russe ist
vor 10 Jahren inficirt; eine schnell vorübergehende Roseola wie
leichte Pharyngealerscheinungen waren die einzigen Symptome der
sekundären Periode. Seit 3 Jahren leidet er an den wüthendsten
nächtlichen Kopfschmerzen, zu denen eine stetig zunehmende beiderseitige Sehschwäche sich hinzugesellt hatte. Der den Patienten lange
Zeit behandelnde sachverständige College vermuthete sofort die
syphilitische Natur des Leidens, die indessen von dem Kranken
bezweifelt wurde, da er von syphilitischen Erscheinungen ausser
den angeführten geringfügigen Symptomen nichts weiter bemerkt
und überdies in einer 5jährigen Ehe auch drei gesunde Kinder
gezeugt hatte. Indessen fügte er sich doch den Anordnungen des
Arztes, der ihm den Gebrauch von Jodkalium empfahl, wodurch
auch ein wesentlicher Nachlass der Kopfschmerzen eintrat. Als nun
aber vor 3 Monaten eine totale linksseitige Augenmuskellähmung
hinzutrat, entschloss sich Patient endlich zu einer energischen
Inunctionskur unter meiner Leitung. Ich fand bei dem robusten,
gesund aussehenden Patienten eine Lähmung sämmtlicher Zweige
des linksseitigen Oculomotorius mit doppelseitiger Stauungspapille.
Auch hier war die Diagnose zweifellos: eine linksseitige, den Stamm
des Oculomotorius treffende Compressionsursache hatte zu intra-
kranieller Drucksteigerung und in Folge dessen nach den im
vorigen Kapitel erwähnten Gesichtspunkten zu beiderseitiger
Stauungspapille geführt. Da der Patient syphilitisch inficirt gewesen
war, so dürfte ich als Materia peccans auch ein basales Gumma
annehmen. Die beiden anderen von mir beobachteten Fälle dieser
combinirten Erkrankung sehen diesem durchaus ähnlich und kann
ich daher wol von der Anführung weiterer Casuistik hier Abstand
nehmen.

Ferner beobachtete ich in einem vor 5 Jahren mir zur
Beobachtung und Behandlung überwiesenen Falle von auf Syphilis
beruhender totaler Oculomotoriuslähmung eine Neuritis optica
beider Augen. Einen dem ähnlichen Fall veröffentlichte Power [13]:
bei der Section fand sich ein bohnengrosser Tumor an der Innen-

fläche der Dura mater über der rechten Grosshirnhemisphäre; der
rechte Opticus zwischen Chiasma und Foramen opticum war in
einen harten Tumor verwandelt; beide Oculomotorii, besonders
der rechte stark geschwollen, Geschwülste verengern auch die Art.
fossae Sylvii, 6 Jahre vorher war Syphilis vorhanden gewesen, und
während des Lebens doppelseitige Neuritis und Oculomotoriuslähmung
beobachtet. Ferner fand Blessig [14]) bei während des Lebens
beobachteter Neuritis descendens mit Oculomotoriuslähmung eine
eitrige Basilarmeningitis, die sich auf den Oculomotorius und den
Opticus fortgesetzt hatte. Zwei hieher gehörige Fälle sind auch von
Oppenheim [15]) publizirt: Eine 42jährige Frau, 1870 syphilitisch
inficirt, 1878 Neuritis incip. linkerseits durch Periostitis am Foramen
orbitale, beiderseits Oculomotoriusparese und allgemeine Cerebralerscheinungen; die Diagnose wurde auf chronisch verlaufende syphilitische Hirnerkrankung an der Basis cerebri gestellt; ein zweiter
Fall desselben Autors betrifft eine 38jährige, ebenfalls syphilitisch
inficirte Frau, bei welcher neben Schwindel- und Ohnmachtsanfällen
allerdings wieder verschwindende Oculomotoriuslähmung mit retro-
bulbärer Affection des N. opticus beobachtet ist; die Diagnose wurde
hier ebenfalls auf chronische Erkrankung an der Basis cerebri
gestellt. Endlich sah ich in zwei weiteren Fällen totaler Oculomotoriuslähmung Atrophia nervi optici des rechten Auges. In diesen
beiden letzten Fällen konnte das den rechten Oculomotorius und den
rechtsseitigen Opticus occupirende Gumma in dem oben angegebenen
Raum zwischen den beiden Grosshirnschenkeln seinen Platz nicht
haben, sondern musste weiter nach vorn vor dem Chiasma nervorum
opticorum sitzen und direkt zur Atrophie des rechten Nerv. opticus
geführt haben, noch bevor es zur Entwickelung einer entzündlichen
Affection der Sehnervenscheiden resp. der Sehnervensubstanz gekommen war. Buttersack [16]) fand trotz normalem Augenspiegelbefund das Sehvermögen linkerseits erloschen, rechts Ptosis und
Mydriasis, Rectus sup., infer. und intern. gelähmt, später fast vollständige Lähmung auch des linken Oculomotorius. Bei der Section
fand sich Leptomeningitis chronica cerebralis basilaris et spinalis:
den höchsten Grad der Verdickung zeigte die Pia in der Gegend
des Chiasma nerv. optic.; der rechte Tractus opticus war von
einer undurchsichtigen trüben Masse bedeckt, grau und plattgedrückt; am meisten verändert sind die Oculomotorii, welche
unregelmässige, knotige und bröcklig verdickte Stränge darstellen;

die beiden N. abducentes liegen auch in getrübten Bindegewebs-
massen, am linksseitigen N. oculomotorius mehrere miliare Gummata, Perineuritis und Neuritis nodosa fand sich auch an den
Nervenwurzeln des Rückenmarks. — Sitzt die gummöse Entzündung
noch weiter nach vorn, in der Nähe des Sinus cavernosus oder in
der Fissura orbitalis sup., resp. in der Orbitalhöhle selber, so wird
ausser einer totalen Oculomotoriuslähmung noch Lähmung des
N. abducens, des N. trochlearis und des N. trigeminus des betreffenden
Auges die unmittelbare Folge sein müssen — die genannten Nerven
liegen hier so nahe beieinander, dass eine gummöse Anschwellung
von nur etwas grösserem Umfange unzweifelhaft neben dem Oculomotorius auch die genannten Nerven leitungsunfähig machen muss.
So fand Donath[17]) eine totale Lähmung aller linksseitigen Oculomotoriuszweige und Anästhesie der Stirn bis fast zum Scheitel. Der
Sitz musste in der Orbita sitzen, in der Gegend, wo Oculomotorius
und Trigeminus durchtreten, und wurde als luetische Periostitis
angesehen, die auch auf Inunctionen zurückging. Einen hieher
gehörigen Fall beschreibt ferner v. Graefe[18]) bei einem vor
12 Jahren syphilitisch inficirten Manne, bei welchem durch einen
syphilitischen Tumor eine totale Lähmung des Trochlearis, des Abd.
und des Trigeminus hervorgerufen war; ferner gehört ein Fall von
Broadbent[19]) hieher, in welchem ein syphilitischer Tumor zwischen
Ganglion Gasseri und Foramen rotundum sass und zur Lähmung
des Oculomotorius, des Trochlearis und des Ramus ophth. nervi
Trigemini, die dicht beieinander liegen, geführt hatte; einen dem
ähnlichen Fall finden wir bei Cooper[20]); auch Mauthner stellt in
seiner schon erwähnten Monographie mehrere hieher gehörige Fälle
zusammen, so von Koenigstein[21]), wo bei einem syphilitischen
Kranken sich eine Lähmung der sechs vorderen Gehirnnerven vorfand: Geruchslähmung, Atrophie des Opticus, Lähmung der sensitiven
Portion des Trigeminus, totale Ophthalmoplegie und wo der Sitz
des Leidens in die mittlere Schädelgrube verlegt wird, ferner von
Grossmann[22]), wo es bei einem 44jährigen weiblichen Individuum
durch gummöse Periostitis an der Basis cranii zur Entwickelung
von Lähmungserscheinungen in sieben Hirnnerven der linken Seite
gekommen war. Auch ich habe hievon einige Fälle beobachtet,
von denen der eine hier Platz finden mag: Frau X. wurde mir im
Jahre 1878 consultativ zugeführt; dieselbe, eine zarte, schmächtige
25jährige Frau, war von ihrem Manne nach 1jähriger Ehe vor

nunmehr 3 Jahren inficirt worden und hatte mehrere Fehlgeburten überstanden. Die ungewöhnlich hartnäckigen Pharyngealgeschwüre hatten wiederholentlich langwierige antisyphilitische Kuren nothwendig gemacht, bis sie endlich verschwanden und nunmehr einem Leiden des rechten Auges Platz machten, welches ebenfalls unter den heftigsten Kopfschmerzen innerhalb weniger Monate zu seiner jetzigen Höhe sich entwickelt hatte. Ich fand bei der körperlich reduzirten und geistig sehr deprimirten Kranken eine totale Lähmung sämmtlicher rechtsseitigen Augenmuskeln: der Oculomotorius, der Trochlearis, der Abducens waren total gelähmt, der Sehnerv atrophisch, die Sehschärfe dementsprechend auf $^1/_{10}$ herabgesetzt; das Auge war etwas hervorgetrieben und absolut unbeweglich, nur der Trochlearis machte einige kleine zuckende Bewegungen bei Senkung der Blickebenen. Auch hier konnte die Lähmung nur durch eine periphere, etwa in der Gegend der Fissura orbitalis superior sitzende gummöse Anschwellung hervorgerufen worden sein.

In all den bisher erwähnten Fällen von totaler Oculomotoriuslähmung war der Nerv secundär ergriffen durch ein in seiner Nachbarschaft sich entwickelndes, den Nerven lähmendes Gummigebilde, resp. durch eine gummöse Entzündung. Indessen giebt es auch Fälle in der Literatur, in denen die gummöse Neubildung sich innerhalb des Nervenstammes selber entwickelt hatte und zu denselben Folgezuständen, d. i. zu einer totalen Oculomotoriuslähmung geführt hatte. In derartigen Fällen wird die gummöse Masse von der Pia aus längs den Fasern in den Nerven hineinwuchern (Virchow[23]), oder aber die Nerven sind mit einer fremden Masse infiltrirt und zeigen dann eine Neubildung, welche entweder eine grau-röthliche oder käsig-gelbe, oder eine speckige Beschaffenheit hat, wie Heubner[24]) es in einem Falle beobachtete. Die Diagnose dieses Zustandes wird beim Lebenden wol kaum gestellt werden können; ich wenigstens verfüge über keinen Fall von primärer gummöser Erkrankung des Oculomotorius.

Wir sahen also, dass eine gleichzeitige und totale Lähmung aller vom Oculomotorius innervirten Augenmuskeln incl. der Irismuskeln auf einen peripheren Sitz der Krankheitsursache schliessen lässt, welche entweder an der Basis cranii oder noch weiter nach vorn, in der Fissura supraorb. oder in der Orbita selber gesucht werden muss. Im ersteren Falle wird die Diagnose gesichert durch gleichzeitiges Ergriffensein des Tractus oder des Nervi optici, im

letzteren Falle durch Erkrankung der beiden anderen Augennerven,
des N. trochlearis und abducens und des N. trigeminus.

Wesentlich häufiger als der totalen Oculomotoriuslähmung bin
ich der partiellen Lähmung begegnet, die dann nur einen oder den
anderen Zweig, zuweilen auch mehrere derselben befiel. Ich habe
oben bereits erwähnt, dass eine myopathische Lähmung, d. i. eine
Erkrankung des Muskels selber, wol selten beobachtet wird, wenn
Zeissl derselben auch Erwähnung thut; ich glaube in folgendem
Falle eine gummöse Erkrankung des M. rectus internus direkt
beobachtet zu haben. Bei einem 24jährigen, vor 3 Jahren inficirten
jungen Manne aus Rumänien war eine langwierige Scleritis des linken
Auges eingetreten, welche durch die sie begleitenden Umstände
von dem den Patienten behandelnden Arzte wie auch von mir als
syphilitischer Natur angesprochen werden musste; ich fand ausser
den Resten früherer Iritiden die Sclera in der Nähe des linksseitigen
Rectus internus buckelförmig hervorgetrieben, schmerzhaft, die darüber
befindliche blau-roth gefärbte Conj. bulbi mit einigen kleinen phlyk-
tänenartigen Gebilden besetzt, dabei das Auge nach innen vollkommen unbeweglich: gekreuzte Doppelbilder, deren Seitendistanze
nach rechts hin zunahm, zeigten unzweideutig eine Lähmung des
linken Rectus internus an. Wenn nun auch der anatomische Nachweis von der Muskelerkrankung nicht hat erbracht werden können,
so glaube ich doch annehmen zu dürfen, dass wir es mit einer
gummösen Infiltration des Muskelgewebes selber zu thun hatten, da
sonstige Zeichen einer Nervenaffection nicht vorhanden waren, die
Erkrankung der Sclera direkt auf den Muskelbauch hinwies und es
schliesslich der eingeschlagenen Therapie auch gelang, sowol die
Scleritis wie auch die Muskellähmung zu beseitigen. Weitere Fälle
habe ich in der mir zugänglichen Literatur nicht aufzufinden vermocht. — In den meisten Fällen wird es sich dagegen um eine
neuropathische Erkrankung handeln, deren Ursache zuweilen auch
peripher in der Orbitalhöhle zu suchen ist. Bei den Erkrankungen
der Orbita, im III. Kapitel dieser Abhandlung, habe ich bereits
erwähnt, dass gummöse Anschwellungen der Orbitalwände auf
mechanischem Wege eine Verdrängung des Bulbus nach der der
Anschwellung entgegengesetzten Seite veranlassen müssen; in anderen
Fällen dagegen wirkt die entzündliche Anschwellung des Periostes,
vielleicht auch eine gummöse Erkrankung des Neurilems hemmend
auf die Leitung in dem betreffenden Nerven ein und führt dadurch
zur Lähmung des Muskels.

Von den Zweigen des Oculomotorius ist es am häufigsten der zum Levator palpebrae sup. gehende, der durch Syphilis gelähmt wird und zu einer Ptosis paralytica Veranlassung giebt; diese Ptosis ist so häufig, dass Sandras daraus allein schon die Diagnose auf Syphilis glaubte stellen zu können, ebenso Lancereaux[25]). Da die Ptosis häufig indessen wieder verschwindet, so muss man annehmen, dass sie auf vorübergehenden Circulationsstörungen beruht, wie sie der Entwickelung der Tabes zuweilen Jahre lang vorausgehen; einige Male ist sie aber auch bei Erkrankungen der Gehirnrinde, wie auch bei Pons-Erkrankungen, endlich — allerdings doppelseitig — bei Erkrankung der Vierhügelgegend beobachtet worden. In der schon vielfach erwähnten Mauthner'schen Monographie über Nuclearlähmungen finde ich von Landouzy elf Krankheitsfälle von isolirter Ptosis zusammengestellt, der dadurch zeigen will, dass dieselbe durch Läsion einer contralateralen Parthie des Parietallappens und zwar des Gyrus angularis hervorgerufen werden kann; dasselbe behaupten Bramwell, Haddon und Jaccoud, während Charcot und Nothnagel es bestreiten und Mauthner diese Ptosis immer für eine Erkrankung des Oculomotoriuskernes hält, aus Gründen, die wir sogleich noch näher zu besprechen haben werden. Auch von den anderen Oculomotoriuszweigen können einzelne durch isolirte Erkrankung der Kerne gelähmt sein; allerdings fand Thomsen[26]) bei einer isolirten Lähmung des Blickes nach oben den Oculomotoriuskern vollkommen intakt, dagegen fand sich in diesem Falle eine gummöse Neubildung im Austrittsgebiet der Oculomotoriusstämme zwischen Corpora mammillaria und Ponsrand einer- und dem Hirnschenkel andererseits; in diese Neubildung war der rechtsseitige Oculomotorius völlig eingebettet, dagegen waren von den linksseitigen Fasern nur die medialen ergriffen.

Diejenigen Oculomotoriuszweige, welche isolirt sich bei Luetischen häufig erkrankt zeigen, sind die den M. sphincter pupillae und Tensor chorioideae versorgenden, deren Kerne wir, wie oben gezeigt ist, am Boden des dritten Gehirnventrikels suchen müssen. Hutchinson hat die daraus resultirende Pupillen- und Accommodationslähmung zuerst als Ophthalmoplegia interna bezeichnet, während wir nach Mauthner als Ophthalmoplegia externa jenen Zustand bezeichnen müssen, bei welchem entweder an einem Auge mehrere und zwar von verschiedenen Gehirnnerven innervirte Muskeln sich gelähmt zeigen, oder bei welchem sich die Lähmung auf beide Augen erstreckt, wobei dann auch solche Muskeln ergriffen sein können, welche von gleichnamigen Nerven innervirt werden. So z. B. würden wir als Ophthalmoplegia externa jenen Zustand zu bezeichnen haben, bei welchem auf einem Auge neben einem oder mehreren Oculomotoriuszweigen auch noch der Abducens oder der Trochlearis gelähmt sind, ebenso auch jenen, bei welchem auf beiden Augen Zweige des Oculomotorius oder beide Abducentes gelähmt sind, während die auf ein Auge beschränkte Lähmung mehrerer oder sämmtlicher Oculomotoriuszweige als partielle oder totale Paralyse des Oculomotorius, nicht aber als Ophthalmoplegia externa angesprochen werden müssen.

Sowol die Ophthalmoplegia externa, wie die uns zunächst beschäftigende Ophthalmoplegia interna muss ausnahmslos auf eine Läsion am Boden des dritten Ventrikels, des Aquaeductus Sylvii bis zum vierten Ventrikel herab präjudiziren, weil sich hier die Zweige des Oculomotorius noch nicht zum Stamm vereinigt hatten, was, wie erwähnt, erst beim Austritt neben dem Gehirnschenkel an der Basis des Gehirns stattfand. Dass wir nun so häufig die Ophthalmoplegia interna isolirt vorfinden ohne jede Mitbetheiligung der äusseren Augenmuskeln, trotzdem die Nervenkerne aller Augenmuskeln sich doch in unmittelbarer Nähe befinden, ebenso aber auch die Ophthalmoplegia externa vollkommen isolirt mit Intactbleiben der Irismuskulatur, also ohne Ophthalmoplegia interna, hat, wie es von H e u b n e r erschöpfend nachgewiesen ist, seinen Grund in dem verschiedenen Gefäss- und Ernährungsgebiet des dritten Ventrikels einerseits, wie des Aquaeductus Sylvii und des vierten Ventrikels andererseits. H e u b n e r hat gezeigt, dass die Basalarterien des Gehirns als wirkliche Endarterien im Sinne C o n h e i m's aufzufassen sind, dass sie sich also in die betreffenden Gehirntheile einsenken und deren Ernährung besorgen, ohne mit den Nachbararterien, die ebenfalls Endarterien sind, zu communiciren oder zu anastomosiren. Nun wird der dritte Ventrikel vom Ramus communicans posterior versorgt, während die übrigen Basaltheile ernährt werden Seitens anderer Aeste der von der Art. vertebralis gespeisten Art. cerebri sup. und der Art. cerebelli infer. post. Auf diese Weise kann es denn kommen, dass sich Erkrankungen am Boden des dritten Ventrikels und zwar dort, wo sich die Kerne für die Irismuskeln befinden, lokalisiren, während die Nachbartheile, wo die Ursprungskerne der übrigen Augenmuskeln zu suchen sind, intakt bleiben, trotzdem sie, wie erwähnt, unmittelbar an die erkrankte Partie angrenzen.

In den späteren Stadien der syphilitischen Diathese begegnen wir nicht selten einer Lähmung der beiden vom Oculomotorius innervirten Irismuskeln und als deren Folge einer Accommodationslähmung nebst Mydriasis. Diese syphilitische Affection ist stets einseitig und ausnahmslos centraler Natur; aus der isolirten Lähmung jener beiden Nervenäste dürfen wir auf den centralen Sitz des ursächlichen Leidens schliessen, da, wie wiederholt hervorgehoben, bei einem peripheren oder intrakraniellen, aber extracerebralen Sitze auch noch mehr, vielleicht sämmtliche Zweige des weit verbreiteten Oculomotorius ergriffen worden wären. Die Krankheit gehört den späteren, selbst den spätesten Symptomen der Syphilis an; mehrere, selbst viele Jahre (bis zu 20 Jahren) waren seit der Infection verflossen, die Krankheit schien getilgt, die Kranken erinnerten sich häufig kaum mehr ihres vor Jahren überstandenen Leidens, Frauen hatten geheirathet und gesunde Kinder geboren — als plötzlich mit geringen, oft ohne alle Begleiterscheinungen die Lähmung eintrat. In den meisten der mir zu Gesicht gekommenen Fälle schienen die der Infection unmittelbar folgenden (die sekundären) Symptome leichter Natur gewesen zu sein. Broadbent und Fournier[27]) fanden ebenfalls, dass gerade die am wenigsten in den ersten Perioden ausgeprägten Syphilisfälle diejenigen seien, die später die schwereren Erscheinungen von Erkrankungen des Centralnervensystems darböten. Eine schnell vorübergehende Roseola, eine leichte Pharyngitis waren es, die zur Zeit nach Anwendung einiger Quecksilberdosen oder einer leichten Schwitzkur getilgt waren. Auffallenderweise waren es viele Offiziere und junge Leute aus den besten Gesellschaftsklassen, welche von der Krankheit ergriffen wurden; theils aus Scheu, theils aus Leichtsinn und burschikoser Verachtung der Gefahr hatten die Patienten ihrer Infection nur wenig Aufmerksamkeit geschenkt, zudem deren Folgen auch bald — wie es schien — vollständig beseitigt waren. Es bedurfte nur eines geringen Anlasses, der Erkältung auf der Jagd, dem Manöver etc., um plötzlich und unvorbereitet die Krankheit von Neuem und jetzt in der Form einer partiellen Lähmung wieder erscheinen zu lassen.

Meistens wiesen bei der Vorstellung des Patienten nur noch wenig Symptome auf frühere Lues hin: Hie und da waren noch die Reste überstandener Iritiden, einige vergrösserte Lymphdrüsen, vereinzelte Pigmentflecken und nur in einem Falle eine ausgesprochene Psoriasis linguae et oris vorhanden. — Die Diagnose der Lähmung ist selten mit Schwierigkeiten verbunden; sie wird objektiv gestellt durch die weite, auf Lichteinfall und bei accommodativer Thätigkeit wenig reagirende Pupille, sowie auch mit Hülfe der Coccius'schen binocularen Loupe durch Untersuchung der Excursion der vorderen Spiegelbilder der Linse; doch auch die Klagen des Patienten, welcher trotz energischer accommodativer Anstrengung Alles nur verschwommen und undeutlich zu sehen vermag, geben uns einen Fingerzeig bei der Diagnose. Am meisten klagen die Hypermetropen, weil schon unter normalen Verhältnissen ihre Accommodationskraft stark in Anspruch genommen werden muss, um den vorhandenen Refractionsfehler auszugleichen; wird nun noch der Ciliarmuskel in seiner Functionsfähigkeit herabgesetzt, so wird das deutliche Sehen in der Nähe, Lesen, Schreiben etc. fast zur Unmöglichkeit werden, während das Sehen in die Ferne mit parallelen Sehaxen wenig oder gar nicht von der Norm abweicht. Am wenigsten leidet der Myope, da hier durch Lähmung der Accommodation der Nahepunkt höchstens dem Fernpunkt näher gerückt wird, welcher überdies ja noch in endlicher Entfernung vor dem Auge liegt; zwischen beiden in der Mitte steht mit seinen Klagen der Emmetrope. Ferner verbindet sich mit der Accommodationslähmung noch Mikropsie, d. h. Kleinersehen der Gegenstände; ich habe dieselbe jedoch nicht immer zu constatiren vermocht.

Wie schon erwähnt, ist die Affection stets einseitig; ich gehe nun noch einen Schritt weiter und glaube die Behauptung wagen zu dürfen, dass die meisten Fälle von einseitiger Accommodationslähmung mit Mydriasis veralteter Syphilis ihren Ursprung verdanken. — Diese Beobachtungen, welche ich zum ersten Male im Jahre 1878[28]) unter Zugrundelegung von 28 hieher gehörigen Fällen publicirte, fanden ihre Fortsetzung in einer zweiten Veröffentlichung aus dem Jahre 1881[29]) über im Ganzen 35 einschlägige Fälle. Unter jenen 35 Fällen waren 25, mithin 72%, sicher syphilitischer Natur, in 5 Fällen, mithin in 14%, war die Syphilis zweifelhaft, und nur in 5 Fällen war sie als ätiologisches Moment sicher auszuschliessen. In den letzten 7 Jahren hat sich mein Beobachtungsmaterial mehr als verdoppelt, da ich nunmehr über 77 Fälle einseitiger Pupillen- und Accommodationslähmung zu berichten vermag; hierunter war in 59 Fällen, d. i. in 76%, die Syphilis entweder sicher als ätiologisches Moment vorhanden oder wenigstens als solches zu vermuthen, da es sich ausnahmslos um früher inficirte Kranke gehandelt hatte. Auch hier kann mir wieder eingewandt werden, dass bei dem Conflux syphilitischer Kranken an den Schwefelquellen Aachens dieses Verhältniss nicht unzweifelhafte Beweiskraft beanspruchen dürfte, da ja eben die an Syphilis Leidenden von ihren Aerzten hieher gesandt werden. Ich kann diesem Einwurf seine Berechtigung nicht absprechen; doch betont auch Mooren [30]) mit seiner reichen Erfahrung dieses Abhängigkeitsverhältniss einseitiger Accommodationslähmung von der Syphilis, indem er sagt: „Eine einseitige Accommodationslähmung als Ausdruck einer vorhandenen Mydriasis kann in mindestens $^2/_3$ der beobachteten Fälle constatirt werden, wo in früheren Jahren Syphilis vorhanden gewesen". Ich entsinne mich indessen nur eines Falles, in welchem die Spuren der vorausgegangenen Lues noch sichtbar waren. Zu denselben Resultaten kamen auch Hulke und Hutchinson betreffs der Syphilis als ätiologisches Moment einseitiger Accommodations- und Pupillenlähmung. Uhthoff [31]) fand unter 30 Fällen von Ophthalmoplegia interna allerdings nur 8 Mal, also in 23,3 %, Syphilis vor; dagegen waren von allen anderen Gelegenheitsursachen, wie Tabes, progressive Paralyse, Traumen u. A., jede einzelne in einem geringeren Prozentsatz vertreten; auch Ilosch [32]) wies in den von ihm beobachteten 5 Fällen Syphilis nach.

Die Prognose dieser Fälle ist nach zwei Richtungen hin durchaus ungünstig; zunächst habe ich trotz Monate lang mit allen nur möglichen Cautelen durchgeführter Jnunctionskur, trotz der Anwendung des Hydrargyrum in Form von Sublimat- und Calomel-Injectionen und der inneren Verwendung desselben in den verschiedensten Formen und Präparaten, trotz des constanten und inducirten Stromes, des Jodkaliums, des Calabar, des Eserin nicht in einem Falle die Freude gehabt, die Accommodation hergestellt, die Pupille dauernd verengt zu sehen. Auch Mooren sagt l. c.: „Trotz langer Anwendung des Kalium jodatum und der Application des Inductionsstromes sah ich doch fast niemals einen Ausgleich der in dieser Weise bedingten Störung. Die sonst noch etwa vorhandenen Zeichen der Lues schwanden in mehr oder weniger kurzer Zeit, die Kranken erfreuten sich eines untadelhaften Wohlbefindens, dagegen bestehen die Beschwerden, welche den Patienten, so weit ich sie habe verfolgen können, aus der Lähmung des Ciliarmuskels und des Sphincter pupillae erwachsen, bis auf den heutigen Tag in unveränderter Weise fort, und sind nur durch Anwendung geeigneter Convexgläser etwas zu verringern“. Méric[33] kam zu besseren Resultaten; bei ihm war der Ausgang in den meisten Fällen ein günstigerer; auch Rumpf stellt die Prognose hiebei nicht so ungünstig, als ich es thue. Er sowol, wie manche der sachverständigsten Collegen, mit denen ich wiederholt über diesen Punkt diskutirt habe, versichern, vollkommene Heilung dieser einseitigen Pupillen- und Accommodationslähmung gesehen zu haben. Mir selber sind solche Heilungen nicht unbekannt, und habe ich deren wiederholt beobachten können; indessen habe ich in allen diesen Fällen Fehlen des Patellarreflexes oder andere auf eine Erkrankung des Rückenmarkes hinweisende Symptome aufzufinden vermocht. Diese tabetischen Pupillenlähmungen sind dann in die Kategorie derjenigen passageren Lähmungen zu verweisen, deren ich oben bereits bei der Besprechung der Lähmungen von Bewegungsnerven Erwähnung gethan habe: wie eine kurze Zeit anhaltende, schnell vorübergehende Augenmuskellähmung als wichtiges Prodromalsymptom der Tabes zu betrachten ist, ebenso steht es mit den heilbaren und geheilten Fällen einseitiger Pupillenlähmung; auch hier handelt es sich um vaskulöse oder entzündliche Einwirkung auf die Nervenelemente innerhalb des Kerngebietes der Irisnerven, die spurlos wieder verschwindet, um in kürzerer oder längerer Zeit die andere Pupille oder einen anderen Nerven zu ergreifen. Hiebei will ich noch auf das wichtige Argyll-Robertson'sche Phänomen aufmerksam machen, dass bei der tabetischen Mydriasis sich die Pupille bei der Accommodation verengert, nicht aber auf Lichtreiz. Die 59 Fälle indessen, über welche ich hier berichte, sind anderer Art; bei ihnen finde ich absolut keine Complication mit irgend welchen auf Erkrankung der Medulla spinalis hinweisenden Symptomen, sondern lediglich die auf die Pupille beschränkten Erscheinungen, und kann ich nur wiederholen, dass ich in diesen Fällen nie habe Heilung eintreten sehen.

Noch nach einer zweiten Seite hin ist die Prognose dieser Fälle eine ungünstige. Die Krankheit ist häufig als Vorläufer psychischer Störungen zu betrachten. In der Psychiatrie ist schon seit langer Zeit einseitige Erweiterung der Pupille als Malum omen berüchtigt. Bekannt ist, dass wiederholte Mydriasisanfälle häufig die Vorläufer psychischer Störungen abgeben, welche dann meistens in der Form des Grössenwahnsinns auftreten; auch Wernicke[34] fand Erweiterung einer Pupille mit verminderter Contraktion und Accommodationsparese ebenfalls im Prodromalstadium geistiger Alienation.

Arndt[35]) fasst sie nicht so ungünstig auf; er betrachtet sie als Reizerscheinung des Rückenmarkes und hat Schwinden der Mydriasis nach Anwendung des galvanischen Stromes besonders bei vasamotorischer Erkrankung gesehen. Was mich betrifft, habe ich unter meinen 19 ersten Fällen einseitiger Mydriasis, welche ich als auf Syphilis beruhend fand, 6 Fälle, mithin 33% in geistige Störung übergehen sehen; in meiner zweiten Serie von 35 Fällen fand ich die Affection bei 10 Kranken, also in 40% sämmtlicher Fälle als Vorläufer psychischer Störungen, die sich bei meinen jetzigen 59 Fällen 19 Mal, d. i. in 32,2% hatten beobachten lassen. Einige von den Kranken habe ich aus den Augen verloren, ich kann mithin über deren Schicksal nicht berichten, die anderen erfreuen sich bis auf ihre Accommodationslähmung eines ungestörten Wohlbefindens.

Ich stehe somit heute genau auf dem Standpunkte, den ich vor 10 Jahren in dieser Frage eingenommen habe, und resumire ebenso wie früher das oben Gesagte in folgenden Sätzen:

1) Einseitige mit Mydriasis verbundene Accommodationslähmung ist in den überwiegend meisten Fällen syphilitischer Natur;

2) die Affection gehört zu den spätesten Erscheinungen der Syphilis; gewöhnlich waren die früheren Symptome der Lues leichter und schnell vorübergehender Natur;

3) die Affection an sich ist unheilbar;

4) sie ist stets cerebraler Natur und muss

5) in vielen Fällen als Vorläufer psychischer Störungen aufgefasst werden.

Ich füge die sieben Fälle, welche ich meiner ersten Publication anreihte, hier bei, da sie als recht prägnante die Richtigkeit der oben aufgestellten Behauptungen bestätigen; von den später mir zur Beobachtung gekommenen füge ich keinen neuen bei, da sie den ersten in den wesentlichsten Punkten so sehr ähneln, dass ich manches Gesagte wiederholen müsste.

Erster Fall. Rittmeister v. M., 35 Jahre alt, aus Schlesien lm Jahre 1855 fand die Infection statt, welcher bald darauf Plaques ad anum, Pharyngitis und linksseitige Iritis folgten; durch eine 4 wöchentliche Zittmankur und durch den zeitweiligen, wiewol sehr unregelmässigen Gebrauch von Quecksilberpillen will Patient damals von seinem Leiden vollständig geheilt worden sein. Zehn Jahre war Patient von allen syphilitischen Erscheinungen befreit, als sich plötzlich im Jahre 1868 rechtsseitige Mydriasis mit Accommodationsparese einstellte. Als ich den Patienten im Herbst 1868 sah, constatirte ich:

Linkes Auge: Auf der Kapsel einige rostbraune Flecken als Residuen überstandener Iritiden; bei emmetropischem Bau war die S = 1; die Accommodationsbreite (a) betrug 7,5 Dioptrien (D); (P = 13 Ctm.; also nach der Formel a = p ist a = $^{100}/_{13}$ = 7,5 D).

Rechtes Auge: Pupille bis auf das Doppelte erweitert, fast reactionslos, die Accommodation gelähmt; ausserdem war eine geringe Herabsetzung der Refraction eingetreten, der Patient hatte eine Hypermetropie von 0,75 D acquirirt, die S war übrigens = 1. Der Nahepunkt lag in 40 Ctm. ($^{100}/_{40}$ = 2,5 D), mithin war nach der bekannten Donders'schen Formel für Hypermetropen

$$a = p + r$$

die Accommodationsbreite a = 2,5 + 0,75 D = 3,25 D.

Während Patient linkerseits eine Accommodationsbreite von 7,5 D besass, betrug die rechtsseitige Accommodationsbreite nur 3,25 D, die Accommodationskraft war mithin um mehr als das Doppelte herabgesetzt, was sich bei jeder Arbeit, beim Lesen, Schreiben etc. in sehr störender und empfindlicher Weise bemerkbar machte. Die Kur, bestehend aus sehr lange fortgesetzten energischen Inunctionen, blieb auf die Accommodations- und Pupillenlähmung ohne allen Einfluss; 2 Jahre darauf, im Jahre 1870, starb Patient in Mentone vollständig paralytisch.

Zweiter Fall. Hauptmann v. S. aus Schlesien, 36 Jahre alt, datirt die Infection aus dem Jahre 1860; im Jahre 1863 wurde eine schnell vorübergehende rechtsseitige Mydriasis bemerkt, im Jahre 1866 trat sie zum zweiten Male und jetzt in Verbindung mit gleichzeitiger Abducenslähmung auf, die jedoch bald wieder vorübergingen; 1868 linksseitige Lähmung des Oculomotorius, welche ebenfalls wieder schwand. Sonst war Patient durchaus gesund, hatte die Feldzüge von 1866 und 1870 mitgemacht und präsentirte sich mir im Jahre 1872 wegen einer rechtsseitigen Pupillenlähmung. Ich constatirte:

Linkes Auge: a = 9,5 D
              p = 9,5 D
              r = ∞ und da a = p ist, so ist die
                  Accommodationsbreite a = 9,5 D;

r e c h t e s A u g e : Hochgradige Accommodationslähmung
mit Mydriasis

$$p = 2{,}25 \ D$$
$$r = \infty \text{ und da a wieder } = p \text{ ist, so ist}$$
$$a = 2{,}25 \ D.$$

Es war mithin der rechtsseitige Tensor chorioideae um mehr als das Vierfache geschwächt; auch hier Inunctionen, Jodkalium, Calabar, Elektrizität etc. ohne allen Erfolg. Patient starb 1 Jahr darauf in einer Irrenanstalt.

D r i t t e r F a l l. Rentier C. aus Bayern, 52 Jahre alt, ist in seinem 27. Lebensjahre inficirt und hat zur Zeit die ganze Reihe syphilitischer Folgezustände: Roseola, Plaques, Pharyngitis durchgemacht; seit 20 Jahren will Patient von allen sichtbaren Erscheinungen der Lues verschont geblieben sein. Im Jahre 1872 bemerkte er zum ersten Male Doppelbilder bei rechtsseitiger Abducenslähmung. Im Frühjahr des folgenden Jahres stellte sich mir Patient vor und constatirte ich: gleichnamige Doppelbilder beim Blicke nach rechts, welche jedoch durch Prismen von 6° leicht zur Verschmelzung gebracht werden konnten, $S = 1$, Hypermetropie $= 1{,}5 \ D$.

$$p = 3 \ D$$
$$r = 1{,}5 \ D \text{ also } a \ (= p + r) = 3 \ D + 1{,}5 \ D = 4{,}5 \ D.$$

L i n k e s A u g e : Hochgradige Mydriasis mit Accommodationslähmung,
$S = 1$, Hypermetropie $= 1{,}5 \ D$
$$p = 0{,}5 \ D,$$

also $a = 0{,}5 + 1{,}5 = 2 \ D$, mithin auch hier wiederum Functionsherabsetzung des linken Tensor chorioideae um mehr als das Doppelte. Auch hier blieb jede Behandlung ohne Erfolg; der Kranke, von welchem ich im Jahre 1878 berichtete, dass er noch lebe, jedoch eine rechtsseitige Hemiplegie mit Wahnvorstellungen der verschiedensten Art acquirirt habe, ist im Jahre 1881 gestorben, nachdem seit dem Winter 1879/80 vollkommene geistige Paralyse eingetreten war, die hemiplegischen Erscheinungen sich aber gebessert hatten.

V i e r t e r F a l l. Kaufmann H. aus Hamburg, 32 Jahre alt, ist im Jahre 1868 inficirt; der Infection folgten bald darauf die leichteren Formen eines allgemeinen Exanthems, sowie schnell vorübergehende Pharyngitis. Im Jahre 1869 wurden zum ersten

Male Parese der linken Seite und Gehörshallucinationen bemerkt, sowie Lähmung einiger Facialisäste. Im Jahre 1870 sah ich den Patienten; von syphilitischen Erscheinungen war nichts mehr zu constatiren, dagegen wurde Patient jetzt von einer erweiterten rechtsseitigen Pupille beunruhigt. Dieselbe war träge, weit und fast vollkommen reactionslos, ausserdem bestand Accommodationsparese:

linkes Auge: a = 6 D,

rechtes Auge: a = 3,5 D.

Die Kur blieb auch hier ohne jeden Erfolg; Patient verfiel bald in einen Zustand geistiger Verworrenheit, in welchem er auch kurze Zeit darauf zu Grunde ging.

Fünfter Fall. Capitän G. aus England, 26 Jahre alt, ist im Jahre 1867 inficirt; schon im Jahre 1868 stellte sich mir Patient mit einer Lähmung des rechtsseitigen Oculomotorius in seinen sämmtlichen Aesten vor. Bei der totalen Lähmung des ganzen Oculomotorius durfte ich die Lähmungsursache als eine intrakranielle, aber extracerebrale ansehen und stellte demgemäss eine gute Prognose, die sich denn auch vollkommen bestätigte; nach mehr als 3 monatlicher Behandlung mit Inunctionen, unserem Thermalwasser, Jodkalium, Elektrizität verliess Patient Aachen in einem durchaus befriedigenden Zustande; alle vom Oculomotorius innervirten Muskeln functionirten normal, nur ein geringer Grad von Ptosis war noch vorhanden. Im Sommer 1869, als ich den Patienten wieder sah, war auch diese verschwunden, dagegen war linkerseits vollkommene Accommodationslähmung mit Mydriasis vorhanden. Während

rechts a = 9,5 D war, war

links a = 3,75 D.

Die wiederum mehr als 3 Monate dauernde Kur blieb auf die Sehstörung ohne allen Einfluss. Patient verliess allerdings Aachen in blühendem Aussehen, in guter körperlicher wie geistiger Verfassung; doch entleibte er sich 2 Jahre darauf in Indien in einem Zustande von geistiger Alienation, nachdem schon einige Monate vorher Exaltationszustände sich gezeigt hatten.

Sechster Fall. Kaufmann F. aus Hamburg, 39 Jahre alt, ist in seinem 21. Lebensjahre inficirt und wochenlang mit Decoct. Zittmanni und Pillen aus Hydr. behandelt, worauf sämmtliche

Erscheinungen verschwunden sein sollen. Bis zu seinem 30. Lebensjahre will Patient nun vollkommen gesund geblieben sein; von da an zeigten sich häufig schmerzhafte Stellen an der Zungenspitze und den Zungenrändern, welche von sämmtlichen consultirten Aerzten für syphilitische bezeichnet wurden; ebenso recidivirte immer von Neuem eine leichte Psoriasis palmarum. Beides, die Zungenaffection und die Psoriasis, verschwanden stets sehr schnell, sobald nur 10—15 Einreibungen mit grauer Salbe gemacht waren; Patient hatte solcher Inunctionskuren hier in Aachen bereits vier oder fünf durchgemacht. Im Jahre 1873 präsentirte er sich mir mit denselben Erscheinungen und einer vollständigen linksseitigen Accommodationslähmung mit Mydriasis. Schon nach 14 Einreibungen war sowol die Psoriasis linguae et oris wie auch die Psoriasis palmarum vollständig verschwunden; was die Accommodationslähmung betraf,

$$\text{rechts } p = 7,5 \text{ D}, \ r = \infty, \text{ also } a = 7,5 \text{ D},$$
$$\text{links } \quad p = 3,5 \text{ D}, \ r = \infty, \text{ also } a = 3,5 \text{ D},$$

so blieb dieselbe trotz der noch länger als 7 Wochen fortgesetzten energischen Mercurialeinreibungen vollkommen unverändert. Patient starb 2 Jahre später in einer Irrenanstalt.

Siebenter Fall. Gräfin X. aus Italien, 36 Jahre alt, ist vor 15 Jahren inficirt und erfreute sich seitdem mit Ausnahme einiger nervösen Beschwerden und einer im Jahre 1857 überstandenen beiderseitigen Augenentzündung eines vollkommenen Wohlbefindens; nichts erinnerte sie mehr an ihre frühere Erkrankung. Patientin hatte inzwischen 3 Mal geboren, zwei Kinder leben und sind gesund, das dritte und jüngste starb im Jahre 1869 an Convulsionen. Im Frühjahre 1871 trat plötzlich nach einer leichten Erkältung rechtsseitige Mydriasis mit Accommodationslähmung ein; ich sah die Patientin im August 1871:

linkes Auge: Zeichen überstandener Iritiden, $p = 6,25$ D, $r = 2,25$, also a (nach der Donders'schen Formel für Myopen $a = p - r) = 6,25 - 2,25 = 4$ D,

rechtes Auge: $p = 3,5$ D, $r = 2$ D, also $a = 3,5 - 2 = 1,5$ D,

mithin starke Verminderung der Accommodationsbreite. Die Behandlung war die gewöhnliche: Inunctionen, Sublimat, Jodkalium, Elektrizität, Calabar, Strychnin-Injectionen etc. — der Erfolg ein kaum nennenswerther. Später litt die Patientin an Lähmungen, welche zuerst von einer anerkannten Autorität für hysterischer Natur angesehen wurden; als indessen späterhin Zeichen allgemeinen Verwirrtseins sich ausbildeten und auch die Lähmungen immer weitere Ausdehnung annahmen, konnte die cerebrale Natur des Leidens nicht mehr angezweifelt werden. Patientin ist erst im Jahre 1883 in vollkommener geistiger Umnachtung zu Grunde gegangen.

Diesen bereits vor 10 Jahren publizirten Fällen reihe ich keine neuen an, trotzdem zu diesen sieben Fällen meinerseits noch zwölf hinzugefügt werden könnten, bei denen der Ausgang in geistige Alienation mir bekannt geworden ist; die meisten meiner übrigen hieher gehörigen Patienten habe ich aus den Augen verloren, ich vermag daher nicht anzugeben, ob und wie viele von ihnen demselben Schicksal anheimgefallen sind.

Diese Pupillenlähmungen können sich mit Erkrankungen anderer Nerven compliciren; hier ist zunächst der Opticus zu erwähnen, dessen Fasern bekanntlich in der Wand des dritten Ventrikels verlaufen, während die Kerne der Irisnerven am Boden des Ventrikels zu suchen sind. Wie Mauthner l. c. hervorhebt, wird homonyme Hemiopie, sowie auch Amblyopie unter dem Bilde einer Neuritis optica in derartigen Fällen zur Erscheinung gelangen; ich selber habe hieher gehörige Fälle nicht beobachtet. — Dagegen sah ich einen Fall von linksseitiger Pupillen- und Accommodationslähmung gepaart mit Trochlearislähmung derselben Seite; da, wie oben erwähnt, die beiden Trochleares sich im Velum medullare kreuzen, so mussten in meinem Falle multipele Herde vorausgesetzt werden, die sowol links- wie rechtsseitig sich lokalisirt hatten. Der Fall war folgender: Frau M. aus Berlin leidet seit 1873 an verschiedenen Symptomen luetischer Art, welche allen bisher angewandten Mitteln Trotz geboten hatten; hiezu hatte sich dann noch linksseitige Pupillen- und Accommodationslähmung hinzugesellt. Die Patientin hatte sich im Jahre 1881 unter meiner Leitung einer energischen antisyphilitischen Behandlung unterzogen und war damals auch von allen weiteren Symptomen — bis auf die stabile Pupillen- und Accommodationslähmung — befreit worden; diese hatte die Patientin bis zum Jahre 1884, wo ich sie zum zweiten Male sah, wenig incommodirt, da sie mit Hülfe eines Convexglases auch feinere Arbeiten anstandslos verrichten und Jaeger 2 fliessend lesen konnte.

Im Frühjahre 1884 trat nach heftiger Erkältung und Durchnässung noch Doppelsehen hinzu, welches die Kranke unangenehmer empfand, als die bisherige Pupillenlähmung; besonders beim Herabgehen der Treppen hätte sie häufig Mühe gehabt, sich zu halten. Ich constatirte ausser der linksseitigen weiten und starren Pupille noch Doppelbilder, welche vollkommen den Charakter einer linksseitigen Trochlearislähmung hatten: gleichnamige, besonders in der unteren Gesichtsfeldshälfte sich zeigende Doppelbilder, wobei das dem linken Auge zugehörende Scheinbild unter dem des rechten Auges stand und mit dem oberen Ende etwas nach rechts hinüber neigte, übrigens der Patientin auch näher zu stehen schien, als das der anderen Seite. Wir hatten es somit mit einer Lähmung des linksseitigen Sphincter pupillae und Tensor chorioideae zu thun, welche auf eine linksseitige Grundursache zurückgeführt werden musste und einer linksseitigen Trochlearislähmung, deren Grundursache wegen der schon erwähnten Trochleariskreuzung rechterseits im Cerebrum gesucht werden musste. Da wir es ferner mit einer an inveterirter Lues leidenden Patientin zu thun hatten, so dürfte die Diagnose auf multipele syphilitische Herde, die sowol rechts- wie linksseitig gesucht werden mussten, gerechtfertigt sein. Patientin ist, wie ich erfuhr, in vorigem Jahre zu Grunde gegangen. — Ferner erwähne ich noch zweier Fälle, in denen ich neben Pupillen- und Accommodationslähmung noch Lähmung des Abducens beobachtet habe. Des einen Falles (des dritten in obiger Reihe) habe ich oben schon bei der Ophthalmoplegia interna Erwähnung gethan. Der zweite Fall betraf einen an Lues leidenden 46jährigen Patienten, bei welchem ebenfalls multipele Herde angenommen werden mussten, welche einerseits die im dritten Ventrikel liegenden Kerne der Irisnerven, andererseits die im vierten Ventrikel zu suchenden Kerne des Abducens ergriffen hatten, während die dazwischen liegenden Kerne der anderen Oculomotoriuszweige, sowie die des Trochlearis intakt geblieben waren.

Wenn nun auch die symmetrisch auftretende idiopathische Ophthalmoplegia externa nicht ganz selten zu sein scheint — finde ich doch ausser den von Rosenstein[36]) angeführten drei eigenen Fällen in dessen Dissertation noch derer von Graefe[37]), Raehlmann[38]), Lichtheim[39]) erwähnt, wie auch in der einschlägigen Literatur sich noch mehrere andere nachweisen lassen —, so scheint doch die Casuistik der auf Syphilis zurückzuführenden

Fälle von Ophthalmoplegia externa noch ziemlich selten zu sein, so
sehr Hutchinson auch die syphilitische Natur dieser combinirten
Lähmungen vertritt und sogar behauptet, dass die meisten hieher
gehörigen Fälle syphilitische seien. Allerdings sind unter den von
Hutchinson [40]) angeführten 17 Fällen 9 sicherlich syphilitischer
Natur, bei 8 ist die Syphilis wenigstens nicht auszuschliessen; ebenso
gehört ein Fall von Buzzard [41]), wie von Rosenthal [42]) hieher;
in letzterem gesellten sich noch Symptome von Polioencephalitis
sup. und inf. hinzu. Das Leiden beginnt gewöhnlich mit beiderseitiger unvollkommener Ptosis, zu der dann Schwäche der übrigen
Bewegungsnerven beider Augen, wenn auch verschiedenen Grades,
hinzutreten, während die Irismuskulatur vollkommen intakt bleibt.
Nur in dem einen Falle von Hutchinson fand sich neben der
Ophthalmoplegia externa noch eine Ophthalmoplegia interna; bei
der Section fand Gowers, dass die grossen multipolaren Nerven-
zellen sämmtlicher Augenmuskeln vollkommen verschwunden waren.
— Ich selber habe unter 7 Fällen von symmetrischer Ophthalmoplegia externa 2 Mal die Syphilis nachzuweisen vermocht. In dem
ersten Falle handelte es sich um einen 46jährigen Patienten, den
ich mehrere Male consultativ zu Gesicht bekam und der an inveterirter Lues litt. Ich fand bei dem Patienten eine beiderseitige
Ptosis, so dass die Augenlider fast bis zur Mitte der Pupille herabfielen und nur mit Zuhülfenahme der Stirnmuskeln gehoben werden
konnten. Ausserdem waren linkerseits ausser zwei Oculomotorius-
ästen: dem Rect. intern. und Rect. infer., noch der Abducens und
Trochlearis gelähmt, so dass das Auge nur nach oben bewegt
werden konnte, während die Bewegungen nach allen anderen Seiten
vollkommen aufgehoben waren und der Sphincter pupillae und Tensor
chorioideae durchaus normal functionirten; rechterseits war ausser
dem Levator palpebr. sup. nur noch der Rectus internus paretisch,
auch hier reagirten die Pupillarzweige normal. Patient litt ferner
viel an heftigen Kopfschmerzen und Schwindelanfällen; derselbe lebt
heute noch, doch sollen unzweifelhafte Zeichen eines fortschreitenden
Gehirnleidens vorhanden sein. — Den zweiten Fall behandelte ich
mehrere Monate hindurch; auch hier handelte es sich um einen an
Lues leidenden Patienten mit beiderseitiger Ptosis; linkerseits waren
der Rectus int. und Rect. sup. gelähmt, die Pupillarzweige des
Oculomotorius functionirten vollkommen gut; rechterseits zeigt sich
ausser dem Levator palpebr. noch der Abducens paretisch, ausser-

dem finde ich auf diesem Auge noch eine Pupillenlähmung ohne Lähmung der Accommodation. Ferner constatire ich hier noch das eigenthümliche Phänomen, dass der rechtsseitige Patellarreflex des Patienten vermehrt, der linksseitige dagegen fast geschwunden ist; endlich leidet der Patient noch an intercurrenten, lancinirenden Schmerzen und Enuresis. Dieser letzte Fall gehört wol nicht mehr zu den Fällen cerebraler Nuklearlähmungen, sondern bildet bereits den Uebergang zu den auf Tabes beruhenden. Beide - die Ophthalmoplegia externa wie interna — werden nicht ganz selten im Prodromalstadium der Tabes beobachtet und zeigen jene flüchtigen, der Therapie kaum einen Widerstand entgegenstellenden Symptome, wie ich sie wiederholt erwähnt habe. Hiezu gehört der von Alfred Graefe im VI. Band von Graefe und Saemisch's Sammelwerk erwähnte Fall eines syphilitisch erkrankten 37jährigen Mannes, bei welchem nach vollkommener Beseitigung einer rechtsseitigen Abducensparese nach 8 Monaten eine linksseitige Oculomotoriuslähmung hinzutritt, die hier in Aachen zur Heilung gelangte; 1 Jahr später trat bilaterale Augenmuskellähmung ein, dabei Kopfschmerz, tabetische Störung bei vollkommener psychischer Integrität; abermals vollkommene Herstellung. Ebenso führt Rosenthal l. c. unter zehn Fällen von Muskellähmung, die er als Initialsymptome der Tabes ansieht, drei Fälle von Syphilis an. Wie schon erwähnt, habe ich solche Fälle von geheilter Ophthalmoplegia interna gesehen, wie mir auch Fälle von wieder verschwundener Ophthalmoplegia externa nicht unbekannt geblieben sind; überall dort waren entweder schon die Zeichen von Sklerose der Hinterstränge vorhanden oder folgten der flüchtigen Lähmung der Augenmuskeln bald nach.

Wie die Ophthalmoplegia interna auf eine Erkrankung der Nervenkerne am Boden des dritten Gehirnventrikels zurückgeführt werden muss, so müssen wir die Ophthalmoplegia externa als eine Erkrankung des Aquaeductus Sylvii und des Bodens des vierten Ventrikels ansehen, wo, wie erwähnt, die Nervenkerne sämmtlicher Bewegungsnerven der Augen gesucht werden müssen.

Endlich habe ich noch der Combination von Oculomotoriuslähmung mit contralateraler Extremitätenlähmung Erwähnung zu thun — einer Combination, die, wie Nothnagel in seinem Werke: „Topische Diagnostik der Gehirnkrankheiten" nachwies, auf Erkrankung der Pedunculi cerebri hinweist. Die Fachliteratur ist, trotzdem die Diagnose im Allgemeinen wenig Schwierigkeiten bietet, doch noch immer recht arm an derartigen Fällen, so dass, da die von Nothnagel so prägnant und übersichtlich zusammengestellten und durch Casuistik belegten Symptome von einem nur halbwegs aufmerksamen Beobachter kaum übersehen werden können, das Vorkommen von syphilitischer Erkrankung der Pedunculi cerebri immerhin als ein spärliches bezeichnet werden muss. Einen hieher gehörigen Fall beobachtete ich vor einigen Jahren und publizirte ihn im Jahre 1887.

Der 45jährige X. aus Russland hatte sich im Jahre 1865 syphilitisch inficirt; wegen der bald darauf auftretenden Roseola und einer leichten Pharyngitis unterzog er sich unter der Leitung eines inzwischen verstorbenen Collegen einer mehrwöchentlichen Kur in Aachen. Der bis zum Jahre 1883 sich ungestörten Wohlbefindens erfreuende Patient ging während der langen Reihe von Jahren unausgesetzt seinen anstrengenden Berufsgeschäften als Ministerialbeamter nach und nahm auch an dem russisch-türkischen Feldzuge Theil; aus seiner inzwischen eingegangenen Ehe gingen drei gesunde Kinder hervor, die sämmtlich noch am Leben sind. Im Jahre 1883 traten zum ersten Male Kopfschmerzen und Schwindelerscheinungen auf, die auf die angestrengte Berufsthätigkeit zurückgeführt wurden, und nach einem längeren Landaufenthalt wieder verschwanden; nach einigen Monaten traten sie indessen von Neuem auf, und begannen nun den Kranken recht sehr zu quälen. Als sie sich im Jahre 1885 zu ganz besonderer Heftigkeit gesteigert hatten, wurde dem Kranken jede geistige Anstrengung untersagt, er nahm seinen Abschied und ging nach dem Süden. In Wien ereilte ihn inmitten eines scheinbaren Wohlbefindens und ohne dass die Kopfschmerzen heftiger als bisher eingesetzt hatten, ein apoplektischer Anfall. An der Table d'hôte verlor Patient theilweise das Bewusstsein, und wäre vom Stuhl gestürzt, wenn die herbeispringenden Gäste und Bediensteten ihm nicht Beistand geleistet hätten. Auf sein Zimmer gebracht, erholte er sich bald wieder vollständig, bemerkte indessen, dass die ganze linke Seite ihm wie abgestorben gewesen wäre; nach einer ziemlich guten Nacht erwachte er mit einer Parese der linksseitigen Extremitäten und einer Lähmung des rechten oberen Augenlides. Die durch einen sachkundigen Collegen sofort angestellte Untersuchung ergab eine partielle Lähmung des rechtsseitigen Oculomotorius, dessen exteriore Aeste sich paretisch zeigten, während Sphincter pupillae und Tensor chorioideae normal functionirten.

Nach mehrwöchentlicher Behandlung durch einen der ersten Wiener Kliniker wurde Patient mir zugewiesen, da man annahm, dass es sich um eine luetische Erkrankung des Centralorganes handelte.

Als sich mir Patient im Sommer 1885 vorstellte, fand ich einen körperlich reducirten, geistig deprimirten, frühzeitig gealterten Mann, an welchem mir zunächst eine Parese der linksseitigen Extremitäten wie eine Lähmung des rechtsseitigen Oculomotorius in der oben angegebenen Weise auffiel, dass ¡nämlich die zur Pupille und zum Accommodationsmuskel gehenden Zweige des dritten N. vollkommen intakt functionirten. Ausser der motorischen Lähmung der linksseitigen Extremitäten schienen auch die Thoraxmuskeln der linken Seite, besonders Pectoralis major, Latissimus dorsi und Serratus anticus major ergriffen zu sein, sie functionirten weniger, als die gleichnamigen der rechten Seite; die Sensibilität der gelähmten Körperhälfte, besonders im linken Bein, war herabgesetzt. Von einer Lähmung vasomotorischer und trophischer Bahnen, wie sie in einigen Fällen beobachtet und auch von Nothnagel beschrieben ist, vermochte ich nichts nachzuweisen. Die Temperaturen, die ich wiederholt mit der rechtsseitigen verglich, zeigten gegen diese keinerlei Differenzen; ödematöse Ausschwitzungen konnte ich in den 3 Monaten, während deren ich Patient in Behandlung hatte, nicht bemerken; indessen gab mir die Gattin des Patienten unaufgefordert und mit Bestimmtheit an, dass in den ersten Tagen der Krankheit sich am linken Unterschenkel eine Anschwellung bemerkbar gemacht hätte, die jedoch bald verschwunden und nicht mehr wiedergekehrt sei. Ferner zeigte sich auf der der Extremitätenlähmung entsprechenden linken Seite eine Parese einiger Facialisäste, die Zunge wurde gerade herausgestreckt, das Gaumensegel zeigte sich intakt. Rechtsseitig war, wie bereits erwähnt, der Oculomotorius in seinen exterioren Zweigen gelähmt: Ptosis, Strabismus divergens mit gekreuzten übereinander stehenden Doppelbildern, deren Höhendistanze in der oberen Gesichtsfeldshälfte zunahm; der Bulbus konnte nicht nach innen, innen oben, oben, nur wenig nach unten bewegt werden, wobei er im Sinne des Trochlearis eine rollende Bewegung machte; die normal weiten Pupillen reagirten ausgiebig sowol reflectorisch, wie consensuell, wie auch bei jeder accommodativen Thätigkeit; das centrale wie peripherische Sehen, wie auch endlich das Farbenunterscheidungsvermögen zeigten sich ungestört, mit dem Augenspiegel fand ich einen durchaus normalen Augenhintergrund.

Auf diesen Befund hin stellte ich damals schon die Diagnose auf einen intrapedunculären rechtsseitigen Krankheitsherd. Wir hatten es mit einer rechtsseitigen Oculomotoriuslähmung und einer contralateralen Hemiplegie zu thun — Prozesse, die ohne Weiteres für eine Läsion im rechtsseitigen Pedunculus cerebri plädiren, will man nicht annehmen, wie es allerdings bei dem Kranken von Hughlings Jackson[43]) der Fall war, dass es sich um mehrere isolirte Krankheitsherde handelte. Indessen konnte diese Annahme um so eher zurückgewiesen werden, als beide Lähmungen, sowol die des rechtsseitigen Oculomotorius wie auch die linksseitige Extremitätenlähmung, gleichzeitig aufgetreten waren und somit auch auf einen gemeinsamen Sitz der Läsion hinwiesen. Schwieriger indessen war mir zunächst die Erklärung dafür, weshalb in unserem Falle nicht der ganze Oculomotorius, sondern nur die exterioren Zweige desselben ergriffen waren, während die interioren, zum Sphincter pupillae und dem Accommodationsmuskel gehenden intakt befunden waren. In der mir zugänglichen Literatur fand ich nur einen Fall von Oyon[44]), bei dem ähnliche Verhältnisse obwalteten. Ich gestehe, dass mir die Sache unaufgeklärt blieb, bis ich in der schon häufig citirten Mauthner'schen Monographie über die nuclearen Augenmuskellähmungen S. 392 die Erklärung fand. Mauthner sagt dort: „Wir nehmen an, dass die Ursprünge des Sphincter pupillae und des Accommodationsnerven am Boden des dritten Ventrikels liegen und bis in die Rückwand des Infundibulum nach vorn reichen. Wenn die entsprechenden Fasern zum Stamme des Oculomotorius, der vor der Brücke zwischen den Hirnschenkeln austritt, gelangen sollen, müssen sie nach rückwärts verlaufen, können aber den Hirnschenkel nicht passiren. Die Ursprungsquellen der Nerven für die exterioren Muskeln dagegen liegen am Boden des Aquaeductus Sylvii und erstrecken sich nach rückwärts bis unter die hinteren Vierhügel. Der Verlauf der entsprechenden Wurzelfasern muss schräg nach vorn und abwärts gerichtet sein, wobei dieselben die Faserung der Hirnschenkel durchsetzen müssen". Wenn es also heisst, dass die Wurzelfasern des Oculomotorius die Hirnschenkel durchsetzen, so gilt dies nur für jene Nervenbündel, die zur exterioren Augenmuskulatur ziehen; für die Nerven, die dem Accommodationsmuskel und dem Sphincter iridis vorstehen, kann dies keine Gültigkeit haben. Hiedurch wurde es begreiflich, dass nur die exterioren Oculomotoriusäste gelähmt waren, da es sich um eine Läsion innerhalb des rechtsseitigen Pedunculus cerebri handelte, wo eine Vereinigung der interioren mit den exterioren Zweigen zum Stamme des Oculomotorius noch nicht stattgefunden hatte.

Mit Rücksicht auf die wenn auch schon fast 20 Jahre zurückliegende Lues erschien dem Wiener Kliniker wie auch mir eine antisyphilitische Behandlung indicirt, die denn auch bei gleichzeitiger äusserer wie innerer Anwendung des Aachener Thermalwassers viele Wochen hindurch mit grossen Dosen grauer Salbe durchgeführt wurde. Hiebei erholte sich Patient körperlich wie geistig in ganz auffallender Weise; die trübe, gedrückte Gemüthsstimmung verschwand, der intelligente, geistig hochstehende Mann schenkte allen Ereignissen auf dem Gebiete der Kunst und Wissenschaft wieder volles Interesse und eingehendes Verständniss; nur mit der Musik, die er früher leidenschaftlich geliebt hatte, vermochte er sich noch nicht zu beschäftigen. Auch körperlich nahm Patient an Gewicht wie an blühendem Aussehen zusehends zu — indessen die Lähmungserscheinungen blieben von der Behandlung durchaus unbeeinflusst. Das Augenlid war und blieb gelähmt, die Hemiplegie war unverändert, wenn es auch schien, als ob die motorische Kraft der Extremitäten etwas zugenommen hätte, die Kopfschmerzen waren verschwunden. Mit diesem recht bescheidenen Erfolge schon zufrieden, reiste Patient nach Italien ab, wo er den darauffolgenden Winter 1885/86 in scheinbarem Wohlbefinden zubrachte; selbst die Extremitätenlähmung bildete sich, wie mir der überaus glückliche und dankbare Patient mittheilte, zusehends zurück, so dass er, gestützt auf den Arm seiner Gattin, schon zeitweise im Freien herumzuwandern vermochte. Indessen schon wenige Wochen später änderte sich das Bild von Neuem; die bisher so glückliche und zufriedene Gemüthsstimmung machte wiederum einer tiefen Melancholie Platz, von Neuem traten Kopfschmerzen und Schwindel auf, das rege Interesse des bisher unausgesetzt für alles Wissens- und Sehenswerthe sich bethätigenden Mannes liess nach, Patient fühlte sich wieder recht elend, unglücklich, und soll sogar hie und da Selbstmordgedanken gehabt haben. In diesem Zustande brachte die besorgte Gattin den Patienten wieder nach Aachen und in meine Behandlung.

Im Grossen und Ganzen hatte sich im Zustande des Kranken wenig geändert; die Lähmungserscheinungen waren unverändert dieselben, wie bei der Abreise; die Sensibilität der linken Seite war noch weiter herabgesetzt, die früher gelähmten Facialiszweige functionirten jetzt normal, ödematöse Ausschwitzungen waren auch jetzt nicht nachweisbar. Das Sehvermögen, sowie der Augenspiegelbefund waren unverändert; das obere Augenlid bedeckte jetzt vollständig den rechten Bulbus; Rectus intern., Rectus sup. und Obliquus infer. zeigten sich total gelähmt, und hiezu war jetzt auch eine Lähmung des Sphincter pupillae und des Tensor chorioideae hinzugekommen, so dass nunmehr der rechtsseitige Oculomotorius in seiner Totalität von der Lähmung ergriffen war. Hiernach musste man annehmen, dass die Läsion im rechten Pedunculus an räumlicher Ausdehnung zugenommen hätte; es drängte sich uns nur die Frage auf, ob dieselbe die ventrale resp. mediale Wand des Pedunculus cerebri durchbrochen hatte und nunmehr basilar geworden war, oder aber ob sie sich nach vorn und oben in den dritten Ventrikel fortsetzend auch die Kerne für Sphincter pupillae und Tensor chorioideae mit in das Bereich der Zerstörung gezogen hätte; in beiden Fällen musste, wie leicht ersichtlich, der Oculomotorius in seiner Totalität mit Einschluss der interioren Zweige gelähmt werden. Konnte diese Frage intra vitam auch nicht mit absoluter Gewissheit gelöst werden, so neigte ich mich doch der zweiten Annahme zu, dass sich die Affection in den dritten Ventrikel hinein erstreckt und jetzt auch die Kerne für Sphincter pupillae und Tensor chorioideae ergriffen hätte. Denn würde der Krankheitsprozess sich mehr nach unten, hinten oder innen fortgepflanzt haben, so wäre er aus einem intrapedunculären ein basilarer geworden, und würde in diesem Falle noch andere Basaltheile, Hirnnerven, den Pons etc. in Mitleidenschaft gezogen haben, wovon indessen nichts nachgewiesen werden konnte. Die nach ca. $\frac{1}{2}$ Jahr ausgeführte Section, auf welche ich später noch zurückkomme, bestätigte vollständig und uneingeschränkt meine Annahme.

Patient unterzog sich von Neuem einer längeren Kur an unseren Thermen — indessen auch dieses Mal wieder ohne allen und jeden Erfolg. Die Kopfschmerzen verliessen ihn jetzt nur zeitweise, um dann in erneuter Heftigkeit wieder einzusetzen, die Stimmung war und blieb eine gedrückte, unglückliche. Die linksseitige Parese bildete sich zu totaler Hemiplegie aus, die Sensibilität nahm noch mehr ab, ödematöse Ausschwitzungen liessen sich auch jetzt nicht nachweisen, der rechtsseitige Oculomotorius war und blieb in seiner Totalität mit Einschluss der interioren Zweige vollständig gelähmt. So verliess Patient im Spätherbst nach einem fast 3 monatlichen Aufenthalt wieder Aachen und ist wenige Monate später an einer Broncho-Pneumonie, zu der sich noch ausgedehnter Decubitus hinzugesellt hatte, erlegen. Die von einem Universitäts-Pathologen ausgeführte Section bestätigte, wie schon erwähnt, vollinhaltlich meine während des Lebens gestellte Diagnose. Aus dem Obductionsbericht führe ich an, dass sich in den Hemisphären des grossen Gehirns wie auch im kleinen Gehirn besondere Veränderungen nicht nachweisen liessen; es zeigte sich nur ein geringer subarachnoidealer Erguss und eine unbedeutende Menge von Flüssigkeit in den Seitenventrikeln. Die grössten Veränderungen dagegen fanden sich im rechten Pedunculus cerebri. Derselbe fühlte sich schon äusserlich weicher und breiter an, als der linksseitige; beim Durchschnitt fand man einen ziemlich steil abfallenden, etwa wallnussgrossen Erweichungsherd, in dessen Centrum sich ein gelblicher Brei befand; derselbe war von einer bindegewebigen Kapsel umgeben, war gleich weit von der medialen und dorsalen, wie auch von der äusseren und ventralen Wand entfernt und war übrigens noch nach allen Seiten von dünnen Lagen normaler Nervensubstanz umgeben. Nach hinten reichte er nicht ganz bis zur Brücke, nach vorn lief er, sich mehr und mehr verjüngend und verflachend, in einen Fortsatz aus, der bis zum angrenzenden Theil des Sehhügels und bis in das centrale Höhlengrau verfolgt werden konnte. Die Wandungen der Art. basilaris, der Art. aquaeductus Sylvii, der Art. cerebri profunda waren vielfach verdickt und an mehreren Stellen thrombosirt.

Recapitulire ich nun nochmals kurz den oben mitgetheilten Krankheitsfall, so führte die lange zurück zu datirende syphilitische Infection in einem Zeitraum von nahezu 20 Jahren zur Erkrankung von Gehirnarterien, welche ihrerseits Erweichung im rechten Pedunculus cerebri und den angrenzenden Hirntheilen zur Folge hatte. Hiedurch war zunächst eine gleichseitige Lähmung der äusseren Oculomotoriusäste mit contralateraler motorischer Parese und Sensibilitätsverlust der Extremitäten und endlich vorübergehende Facialisparese entstanden; die Oculomotoriuslähmung wurde eine totale und ergriff auch die Zweige, welche zum Sphincter pupillae und Tensor chorioideae gehen, als der Erweichungsherd nach vorn bis in die Gegend des Thalamus und in den dritten Ventrikel hinein sich erstreckte. Die Erkrankung des Thalamus hatte weder eine hemiopische Gesichtsfeldsbeschränkung, noch eine Beeinträchtigung der Sehschärfe zur Folge; diese sowol wie der Augenspiegelbefund zeigten sich stets normal. Das letale Ende war durch eine Broncho-Pneumonie herbeigeführt.

Einen hieher gehörigen Fall veröffentlichten Kahler und Pick[45]): linksseitige Hemiplegie mit rechtsseitiger particller Oculomotoriuslähmung, und zwar waren der Levator palpebr. sup., der Rectus superior und der Obliq. infer. gelähmt. Bei der Section fand sich eine Schwellung und Erweichung des Fusses des rechten Pedunculus cerebri, von den Oculomotoriuswurzeln waren nur die hinteren Wurzelbündel betroffen. Ferner beschreibt Findeisen[46]) einen Fall, in dem es sich um ein Gummagebilde an der unteren Seite des Grosshirnschenkels gehandelt hatte. Der rechtsseitige Oculomotorius wie die linksseitigen Extremitäten zeigten sich gelähmt; die Section wies die Heubner'sche Arterienerkrankung in der Art. basilaris nach, von wo der Prozess auf die Communicans sich fortsetzte, die in ihrem weiteren Verlauf vollständig obliterirte, ausserdem noch die supponirte Gummageschwulst an der Basis des rechten Grosshirnschenkels. — Auch von Bristowe[47]) liegt ein Fall von syphilitischer Endarteriitis der rechten Art. cerebral. post. mit Erweichung des rechten Grosshirnschenkels vor; während des Lebens war eine linksseitige Hemiplegie mit Lähmung sämmtlicher rechtsseitiger Augenmuskeln und einer geringen linksseitigen Ptosis beobachtet worden. Von demselben Autor findet sich noch ein etwas abweichender Fall von Erweichung des rechten Crus cerebri und des Linsenkerns; während des Lebens war linksseitige Hemiplegie und Internuslähmung, sowie rechtsseitige Abducenslähmung vorhanden gewesen. Ferner sind noch Fälle von Althaus, Charcot, Andral u. A. veröffentlicht worden.

Die Diagnose einer totalen Augenmuskellähmung wird Schwierigkeiten nicht unterliegen; auch dem unerfahrenen und wenig geübten Beobachter wird die Ptosis des oberen Lides, die weite starre Pupille, die Divergenzstellung des Auges, sowie dessen mangelhafte oder aufgehobene Beweglichkeit nach innen, oben und unten nicht entgehen können. Ueber die Diagnose der einseitigen Pupillen- und Accommodationslähmung habe ich das Nöthige bereits erwähnt. Was nun die Diagnose im Bereiche der übrigen Oculomotorius-zweige betrifft, so zeigen sich aus den im Anfange dieses Kapitels angegebenen Gründen bei Lähmung des Rectus int., des Rect. sup.

und des Rect. inf. gekreuzte, bei Lähmung des Obliq. inf. dagegen gleichnamige Doppelbilder; dabei steht bei Lähmung des Rect. sup. und des Obliq. inf. das Scheinbild höher, bei Lähmung des Rect. inf. dagegen tiefer, als das des gesunden Auges; auch die Neigungen des Scheinbildes nach einer Seite hin sind nach den oben angegebenen Grundsätzen zu prüfen und zu berücksichtigen.

Was nun endlich die Prognose betrifft, so ist dieselbe in allen bisher besprochenen Kategorien partieller Oculomotoriuslähmungen als eine günstige nicht zu bezeichnen. Während, wie wir gesehen haben, die totale Oculomotoriuslähmung gummösen Entzündungen resp. Neubildungen ihre Entstehung verdankt, die wir an der unteren Fläche des Gehirns oder am Periost der knöchernen Theile der Gehirnbasis zu suchen haben, sind die partiellen Oculomotoriuslähmungen auf intracerebrale Veränderungen zurückzuführen, die meistens auf gummöse Gefässerkrankungen und auf hiedurch inducirte Herdprozesse in den grossen Intercalarganglien hinweisen. Die hiebei gleichzeitig zu beobachtenden cerebralen Störungen, die sich ebensowol in Depressionszuständen zeigen, welche das Gemüth wie das ganze Geistesleben des Patienten betreffen, wie sie sich auch in epileptischen, apoplektischen oder anderweitigen Reizzuständen manifestiren können, werden demselben pathologischen Substrat ihre Entstehung zu verdanken .haben. Ist hienach die Diagnose auf ein Gehirnleiden und unter Berücksichtigung aller vorausgegangenen und begleitenden Umstände eines syphilitischen Gehirnleidens meistens auch mit ziemlicher Sicherheit zu stellen, so müssen wir uns, wie bereits erwähnt, bei der Prognose eine grosse Reserve auferlegen. Die Pupillen- und Accommodationslähmungen habe ich nie zurückgehen sehen, die Lähmungen einzelner Oculomotoriusäste weichen ebenfalls nur sehr langsam einer noch so energischen antisyphilitischen Behandlung, wie ja auch die syphilitischen Gehirnerscheinungen nur selten einem normalen Verhalten Platz machen; Naunyn hat noch vor kurzer Zeit in der Section für Neurologie sich ebenfalls nicht eben günstig über die Prognose syphilitischer Nerven- und Gehirnleiden ausgesprochen. Tritt schnelle Heilung einer syphilitischen Oculomotoriuslähmung ein, so können wir, wie wir es auch bereits bei den heilbaren Pupillenlähmungen erwähnt haben, mit ziemlicher Sicherheit dem Ausbruch tabetischer Veränderungen entgegensehen, denen Augenmuskellähmungen vorübergehender Natur oft als eines der ersten und frühesten Symptome vorausgehen.

II. Lähmung des N. abducens.

Seltener als der N. oculomotorius, wiewol noch ziemlich häufig erkrankt bei Luetischen der N. abducens; ich habe ihn unter 146 Fällen syphilitischer Augenmuskellähmungen 49 Mal oder in 33,5 % erkrankt gefunden. Der Sitz der Erkrankung ist meistens extracerebral und zwar müssen wir, wie wir es bei der totalen Oculomotoriuslähmung gesehen, auch hier gummöse Prozesse von der Orbita an bis zum hinteren Rande des Pons voraussetzen, wo der Abducens an der Gehirnbasis zum Vorschein kommt. — Wir finden ferner Fälle, in denen der Abducens durch intrapontine Läsionen syphilitischer Natur gelähmt ist; gewöhnlich ist dann neben der Abducenslähmung noch eine Lähmung des gleichseitigen Facialis und eine contralaterale Extremitätenlähmung vorhanden, wie in dem Falle von Nothnagel[48]), ferner in dem Falle von Ballet[49]), wo ein rechtsseitiges Syphilom zu linksseitiger Hemiparese und rechtsseitiger Abducenslähmung geführt hatte; auch Rosenthal publicirt l. c. einen Fall von mehreren zum grossen Theil confluirenden und die Elemente eines Syphiloms enthaltenden Herden innerhalb des Pons, wo neben der Lähmung des Abducens noch eine Lähmung des oberen Augenlides und des Trigeminus vorhanden war. Pasquale[50]) fand bei einem 26jährigen Manne 16 Monate nach der Infection rechtsseitige Abducenslähmung nebst vollständiger Lähmung beider Facialis, dabei sensibele und motorische Lähmung der gesammten linken Körperhälfte, gefolgt von Contracturen. Bei der 6 Monate später gemachten Section fand sich Endarteriitis obliterans des Stammes und der kleinen Verzweigungen der Art. basilaris. Der Verfasser meint, dass das Gumma sich von den Gefässen aus entwickelt habe, welches die ganze rechte Brückenhälfte einnahm und sich von der Basis bis nahe an die Nervenkerne am Boden des vierten Ventrikels erstreckte. Einen hieher gehörigen Fall glaube ich vor mehreren Jahren bei einem 38jährigen syphilitischen Patienten aus Odessa beobachtet zu haben, den ich einige Male consultativ sah. Derselbe zeigte eine Parese der linksseitigen Extremitäten, die, ebenso wie die Augenmuskellähmung, nach einer vor ½ Jahr überstandenen apoplektischen Attaque zurückgeblieben sein soll. Ich fand auf dem rechten Auge eine Parese des Abducens, sowie Lähmung einiger Facialisäste, und sprach mich damals wegen der damit combinirten linksseitigen Extremitätenlähmung dem behan-

delnden Collegen gegenüber für eine syphilitische Erkrankung des
Pons aus; die Diagnose wurde übrigens vollinhaltlich von Frerichs
bestätigt, doch kam es bei dem Patienten, der bald darauf starb,
nicht zur Section.

Von ferneren Complicationen mit Abducenslähmungen erwähne
ich des Falles von Sichel[51]), wo sich hiezu noch eine Ophthalmoplegia interna hinzugesellt hatte; Sichel nimmt an, dass in diesem
Falle die motorische Wurzel des Ganglion ophthalmicum nicht vom
Oculomotorius, sondern ausnahmsweise vom Abducens geliefert würde.
— Die Deviation conjugée, d. h. die Lähmung des einen Abducens mit
gleichseitiger Lähmung des Rectus internus des anderen Auges und
Abweichen beider Augen nach der Richtung des Krankheitsherdes,
wie es zuweilen bei cerebralen Prozessen, besonders bei Erkrankung
der Vierhügelgegend beobachtet ist, habe ich bei Syphilitischen nie
gesehen, finde auch in der Literatur keinen hieher gehörigen Fall
angeführt; nur Bristowe[52]) erwähnt einen Fall, in welchem bei
syphilitischer Erkrankung der Art. cerebral. post. und Erweichung
der rechten Ponshälfte die Drehung des Kopfes und der Augen
nach links (!) stattfand.

Nicht ganz selten findet man dagegen Abducenslähmung mit
Reizzuständen des Gehirns, in denen man syphilitische Prozesse der
Gehirnrinde annehmen muss. Bei früherer Gelegenheit habe ich
bereits der epileptischen Anfälle bei Syphilitischen Erwähnung
gethan und gezeigt, dass man dann gummöse Erkrankungen der
Dura und Pia mater mit Ergriffensein der betreffenden Parthien der
Gehirnrinde voraussetzen muss; gesellt sich hiezu noch eine Abducenslähmung, wie ich es bei einem meiner Kranken fand, so nimmt man
an, dass die Lähmung des Abducens in dem Druck seine Erklärung
fände, den das Gumma der Convexität ausübt. Ich meine indessen,
dass man in solchen Fällen mit der Annahme einer Fernwirkung
ausübenden Druckursache doch etwas vorsichtig sein muss; in ganz
eigenthümlicher Weise müsste die eine gleichmässige Elastizität
darbietende Gehirnmasse durch die Gummigeschwulst der Gehirnrinde getroffen sein, um darauf mit der Lähmung eines an der
Basis austretenden Gehirnnerven zu reagiren. Ueberzeugender schon
ist die Annahme Mauthner's, dass ein Tumor der Hirnrinde eine
so kolossale Erweiterung der Hirnkammern und Reizung des intraocularen Druckes bewirken könne, dass die Nerven an der Basis
plattgedrückt würden. Ich glaube, dass wir es in derartigen Fällen

mit trophischen Störungen im Bereiche der Nervenkerne oder mit multipolen Herden zu thun haben, welche einerseits die von der Hirnrinde ausgehenden Reizzustände, andererseits aber die Nervenlähmung verschulden. Der von mir beobachtete Krankheitsfall war folgender: Der 30jährige Herr v. S. aus Russland war als 23jähriger Officier inficirt gewesen, und hatte sich wenig um die ersten, noch viel weniger aber um die bald darauf ausbrechenden, bald aber wieder vorübergehenden Allgemeinerscheinungen gekümmert; bis 2 Jahre vor seiner Ankunft in Aachen von allen luetischen Symptomen frei, erlitt er an einem ziemlich kalten Wintertage beim Exerciren einen so starken Schwindelanfall, dass er nur mit Mühe sich im Sattel zu halten vermochte. Nach Hause zurückgekehrt, musste er sich zu Bett legen, da Taumeln, Schwindel und heftige, über den ganzen Kopf ausstrahlende Schmerzen ihm das Aufsitzen unmöglich machten. Nach einer Morphium-Injection verlief die Nacht gut und Patient konnte noch am folgenden Tage seinen dienstlichen Obliegenheiten nachgehen. Indessen klagte er bald über wiederkehrende Schwindelanfälle, die schliesslich so heftig wurden, dass er seinen Dienst quittiren und sich auf's Land zurückziehen musste. Nachdem er so 2 Jahre mit abwechselndem Besser- und Schlechterbefinden zugebracht hatte, erlitt er plötzlich beim Spazierengehen einen epileptischen Anfall, der sich nach 4 Wochen wiederholte und ohne jede Aura epileptica einsetzte. Die bisher angewandten Heilmittel blieben ohne allen und jeden Erfolg, da Patient bis dahin jede Infection hartnäckig geleugnet hatte und auch sonstige Symptome allgemeiner Syphilis nicht vorhanden waren. Erst als sich hiezu im Winter 1881/82 noch eine rechtsseitige Abducenslähmung hinzugesellt hatte, vermutheten die behandelnden Aerzte die luetische Grundursache und sandten den Patienten, der sich jetzt erst der vor 11 Jahren überstandenen Infection erinnerte, zu energischer Kur nach Aachen. An dem bleichen fatuös aussehenden Patienten constatirte ich eine totale rechtsseitige Abducenslähmung, so dass der Bulbus nicht über die Mittellinie hinaus abducirt werden konnte und Secundärcontractur des rechten Rectus internus; das Sehvermögen betrug nur $^{17}/_{50}$, die Verminderung desselben war durch eine beiderseitige Neuritis optica mittleren Grades bedingt. Ferner klagte Patient über Sprachstörungen, die sich ihm bei jeder Unterhaltung in unangenehmster Weise bemerkbar machten: es fehlen ihm plötzlich gewisse Worte, oder er verwechselt dieselben mit anderen, wobei er sich der fehlerhaften Anwendung derselben wol bewusst war; mir fiel die oft häsitirende, langsame Sprache auf, für welche Wunderlich den Namen Bradyphasie gewählt hatte. Häufig auftretende epileptiforme Anfälle, sowie heftige Kopfschmerzen bei dem auch psychisch heruntergekommenen Patienten vervollständigten das Bild einer luetischen Erkrankung der Grosshirnrinde; an welchem Orte ich die Abducenslähmung zu suchen hatte, vermochte ich nicht anzugeben — ich musste mich daher auch mit der Diagnose der viel- oder vielmehr nichtssagenden Fernwirkung begnügen.

Auch die auf Tabes zurückzuführenden Abducenslähmungen zeigen die Charaktere, wie ich sie bei den tabetischen Oculomotoriuslähmungen beschrieben habe: hier wie dort dieselbe Flüchtigkeit der Erscheinungen, die leichte Heilbarkeit der Lähmung.

Die Diagnose der Abducenslähmung ist nicht schwer: Beweglichkeitsdefect nach aussen, wegen bestehender pathologischer Convergenz gleichnamige nebeneinander stehende Doppelbilder, deren Seitendistanze bei Bewegungen des Objectes nach Seiten des gelähmten Muskels zunimmt, Höhendistanze nur bei gewissen Meridionalstellungen.

Die Prognose der syphilitischen Abducenslähmung ist im Allgemeinen nicht ungünstig: da sie, wie erwähnt, wol in den meisten Fällen basaler, d. i. peripherer Natur ist, so wird die Leistungsfähigkeit des Muskels, wenn dieselbe nicht allzu lange unterbrochen gewesen, häufig wieder vollkommen hergestellt. Ich will die Gelegenheit benutzen, um vor allzufrühem operativem Eingriff bei Abducenslähmung zu warnen. Ich habe schon nach Jahren eine vollständige Wiederherstellung der Leistungsfähigkeit des Muskels eintreten sehen, dabei aber in anderen Fällen beobachtet, dass dem Patienten wie dem Arzte die Geduld ausging und man durch Vorlagerung des gelähmten Muskels bei gleichzeitiger Rücklagerung des Antagonisten Einfachsehen zu erzielen suchte. Leider trat in einigen der mir zu Gesicht gekommenen Fälle der entgegengesetzte Effect ein: nachdem im Laufe der Zeit die Lähmungsursache, d. i. das Gumma resp. die gummöse Entzündung der Hirnhäute oder des Periostes geschwunden war, der Muskel dann auch wieder dem Willensimpuls zu folgen vermochte, machte sich der wol zu frühzeitig vorgenommene operative Eingriff des nunmehr gesunden Muskels in der Weise geltend, dass das frühere Convergenzschielen und Doppelsehen mit gleichnamigen Doppelbildern jetzt in Divergenzschielen und Doppelsehen mit gekreuzten Doppelbildern umschlug.

— Wo die Abducenslähmung als Theilerscheinung von cerebraler
Lues oder tabetischer Erkrankung erscheint, ist die Prognose immer
mit grosser Vorsicht zu stellen.

III. Lähmung des N. trochlearis.

Von allen drei Bewegungsnerven des Auges erkrankt durch
Syphilis am seltensten der N. trochlearis; ausser dem früher bereits
angeführten fand ich den Nerven noch in zwei Fällen afficirt. Nach
Meynert bildet der Trochleariskern das hintere Ende der Ganglien-
zellenanhäufung, welche den Oculomotoriuskern darstellt, ist gewissermassen die Fortsetzung desselben und wird nach aussen begrenzt
von der absteigenden Wurzel des Quintus. Die Trochleariswurzel-
fasern verlaufen alsdann nach hinten und oben und kreuzen sich
mit dem der anderen Seite im Velum medullare anterius, was auch
von Gudden, Stilling, Koelliker, Edinger bestätigt wird,
während Henle nur eine partielle Kreuzung annimmt; an der
oberen Fläche des Velum medullare treten beide Nervi trochleares
hervor, schlagen sich, wie wir in dem allgemeinen Theil dieses
Kapitels gesehen haben, um die laterale Seite der Pedunculi cerebri,
durchbohren die Dura mater an dem Processus clinoideus posterior
und treten ebenfalls durch die Fissura orbitalis sup. in die Orbitalhöhle ein. Der Trochlearis kann nun ebenfalls in seinem ganzen
Verlaufe ergriffen werden, doch betreffen die meisten der beobachteten Fälle Complicationen mit Lähmungen des Oculomotorius.
Pfungen[53]) nimmt an, dass die Lähmung des Trochlearis bedingt
sein könne durch eine syphilitische Meningitis an der Basis, dann
aber auch durch ein Exsudat im Gehirnschlitz (Gegend zwischen
Vierhügel und Splenium), durch den die Pia mater in den dritten
Ventrikel eindringt. Ob die Glandula pinealis, wie sie in den Fällen
von Nieden[54]), Nothnagel, Bernhard zur Trochlearislähmung
geführt hatte, auch durch syphilitische Prozesse ergriffen werden
und denselben Effect bewirken kann, lasse ich unentschieden — in
der Literatur finde ich keine die Annahme bestätigenden Fälle und
mir selber stehen Obductionsbefunde nicht zur Verfügung. — Was
nun die von mir beobachteten Fälle von syphilitischer Trochlearislähmung betrifft, so sah ich den ersten hieher gehörigen Fall im
Sommer 1885 einige Male consultativ bei einem 38 jährigen Patienten,
der an inveterirter Lues und Periostitis des Schienbeines, Auftreibung

des Manubrium Sterni, heftigen Kopfschmerzen und auffallender psychischer Veränderung litt. Ferner constatirte ich beiderseitige Ptosis, so dass die Augenlider fast bis zur Mitte der Pupillen herabfielen und nur mit Anstrengung und mit Zuhülfenahme der Stirnmuskeln gehoben werden konnten; ausserdem waren linkerseits noch zwei Oculomotoriuszweige, der Rectus intern. und der Rectus infer., endlich der Trochlearis gelähmt, so dass das Auge nur nach oben und aussen bewegt werden konnte, während es nach den anderen Richtungen hin die Bewegungsfähigkeit verloren hatte; Sphincter pupillae und Tensor chorioideae functionirten normal. Die antisyphilitische Kur, der Patient sich hier längere Zeit unterzogen hatte, war nur von geringem Einflusse auf die Lähmungserscheinungen; wol waren die Kopfschmerzen vermindert, das düstere, melancholische Wesen des früher heiteren und zufriedenen Mannes war freier geworden, um jedoch, wie ich später erfuhr, bald wieder dem früheren Zustande Platz zu machen; 1 Jahr später soll Patient in tiefster geistiger Depression zu Grunde gegangen sein. Die Section wurde nicht gemacht. — Den zweiten Fall von Trochlearislähmung sah ich im vorigen Jahr bei einem tabetische Symptome aufweisenden Patienten: Ataxie, Blasenschwäche, Fehlen des Patellarreflexes. Da es sich ebenfalls um einen Patienten handelte, der lange Jahre an immer recidivirenden syphilitischen Symptomen gelitten hatte, so schien es mir gerechtfertigt, die Sklerose der Hinterstränge mit der Lues in Verbindung zu bringen und den Kranken einer antiluetischen Behandlung zu unterziehen. Dieselbe war von keinem nennenswerthen Einfluss auf die tabetischen Erscheinungen, die Trochlearislähmung ging aber bald zurück. Patient soll sich in der Heimath ziemlich wol befinden, doch sind, wie der behandelnde College mir gelegentlich mittheilte, jetzt die Zeichen einer rechtsseitigen Abducenslähmung eingetreten. — Wir haben es in diesen beiden Fällen mit Trochlearislähmungen zu thun, von denen der erste auf Herdprozesse zurückgeführt werden muss, die beiderseitig im Höhlengrau des Aquaeductus Sylvii zu suchen sind, während der zweite Fall uns einen Tabeskranken kennen lehrt, bei welchem passagere, springende, verschwindende und wieder erscheinende Lähmungen der Augenmuskeln vorhanden sind; es handelt sich in diesem letzten Falle wahrscheinlich ebenfalls um jene Circulationsstörungen im Gebiete der Nervenkerne der Augenmuskeln, die so häufig die chronische Myelitis begleiten resp. derselben vorausgehen.

Die Diagnose der Trochlearislähmung ist meistens nur unter Berücksichtigung der Doppelbilder zu stellen, da der Defect in der Excursionsfähigkeit des Bulbus nach unten nur gering zu sein pflegt. Wir finden (weil pathologische Convergenz vorhanden ist) gleichnamige Doppelbilder in der unteren Gesichtsfeldshälfte, von denen das des erkrankten Auges unter dem des gesunden, dabei aber dem Patienten näher zu stehen scheint; die oberen Enden der Bilder convergiren, da der Trochlearis das obere Ende des vertikalen Meridians nach innen neigt.

Recapitulire ich nochmals das über syphilitische Augenmuskellähmungen Gesagte, so finden wir, dass

1) die vom Oculomotorius innervirten Augenmuskeln, sowie der Abducens und Trochlearis einzeln oder miteinander oder mit anderen Hirnnerven combinirt peripher gelähmt werden können durch Gummigebilde oder gummöse Entzündungen in der Orbita wie an der Basis des Gehirns;

2) central durch Herderkrankungen in der Nähe der Nervenkerne und zwar im dritten Gehirnventrikel, im Aquaeductus Sylvii und im vierten Ventrikel;

3) in Verbindung mit Extremitätenlähmungen und zwar

a. der Oculomotorius mit contralateraler Hemiplegie bei Erkrankung des Pedunculus cerebri;

b. der Abducens mit contralateraler Hemiplegie bei Erkrankung der Pons Varoli.

Literatur.

1. Graefe, Alfr.: Motilitätsstörungen in Graefe u. Saemisch's Sammelwerk Bd. VI, S. 51.

2. Mauthner: Die ursächlichen Momente der Augenmuskellähmungen. Wiesbaden 1886.

3. Völkers und Hensen: Ueber den Ursprung der Accommodationsnerven nebst Bemerkungen über die Function der Wurzeln des N. oculomotorius. Graefe's Arch. f. Ophth. Bd. XXIV, 1, S. 31.

4. Pathologie und Therapie der Syphilis. Stuttgart 1882.

5. Jeaffreson: Syphilitic ptosis and paraplegia. Lancet Bd. I, S. 252.

6. Jacobson: Beziehungen der Veränderungen und Krankheiten des Sehorgans zu Allgemeinleiden und Organerkrankungen. Leipzig 1885, S. 7.

7. v. Graefe: Bemerkungen über doppelseitige Augenmuskellähmungen basilaren Ursprungs. Arch. f. Ophth. Bd. XII, 2, S. 265.

8. **Fournier**: Diagnostic des paralysies de la troisième paire d'origine tabétique. Revue générale d'Opht., 3. März 1887. Refer. in **Hirschberg's** Centralbl. 1887, S. 269.

9. **Rieger und v. Forster**: Auge und Rückenmark. **Graefe's** Arch. f. Ophth. Bd. XXVII, 3, S. 196.

10. **Kahler und Pick**: Arch. f. Psych. u. Nervenkrankh. Bd. X, 2, S. 334.

11. **Galezowski**: Sitzung der Pariser Gesellsch. f. Biologie vom 15. Febr. 1888.

12. **Hughlings Jackson**: Ophthalm. Hosp. Reports 1874, Bd. VIII, 1, S. 88.

13. **Power**: Four cases of double optic neuritis. St. Barth. Hosp. Rep. S. 181 bis 188.

14. **Blessig**: Neuritis descendens. Klinische Monatsbl. f. Augenheilk. S. 420—424.

15. **Oppenheim**: Beiträge zur Pathologie der Hirnkrankheiten. Charité-Annalen Bd. X, S. 335.

16. **Buttersack**: Zur Lehre von den syphilitischen Erkrankungen des Centralnervensystems nebst einigen Bemerkungen über Polyurie und Polydipsie. Arch. f. Psychiat. und Nervenkrankh. Bd. XVII, 3, S. 603.

17. **Donath**: Ueber Augenmuskellähmung. Wiener med. Presse 1887, No. 49.

18. **v. Graefe**: Syphilitischer Tumor an der Basis cranii. Arch. f. Ophth. Bd. VII, 2, S. 24.

19. **Broadbent**: Paralysis of the ophthalmic and superior maxillary divisions of the fifth nerve, of the fourth nerve and the branche of the third to the levator palpebrae. Lancet Bd. I, S. 380.

20. **Cooper**: Case of syphilitic paralysis of the ocular muscles. Med. Times and Gaz. 1879, Bd. II, S. 65.

21. **Koenigstein**: Wiener Klinik 1885, H. 10, S. 316.

22. **Grossmann**: Knapp's Arch. Bd. XVI, H. 3 u. 4, S. 338, 15. Juli 1886.

23. **Virchow**: Natur der syphilitischen Affectionen S. 70.

24. **Heubner**: Arteriensyphilis S. 70.

25. **Lancereaux**: Traité historique et pratique de la Syphilis. Paris 1873.

26. **Thomsen**: Fall von isolirter Lähmung des Blickes nach oben mit Sectionsbefund. Arch. f. Psych. Bd. XVIII, H. 2.

27. **Fournier**: La Syphilis du cerveau. Paris 1879.

28. **Alexander**: Ueber einseitige Accommodationslähmung mit Mydriasis auf syph. Basis. Berliner klin. Wochenschr. 1878, No. 21.

29. **Alexander**: Casuistische Mittheilungen aus der Augenheilanstalt zu Aachen. Deutsche med. Wochenschr. 1881, No. 40 u. 41.

30. **Mooren**: Ophthalmologische Mittheilungen 1874.

31. **Uhthoff**: Zur diagnostischen Bedeutung der reflectorischen Pupillenstarre. Berliner klin. Wochenschr. 1886, S. 55.

32. **Hosch**: Einseitige Accommodationslähmung mit Mydriasis bei inveterirter Lues. Correspondenzbl. f. Schweizer Aerzte 1888, No. 4.

33. **Méric**: Cases of syphilitic affection of the third nerv producing mydriasis with and without Ptosis. British med. Journ. Bd. I, S. 29, 52.

34. **Wernicke**: Das Verhalten der Pupillen bei Geisteskranken. Arch. f. path. Anatomie Bd. LVI, S. 397—407.

35. **Arndt**: Die Elektrizität in der Psychiatrie. Arch. f. Psych. Bd. II, S. 589—91.

36. **Rosenstein**: Totale Augenmuskellähmungen cerebralen Ursprungs. Inaugural-Dissertation. Breslau 1882.

37. **v. Graefe**: Berliner klin. Wochenschr. 1868, No. 2.

38. **Raehlmann**: Graefe's Arch. f. Ophth. Bd. XXIV, 4, S. 260.

39. **Lichtheim**: Ueber nucleäre Augenmuskellähmungen. Correspondenzbl. f. Schweizer Aerzte 1882, Bd. XII.

40. **Hutchinson**: Ophthalmoplegia externa, a symmetrical paralysis of the ocular muscles. Med. Times and Gaz. S. 215 und British med. Journ. Bd. I, S. 231 u. 541.

41. **Buzzard**: The Lancet Bd. I, No. 7, S. 230, 15. Februar 1879.

42. **Rosenthal**: Ueber Hirnsyphilis und deren Localisation. Deutsches Arch. f. klin. Medizin Bd. XXXVIII, 3, S. 263.

43. **Hughlings Jackson**: Art. Central Haemorrhage and Apoplexy in a System of Medecine ed. by **Russel Reynolds** Bd. II. London 1872.

44. **Oyon**: Gaz. méd. 1870, No. 47.

45. **Kahler** und **Pick**: Zur Localisation partieller Oculomotoriuslähmung. Zeitschr. f. Heilk. Bd. II, S. 301. Prag 1881.

46. **Findeisen**: Ein Fall von Hirnsyphilis. Inaugural-Dissertation. Würzburg 1878.

47. **Bristowe**: Clinical remarks on softening of the crus cerebri and pons, and on syphilitic disease of the cerebral arteries. Lancet 1883, Bd. II, S. 103.

48. **Nothnagel**: Topische Diagnostik der Gehirnkrankheiten.

49. **Ballet**: Progrès méd. 1880, No. 38, S. 766.

50. **Pasquale Ferraro**: Emiatrofia e degenerazione secondaria descendente della midolla allungata e della midolla spinale consecutiva e tumore-gomma del ponte di Variolio. Rivista internaz. di med. e chirur. No. 7—9. Refer. in **Nagel**'s Jahresbericht pro 1885, S. 271.

51. **Sichel**: Anomalie d'innervation de l'iris. Paralysie du nerf de la sixième paire du côté gauche, de cause specifique avec mydriase du même côté. Guérison rapide. Gaz. des hôpit. S. 347.

52. **Bristowe**: l. c.

53. **Pfungen**: Ueber topische Begründung der Bewegungsstörungen in den Augenmuskeln. Wiener med. Blätter 1883, No. 7.

54. **Nieden**: Centralbl. f. Nervenkrankheiten 1879, No. 8, S. 163, und **Nothnagel**'s topische Diagnostik S. 555.

Ferner: Landouzy: Gaz. méd. No. 8. — **Forel**: Arch. f. Psych. Bd. VII, S. 393. — **Pflüger**: **Graefe**'s Arch. f. Ophth. Bd. XXIV, 2, S. 169. — **Koenigstein**: Wiener med. Presse 1878, No. 18. — **Bramwell**: Edinb. med. Journ. 1878, S. 308. — **Rosenthal**: Arch. f. Psych. Bd. IX, 3, S. 49. — **Förster**: Deutsche med. Wochenschr. 1878, No. 36. — **Stevens**: Zeitschr. f. Ohrenheilk. Bd. VIII, S. 290. — **Modl**: Wiener med. Wochenschr. 1880, No. 29. — **Rosenthal**: Gazeta lek. 1880, 12, 13, 14. — **Kümmel**: Zeitschr. f. klin. Medizin Bd. II, 2, S. 282. — **Fischer**: Deutsches Arch. f. klin. Medizin Bd. XXVI, 1 u. 2, S. 83. — **Hulke**: Ophth. Hosp. Rep. Bd. X, S. 148. — v. **Hippel**: Bericht über die ophth. Univers.-Klinik zu Giessen aus den Jahren 1879—81, S. 22. — **Stenger**: Arch. f. Psych. Bd. XI, S. 194. — **Baumgarten**: Virchow's Arch. f. path. Anatomie Bd. LXXXVI, S. 179. — **Chevalier**: Recueil d'Opht. 1881, S. 210. — **Hunias-Bonn**. — **Saunders**: Brit. med. Journ. 1882, Bd. I, S. 116. — **Choostek**: Vierteljahrschr. f. Dermatol. u. Syphilis Bd. IX, 1, S. 64. — **Leyden**: Deutsche med. Wochenschr. 1882, No. 48. — **Meyer**: Arch. f. Psych. u. Nervenkrankh. Bd. XIII, 1, S. 63. — **Wagner**: Mediz. Gesellschaft in Leipzig, 12. Juli 1881. — **Schöler**: Jahresbericht der Augenklinik pro 1881. Berlin 1882. — **Bull**: New-York.

med. Journ. S. 148, Aug. 1882. — Hirschberg: Centralbl. f. prakt. Augenheilk. 1884, S. 144. — Targett and Brailey: Brit. med. Journ. 1884, Bd. I, S. 1151. — Bigot: Annal. med. psych. S. 59, Juillet 1884. — Mierzejewsky und Rosenbach: Neurologisches Centralbl. 1885, No. 16 u. 17, S. 361, 85. — Bleuler: Deutsches Arch. f. klin. Mediz. Bd. XXXVII, S. 527, und Bd. XXVIII, S. 28. — Hoffmann: Berliner klin. Wochenschr. 1885, No. 12. — Schrader: Inaugural-Dissertation. Halle 1884. — Friedreich: Geschwülste innerhalb der Schädelhöhle. Würzburg 1853. — Rosenthal: Oesterr. med. Jahrbücher 1870, Bd. XIX. — Fleischmann: Wiener med. Wochenschr. 1871, No. 6—9. — Leyden: Westphal's Arch. 1870, Bd. II. — Homén, Virchow's Arch. Bd. LXXXVIII, H. 1. — Charcot: Ueber die Localisation der Gehirn- u. Rückenmarkskrankheiten. — Andral: Clinique. Paris 1840. — Katzaurow: Westn. oftalm. Bd. II, S. 130. — Mendel: Berliner klin. Wochenschr. 1885, No. 29. — Emerson: New-York. med. Journ. 1886, S. 520. — Adelheim: Verhandlung der Gesellsch. russischer Aerzte zu Moskau 1886. — Uhthoff: Tagebl. der 59. Versammlung der Gesellsch. deutscher Naturforscher und Aerzte in Berlin S. 153. — Althaus: Deutsches Arch. f. klin. Medizin Bd. XXVIII, S. 186. — Simon: Brit. med. Journ., January 1886, 2. — Chapplain: Marseille méd. No. 12, S. 734. — Hirschberg: Knapp's Arch. f. Augenheilk. Bd. VIII, S. 49. — Weber: Med. chir. Transact. 1863, Bd. XLVI. — Leber: Graefe's Arch. f. Ophth. 1868, Bd. XIV, 2, S. 333. — Duchek: Prager Vierteljahrsschr. 1853, Bd. I. — Ziemssen: Virchow's Arch. Bd. XIII. — Virchow: Constitutionell syphilitische Symptome. Berlin 1859. — Griesinger: Arch. f. Heilkunde 1860. — Rittershausen: Inaug.-Dissert. Berlin 1869. — Ljanggren: Arch. f. Dermatol. u. Syphilis, 3. Jahrg. — Leudet: Schmidt's Jahrb. 1874. — Hebra: Arch. f. Dermatol. u. Syphilis, 7. Jahrg. — Fiori: Deutsche med. Wochenschr. 1876. — Eichhorst: Charité-Annalen 1876, Bd. I. — Lang: Wiener med. Wochenschr., Nov. 1880. — Thomayer: Allgem. Wiener med. Zeitung, Nov. 1883. — Philipson: Lancet 1878, Bd. I, No. 24. — Laschkewitsch: Centralbl. f. Chirurgie 1880, No. 23. — Schmidt-Rimpler: Arch. f. Augenheilk. von Knapp und Schweigger, Bd. XVIII, 2, S. 152. — Ziem: Centralbl. f. Nervenheilk. 1887, No. 4. — Berry: Edinb. med. Journ. Bd. CCCLXXXI, S. 817. — Fournier: Rec. d'Opht. 1887, No. 3, S. 129. — Hutchinson: The ophth. Rev., Apr. 1887, S. 97. — Dumont: Bull. de la clin. nat. ophth. Bd. IV, No. 3, S. 139. — Hutchinson: The Brit. med. Journ. 1887, Jul. 16. — Mittendorf: Journ. of Nerv. and Ment. dis. 1887, Bd. XIV, Febr. — Haab: Correspondenzbl. f. Schweizer Aerzte 1887, No. 6, S. 175. — Blanc: Arch. générales de Médecine 1887, Janv. — Kojewnikoff: Progr. méd. 1887, 10. Sept. — Westphal: Arch. f. Psych. Bd. XVIII, Heft 3. — Coupland: Sidney, Transact. of the ophth. Soc. 1886,87, Bd. VII, S. 228. — Lawford: Transact. of the ophth. Soc. 1886,87, Bd. VII, S. 260. — Bergmeister: Monatsh. f. prakt. Dermatol. 1882, S. 109.

Achtes Kapitel.

Erkrankung des N. facialis und des N. trigeminus.

a. N. facialis.

Die syphilitischen Lähmungen des siebenten Gehirnnerven sind nicht selten, und kommen dieselben kaum jemals isolirt, sondern meistens in Verbindung mit Lähmungen anderer Hirnnerven oder vergesellschaftet mit Extremitätenlähmungen zur Beobachtung. Auch hier werden wir es wieder wie bei allen bisher besprochenen Nervenlähmungen mit intrakraniellen resp. cerebralen und mit peripheren Lähmungen zu thun haben, dabei aber zur Diagnose uns des bisher nicht verwendbaren Unterscheidungsmittels — der elektrischen Reaction des gelähmten Muskels — bedienen können. Da wir für unsere Zwecke nur die Lähmung des vom Facialis innervirten M. orbicularis zu berücksichtigen haben, so will ich nur erwähnen, dass nach Mendel's [1]) Untersuchungen die Centren für den Mund- oder unteren Facialis getrennt liegen von den Centren für den oberen oder Augenfacialis; während die ersteren im unteren Dritttheil der vorderen Centralwindung zu suchen sind, befindet sich das Centrum für den Augenfacialis im unteren Scheitelläppchen.

Seiner anatomischen Verbreitung entsprechend, kann der Facialis peripher von seinem Austritt aus dem Canalis Fallopii bis zum unteren Brückenrande und dem oberen Ende der Medulla oblongata, wo der Nerv die Gehirnmasse verlässt, wie auch von hier aus central durch den Pons bis in seine Kernregion hinein von der Lähmungsursache ergriffen werden. Sind es in ersterem Falle wiederum Periostitiden und Ostitiden, ferner syphilitische Meningitis der Basis und gummöse Erkrankungen der weichen und der harten Hirnhaut, so werden wir bei centraler Lähmung des Nerven wiederum alle jene auf Heubner'sche Gefässerkrankung hinweisende Erweichungsprozesse vorauszusetzen haben, auf welche ich wiederholt im Laufe der vorausgegangenen Kapitel hingewiesen habe und die dann auch unter den schon bekannten, von mir ebenfalls zu öfteren Malen hervorgehobenen Symptomen luetischer Gehirnerkrankungen auftreten. — Während endlich basale und periphere Läsionen den N. facialis in seiner Totalität, also ausser dem Augenfacialis auch den unteren Facialis ergreifen, pflegt bei centraler Lähmungsursache auch nur der eine oder der andere Zweig des Nerven ergriffen zu sein.

Unter den von mir behandelten luetischen Kranken finde ich im Ganzen acht Fälle, in denen die Facialislähmung als prägnantes und selbstständiges Symptom der Beobachtung sich darbot; derjenigen Fälle, in welchen die Lähmung des einen oder des anderen Zweiges des Nerven zu Lähmungen anderweitiger Hirn- oder Augenmuskelnerven hinzutrat, will ich nicht Erwähnung thun, da ich dieselben unter diejenigen Lähmungsgruppen einzureihen pflegte, die sich als hauptsächliches Symptom und in erster Reihe der Diagnose darboten. In diesen sämmtlichen acht Fällen musste ich die Lähmungsursache in den intrakraniellen Theil des Nerven verlegen, und zwar waren darunter nur zwei Fälle, in denen durch einen basilaren syphilitischen Prozess der Nerv in seiner Totalität gelähmt war, während in den übrigen sechs Fällen die Ursache weiter rückwärts im Cerebrum gesucht werden musste. Von peripherer syphilitischer Facialislähmung habe ich keinen Fall beobachtet; die peripheren Lähmungen des Nerven stehen übrigens, wie bereits E u l e n b u r g und später R u m p f hervorgehoben haben, an Häufigkeit den centralen wesentlich nach. R u m p f selber hat nur einen Fall von hieher gehöriger peripherer Facialislähmung behandelt, dessen syphilitische Natur indessen, wie der Autor selber hervorhebt, recht zweifelhaft ist. Derselbe Autor führt auch nur zwei Fälle peripherer Facialislähmung an, des von V i d a l d e C a s s i s [2]), wo nach einer allgemeinen Durchseuchung eine Facialislähmung mit Geschmackslähmung der linken Seite auftrat, und eines von C r u v e i l h i e r [3]), wo zu einer Neuralgie des Trigeminus abnorme Geräusche im Ohr derselben Seite und später auch Lähmung des N. facialis hinzutraten. Relativ häufiger wird der Facialis in Verbindung mit dem N. trigeminus an der Basis des Gehirns durch die bekannten Producte der Lues in Mitleidenschaft gezogen; wie erwähnt, sah ich hievon zwei prägnante Fälle, deren Krankengeschichten indessen von keinem besonderen Interesse sein dürften. F r i e d e r i c h [4]) fand in einem hieher gehörigen Falle ausser Exostosen an der Basis cranii und syphilitischen Gefässveränderungen an der unteren Fläche des linken Gehirnlappens eine braunrothe schwielige Neubildung, welche zur Erweichung des Gehirnes geführt

hatte, die sich bis in das Corp. striatum hinein erstreckte. Während
des Lebens waren Lähmungserscheinungen des linken Oculomotorius,
Trochlearis und Facialis nebst Neuralgien des linken Trigeminus
beobachtet worden. Als dieselben durch antiluetische Behandlung
zurückgegangen waren, zeigte sich später rechtsseitige Oculomotoriuslähmung und beiderseitige Neuritis optica.

In den übrigen sechs Fällen, die ich beobachtet, stellte sich die
Facialislähmung als Theilerscheinung eines syphilitischen Centralleidens dar, welches unter heftigen Kopfschmerzen, Störungen der
Intelligenz und ein Mal in Verbindung mit epileptoiden Anfällen
verlief. Zwei von ihnen zeichneten sich durch ihre Complication
mit Extremitätenlähmung der entgegengesetzten Seite aus; da der
eine derselben zugleich eine incomplete Oculomotoriuslähmung, der
andere dagegen eine Abducenslähmung aufwies, so musste bei dem
ersteren ein syphilitischer Herd im Pedunculus cerebri, bei dem
zweiten dagegen im Pons Varoli angenommen werden. Den ersten
dieser beiden erwähnenswerthen Fälle sah ich nur zwei Mal
consultativ in der Praxis des bereits verstorbenen Collegen
Wetzlar. Derselbe betraf den 26jährigen Capitän X. aus
England, der, im Jahre 1872 inficirt, im Frühjahre 1874 einen
apoplektiformen Anfall mit Lähmung der linksseitigen Extremitäten
erlitten hatte; als sich derselbe bald darauf Wetzlar vorstellte,
constatirte letzterer eine Parese des linken Beines, sowie Ptosis
und Gesichtslähmung der rechten Seite. Ich fand linksseitige
Hemiplegie, von den Oculomotoriuszweigen den des Levator palpebr.
sup. und des Rect. intern. der rechten Seite gelähmt, ebenso auch
den Augenfacialis, so dass die Lidspalte nicht geschlossen werden
konnte und Lagophthalmus paralyticus sich zeigte. Linksseitige
Extremitätenlähmung nebst Lähmung des rechten Oculomotorius
und Facialis lassen nach den früher gegebenen Erläuterungen
einen Prozess im rechten Gehirnschenkel voraussetzen.

Einen ähnlichen Fall beobachtete und beschrieb Findeisen [5]),
in welchem ebenfalls linksseitige Hemiplegie mit Lähmung des rechten
Oculomotorius und Facialis vorhanden war. Die Section zeigte ein
Gumma des rechten Gehirnschenkels und syphilitische Erkrankung
der Basalarterien. — Den zweiten Fall von Facialis- und contralateraler
Extremitätenlähmung — jener Complication, die zuerst von Gubler
als alternirende wechselständige Lähmung beschrieben ist — behandelte ich vor 3 Jahren mehrere Monate hindurch; derselbe betraf

einen 45jährigen, 10 Jahre früher inficirten Patienten aus einer Nachbarstadt Aachens. Mehrere Jahre hindurch wurde der sich ängstlich und sorgfältig beobachtende Kranke seiner immer recidivirenden Lues wegen von einem sehr sachverständigen Collegen in durchaus zweckentsprechender Weise behandelt und blieb alsdann auch mehrere Jahre von weiteren Krankheitserscheinungen verschont. Nachdem einige Zeit Kopfschmerzen vorausgegangen waren, stürzte Patient plötzlich inmitten einer wenig erregten Conversation zusammen, blieb ½ Stunde lang besinnungslos und konnte, als er wieder zu sich kam, die rechtsseitigen Extremitäten nicht bewegen, auch schien in den ersten Stunden nach der Attaque die Zunge ihren Dienst zu versagen. Allmälig jedoch beherrschte Patient wieder vollkommen seine Sprachwerkzeuge, doch wurde Tags darauf schon eine linksseitige Gesichtslähmung constatirt. 14 Tage später sah ich den Patienten, bei welchem sich von früheren luetischen Erscheinungen einige strahlige weisse Narben der äusseren Decke nachweisen liessen; am Circulationsapparat fand ich nichts, wodurch der apoplektische Anfall seine Erklärung hätte finden können, auch die übrigen Organe zeigten keine Abweichungen. Der Druck der rechten Hand war schwächer als der der linken; auch war die motorische Kraft der rechten Unterextremität noch nicht wieder hergestellt; die Sensibilität war beiderseits erhalten. Das linke Auge war weit offen und konnte nicht geschlossen werden; beim Versuch, dasselbe zu schliessen, rollte der Bulbus einfach nach oben; die Stirnfalten waren linkerseits verstrichen, der Mundfacialis war ebenfalls ergriffen, die Zunge wurde gerade herausgestreckt, das Zäpfchen zeigte keine Abweichung; Trinken und Pfeifen konnte nur mit Anstrengung ausgeführt werden. Ausserdem war noch eine linksseitige Abducenslähmung vorhanden, so dass gleichnamige, bei Bewegung des Objektes nach links hin auseinander gehende Doppelbilder eintraten, die durch die stärksten Prismen nur auf wenige Augenblicke zum Verschmelzen gebracht werden konnten. Wir hatten es somit mit einem früher inficirten Patienten zu thun, der ohne sonstige im Circulationsapparate oder in den übrigen Organen liegende nachweisbare Veranlassung einen apoplektischen Insult erlitten hatte, in Folge dessen eine rechtsseitige Extremitätenlähmung mit Lähmung des linksseitigen Facialis und Abducens zurückgeblieben waren — eine Combination, welche, wie auch die Casuistik anderer obducirten und publicirten Fälle es erwies, auf eine Erkrankung der linken Ponshälfte hinwies;

mit Rücksicht auf die frühere Infection, die vorausgegangenen Kopfschmerzen mit nachfolgendem apoplektischem Anfall, das Alter des Patienten u. A. musste ich die Erkrankung als einen durch syphilitische Gefässveränderung hervorgerufenen Erweichungsprozess der Varolsbrücke ansprechen. Die 3 Monate später ausgeführte Obduction bestätigte die Diagnose vollkommen: in der oberen Parthie der linken Brückenhälfte befand sich ein etwa kirschkerngrosser Erweichungsherd, neben welchem sich Verdickungen und stellenweise Verstopfung der Art. basilaris und der Art. vertebralis nachweisen liessen, ausserdem fanden sich an der Innenfläche der Dura mater basil. trockene, etwas prominente Herde von grau-röthlicher Farbe, die mikroskopisch das unzweideutige Bild von Gummigebilden darboten. Es war somit die während des Lebens gestellte Diagnose eines durch syphilitische Arteriitis obliterans hervorgerufenen Erweichungsprozesses der Pons Varoli vollinhaltlich bestätigt, während die übrigen Parthien des Gehirns normal erschienen. Während in diesem, wie in den meisten anderen hieher gehörigen Fällen der Facialis auf der Seite des Krankheitsherdes gelähmt war, fand sich in dem früher bereits erwähnten Falle von Ballet[6]) der N. facialis auf derselben Seite wie die Extremitäten gelähmt, während der N. abducens der contralateralen, hier also der rechten Seite ergriffen war. Es fand sich rechterseits ein Syphilom, welches durch die ganze Länge der Pons ging und dem Boden des Ventrikels näher sass, als der basalen Fläche. Erwähnen will ich noch, dass ich die eben erwähnte Combination — Facialislähmung mit contralateraler Extremitätenlähmung —, wozu dann noch Aphasie hinzutrat, in einem Falle von Neumann[7]) erwähnt finde, in welchem beide Linsenkerne und die daran stossenden Parthien des Seh- und Streifenhügels in einen weisslichen Brei umgewandelt waren.

Endlich kann der Facialis auch bei Rindenaffection ergriffen werden, wie ich es selber in einem Falle von syphilitischer Epilepsie mit Stauungspapille beobachtet habe und wie es auch Wunderlich[8]) bei einem im 17. Lebensjahre angesteckten Mädchen gefunden hatte, bei welchem sich in der ersten Zeit der Beobachtung häufige Krampfanfälle, bald mit intercurrenten Delirien, bald mit mehrstündigem tiefem Coma eingestellt hatten. Während sich durch methodische Merkurialeinreibungen das Allgemeinbefinden besserte und die bis dahin vehementen Kopfschmerzen nachliessen, trat Parese des rechten Facialis und Anästhesie des rechten Trigeminus ein, die Kraft der

Arme und Beine nahm ab. Rumpf weist bezüglich dieses Falles darauf hin, dass die rechtsseitige Lähmung mit Convulsionen, Kopfschmerzen, Schwindel durch Rindenläsion erzeugt wäre. die ihrerseits wieder zu Facialis- und Trigeminusaffection geführt hatte. Allerdings konnte man in diesem übrigens günstig verlaufenden Falle auch an multipele Herde denken, wie auch in dem Falle von Rosenthal⁹). wo sich zu einer Hemiplegia sinistra noch eine Lähmung des linksseitigen Oculomotorius. Abducens und Parese des linken Facialis hinzugesellt hatte und wo sich ein Syphilom im Schweife des rechten Streifenhügels bis in den Linsenkern hinein vorfand. während an der Basis des Gehirns der linke N. oculomotorius atrophisch erweicht war und die basalen Gefässe sich entartet zeigten.

Auf die allgemein bekannten Symptome der Facialislähmung brauche ich nicht weiter einzugehen: nur erwähnen will ich. dass der uns hier zumeist beschäftigende Lagophthalmus paralyticus sowol im wachen Zustande der Patienten, wie auch während des Schlafes zu beobachten ist — worauf übrigens schon Bell aufmerksam gemacht hat — und dass sich mit der Lähmung des vom N. facialis innervirten M. orbicularis auch meistens eine vermehrte spastische Contractur des Antagonisten desselben. des Levator palpebr. sup. nämlich. verbindet.

b. N. trigeminus.

Im Verlaufe der syphilitischen Diathese wird der fünfte Gehirnnerv nicht allzu selten entweder allein oder in mannigfachen Combinationen mit anderen Gehirnnerven ergriffen: aus den letzteren sind wir häufig genug in der Lage, eine exakte Diagnose über den Sitz der Läsion zu stellen. Was die Ursprungskerne des Nerven betrifft, so schreibt Merkel¹) demselben drei Kerne zu: zwei davon liegen am Boden des vierten Ventrikels zwischen der Fovea anterior und der Spitze des Locus coeruleus und zwar in dem zwischen dem Boden des Ventrikels und der Decke gelegenen Winkel: der dritte stammt aus der grauen Substanz des Aquaeductus Sylvii. zu welchem Bündel feiner Nervenfasern gehen, welche aus den Vierhügeln entspringen. Diese dritte oder vordere Wurzel fasst Merkel als trophische Faser auf: wir werden später sehen. welchen Einfluss eine Verletzung oder Erkrankung dieser trophischen Faser Merkel's auf das Auge auszuüben vermag. Meissner und nach ihm Erb

nehmen an, dass eigentliche trophische Fasern zu einem Bündel
vereinigt innerhalb des ersten Astes des Trigeminus liegen und
dass nur eine Läsion der peripheren Trigeminuswurzeln Störungen
trophischer Art hervorzurufen vermögen, während bei central gelegenen
die Anästhesien des Quintus fehlen; dagegen hebt Eckhardt hervor,
dass die trophischen Fasern im Niveau des Austritts des Nerven
an der Brücke entspringen und die trophischen Wirkungen als
Folge der paralytischen Gefässerweiterung betrachtet werden müssen.
Der Stamm des Nerven tritt, nachdem er am seitlichen Brückenrande das Gehirn verlassen hat, am oberen Rande des Felsenbeins durch das Hirnzelt in die mittlere Schädelgrube ein und bildet
hier eine platte, grauröthliche Anschwellung, das Ganglion Gasseri;
dieser Knoten liegt zwischen den auseinanderweichenden Blättern
der Dura mater und ruht mit seiner inneren Fläche auf der oberen
Fläche des Felsenbeins; nach Bildung des Ganglion Gasseri theilt
sich der Nerv in seine drei Endäste.

Zuvörderst haben wir es bei Luetischen häufig mit Neuralgien
zu thun, die entweder bald nach eingetretener Infection oder aber
späterhin im Verlaufe der vorgeschrittenen Diathese sich zu zeigen
pflegen. Wir haben hiebei zunächst an Meningealreizungen zu
denken, durch welche mehr oder weniger heftige Anfälle von Tic
douloureux hervorgerufen werden, die dann meistens nur einer antiluetischen Behandlung weichen; späterhin und bei vorgeschrittener
Lues sind es alle jene Veränderungen der Knochenhaut in und um die
Orbita und an der Basis cranii, besonders Exostosen am Clivus
Blumenbachii, die gummösen Neubildungen und Entzündungen der
Hirnhäute, der Gehirnmasse wie des Nerven selber, welche zu den
heftigsten Neuralgien und auch zu Lähmungszuständen und
Anästhesien im Gebiete des Trigeminus Veranlassung geben. Es
bedarf keines besonderen Beweises, dass nicht die Art des Schmerzes
oder dessen Auftreten uns die syphilitische Natur des Leidens wird
erkennen lassen, sondern dass wir auch hier wie bei allen bisher
besprochenen Erkrankungen der Gehirnnerven uns auf die Anamnese,
auf die begleitenden Umstände, auf den Nachweis etwa noch vor-
handener luetischer Symptome und endlich auf die Combination
mit Erkrankungen anderer Nervengeflechte werden stützen müssen,
ehe wir die Diagnose auf Syphilis zu stellen berechtigt sind.

Die Literatur ist nicht arm an Fällen von Neuralgien und
Lähmungen des Trigeminus, die direkt auf Lues zurückgeführt

werden mussten, die nur einer antisyphilitischen Behandlung wichen und in denen unter Berücksichtigung des anatomischen Verlaufes des Nerven eine genauere Diagnose des Sitzes der syphilitischen Läsion ermöglicht wurde. — Am häufigsten sind jene Fälle von Neuralgien im ersten Aste des Trigeminus, welche mit periostitischen Anschwellungen der äusseren Theile in und um die Orbita einhergehen; Rumpf[2]) hat z. B. hievon zwei Fälle angeführt. Von intrakraniellen Fällen von syphilitischer Trigeminuserkrankung ist erwähnenswerth der Fall eines Syphilitischen von Broadbent[3]), bei welchem neben Lähmung des Trochlearis und des Levator palpebr. sup. noch der erste und zweite Ast des Trigeminus gelähmt war und bei welchem die Diagnose auf einen syphilitischen Tumor zwischen Ganglion Gasseri und Foramen rotundum gestellt wurde, da wo der Ramus ophthalmicus n. Quinti und der Trochlearis nahe beieinander liegen. Ferner sah Huguenin[4]) bei Neuralgie des linken Trigeminus neben und hinter der Sella turcica unmittelbar auf dem Ganglion Gasseri zwischen Oculomotorius und Art. meningea media aufsitzend ein bohnengrosses Gumma, welches den Knoten vollständig atrophisch gemacht hatte und zu einer Verwachsung zwischen der Dura mater und dem Ganglion geführt hatte; so war es ferner auch in einem Falle von Worms[5]), wo die Neuralgie von einem syphilitischen Prozess an der Felsenbeinspitze ausgegangen war, so auch bei Balfour[6]), wo sich an der Sella turcica Gummibildungen vorfanden. Bei Braus[7]) ferner finde ich einige ältere Fälle von Lancereaux, allerdings ohne anatomischen Nachweis der Läsion, in welchem Neuralgien im Gebiete des Quintus erst durch anhaltenden Gebrauch von Jodkalium resp. Merkur beseitigt wurden, und in denen früher Syphilis vorhanden war; endlich constatirte Rumpf bei der mikroskopischen Untersuchung eines Stückes des Nerven, der von einem an heftigster Neuralgie des Trigeminus leidenden syphilitischen Manne resecirt war, eine Granulationsgeschwulst, welche den Nerven vollständig durchwuchert hatte; Rumpf bezeichnet den Zustand als Perineuritis syphil.

Was mich betrifft, so habe ich den Trigeminus im Verlauf und in Verbindung mit syphilitischen Erkrankungen des N. opticus, Facialis, Abducens und Trochlearis häufig genug erkrankt gefunden, indessen nur zwei Fälle zu beobachten Gelegenheit gehabt, in denen die Quintusneuralgie als einziges Symptom des syphilitischen Leidens, und zwar einer syphilitischen Periostitis der Orbitalknochen angetroffen wurde.

Indessen ist es nicht sowol die bisher besprochene Hyperästhesie, sondern die Lähmung und Anästhesie des N. trigeminus, welche zu weiteren und deletären Veränderungen der Bulbusorgane zu führen vermag, zu Veränderungen, welche unter dem Bilde einer Keratitis neuroparalytica nur allzu häufig eine totale Zerstörung des Bulbus zu veranlassen vermag. Es sei mir gestattet, hier näher auf die Entstehung und die semiotische Bedeutung der Keratitis neuroparalytica einzugehen, wie ich es bereits in einer früheren Publikation aus dem Jahre 1880 gethan habe.

Die Durchschneidung des Quintus in der Schädelhöhle ist zuerst im Jahre 1822 von Fodéra und Herbert Mayo geübt worden und führte zu der bekannten, die ganze betreffende Gesichtshälfte occupirenden Anästhesie. Jedoch erst Magendie[8]) war es, der uns jene Veränderungen am Auge kennen lehrte, welche unter der Form der Keratitis neuroparalytica auftreten und welche wir als die Folgen einer Trigeminusanästhesie aufzufassen haben. Auf welche Weise jedoch die Veränderungen des Sehorgans bei jener Anästhesie zu Stande kommen, ob auf dem Wege der trophischen oder vasamotorischen Nerven, ob sie als traumatische oder als durch Einwanderung von Mikrococcen oder Bacterien erzeugte Keratitis aufzufassen sind, darüber sind die Autoren bis auf den heutigen Tag noch nicht einig. Ich komme auf die verschiedenen Erklärungen noch zurück. — Serres war der Erste, welcher die pathologischen Veränderungen am Trigeminus und am Ganglion Gasseri studirte, welche ihrerseits die Veranlassung zur Keratitis neuroparalytica abgeben. Serres sagt hierüber bei der Section eines hieher gehörigen Kranken: „Das Ganglion Gasseri der rechten Seite befand sich in einem kranken Zustande, von grau-gelber Farbe, angeschwollen und an der Stelle, wo der Ramus ophthalmicus abging, geröthet und injicirt. An der Veränderung der Farbe und Structur nahmen auch die drei abgehenden Hauptäste bis zu ihrem Austritt aus dem Schädel Theil, der Maxillaris inferior mehr als der superior; die kleinere motorische Portion des Quintus verhielt sich mit allen ihren Zweigen normal“. Romberg erwähnt ferner in seinem klassischen und auch heute noch mustergültigen Werke über Sensibilitätsneurosen einer Beobachtung von Gama[9]) bei einem Paraplegischen, wo das Ganglion Gasseri an Volumen beträchtlich zugenommen und das Ansehen wie die Consistenz des Speckgewebes hatte, und wo ebenfalls das Auge ergriffen war, ferner eines Falles von Alison[10]), wo es heisst: der Quintus der linken Seite war in der Nähe des Ganglion Gasseri von äusserst dichter Consistenz; hinter dem Ganglion zeigte er sich in hohem Grade atrophisch und an seiner Vereinigungsstelle mit der Pons Varolii war nichts als ein membranöses Gewebe sichtbar". Wir sehen also aus diesen, sowie vielen anderen Beobachtungen, auf welche ich hier nicht näher eingehen will, dass dort, wo sich neben Anästhesie einer Gesichtshälfte jene als Keratitis neuroparalytica bekannte Veränderung der Hornhaut vorfindet, dass da auch pathologisch nachweisbare Abnormitäten in der Gegend der Ursprungsstelle des Quintus oder am Ganglion Gasseri selber nie vermisst worden. Wo dagegen die krankmachende Ursache in der Gegend der peripherisch sich ausbreitenden Endigungen der Quintusäste gesucht werden muss, da haben wir es wol auch mit den Erscheinungen einer mehr weniger verbreiteten Anästhesie zu thun, wir sehen dann aber jene Veränderungen am Auge ausbleiben, welche wir als Keratitis neuroparalytica aufzufassen gewohnt sind; so findet man bekanntlich bei Verletzung einzelner Trigeminusäste, ferner auch bei der durch glaukomatöse Drucksteigerung bedingten Compression der Trigeminusäste, ferner bei Exophthalmus in Folge von Periostitis und bei verschiedenen anderen Ursachen eine mehr weniger ausgesprochene Anästhesie der Conjunctival- und der Hornhautoberfläche, bei denen wir jedoch, wie bereits erwähnt, jenen Einfluss auf das Auge vermissen; aus diesem Grunde gehe ich hier auf jene Zustände auch nicht näher ein.

Da somit, wie wir sahen, der Keratitis neuroparalytica stets pathologische Veränderungen am Ganglion Gasseri zu Grunde liegen, so drängt sich uns von selber die Frage auf, auf welche Weise wir uns den causalen Zusammenhang zwischen einer Erkrankung des Ganglion Gasseri und einer solchen der Hornhaut erklären können. Nachdem Graefe [11]) in seiner ersten Mittheilung über diesen Gegenstand mit wenigen Worten, doch in erschöpfender Weise das klinische Bild der Krankheit geschildert hatte, sagt er, „dass man die wolkige Beschaffenheit an der Oberfläche des Auges bei dem matten, wenig spiegelnden Aussehen desselben, bei der Anhäufung vertrockneter Epithelien auf ungenügende Befeuchtung beziehen müsse, um so eher, als sich dieselbe immer in dem mittelsten, prominentesten Theile bildet und sich vorwaltend in transversaler Richtung entwickelt, wie es der geöffneten Lidspalte entspricht". Doch erwähnt Graefe gleichzeitig, dass die Vertrocknung nur

einen Beschleunigungsgrund, nicht aber die alleinige Ursache der
Hornhautveränderung abgeben könne, da selbst bei vollständiger
Abtragung der Lider solche Vertrocknungsphänomene in so kurzer
Zeit sich nicht einzustellen pflegen; es müssten somit noch andere
Verhältnisse hier mitconcurriren, Veränderungen, welche Graefe
sich durch trophische Störungen eingeleitet dachte.

Snellen[12]) war der Erste, welcher jene Veränderungen für
rein traumatischer Natur erklärte: das an Anästhesie leidende Auge
habe kein Bedürfniss, fremde Partikelchen, welche der Oberfläche
anhaften, durch den Lidschlag zu beseitigen, und so entständen durch
dieselben resp. durch den durch sie erzeugten Reiz die Entzündungen
der Cornea mit. allen den bekannten und bereits erwähnten Folgezuständen. Nun giebt es allerdings auch klinisch beobachtete Fälle,
in welchen der Schutz des insensibeln Auges den Ruin desselben
abzuhalten vermochte; so erwähnt Watson[13]) eines Krankheits-
falles, in welchem Lähmung des rechten Trigeminus und des Facialis
neben rechtsseitiger Taubheit beobachtet wurde; die auch hier ein-
getretene Keratitis neuroparalytica heilte, nachdem das Auge durch
einen Verband geschützt war. Andere Fälle dagegen scheinen für
diese Auffassung nicht zu plädiren; so trat in dem Krankheitsfalle
von Norris[14]) trotz der grössten Sorgfalt, welche auf die Reinigung
und den Schutz des Auges vor äusseren Schädlichkeiten und Insulten
verwandt wurde, doch Nekrose und Perforation des centralen Theiles
der Cornea ein. Ferner berichtet Quaglino[15]) von einer nach
Gehirnerschütterung entstandenen multipeln Lähmung des Oculomotorius, des Trigeminus und des Facialis; trotzdem auch in diesem
Falle wegen der begleitenden Ptosis die Hornhaut vor Insulten
geschützt war, trat doch die Keratitis neuroparalytica auf und führte
unaufhaltsam zum Ruin des Auges. Zum Ueberfluss scheint nun
auch das physiologische Experiment die Ansicht von der traumatischen
Natur der Affection nicht zu bestätigen; Feurer reizte in so intensiver Weise, wie es auf gewöhnlichem Wege kaum vorzukommen
pflegt, das insensible Auge des Versuchsthieres und erzeugte hiedurch
wol Abschürfungen und Epithelverluste der Hornhaut, nie aber
jenen Zustand, wie wir ihn unter dem Gesammtbilde der Keratitis
neuroparalytica zusammenzufassen pflegen.

Dieser vielfach behaupteten und ebenso häufig widerlegten Ansicht von der traumatischen Entstehung der Keratitis neuroparalytica
nach Lähmung des Trigeminus steht die Behauptung derjenigen

Autoren gegenüber, welche die Hornhautaffection durch Lähmung der innerhalb des Trigeminus verlaufenden trophischen Nervenfasern entstehen lassen. Wie wir im Anfange dieses Kapitels sahen, entspringen nach Merkel in den Vierhügeln Bündel feiner Nervenfasern, welche zu den längs dem Aquaeductus gelegenen bipolaren Ganglienzellen hinziehen; in jede Ganglienzelle tritt nun eine schmale Faser ein, um als breite Faser aus derselben wieder herauszutreten, nach rückwärts zu ziehen und sich mit den beiden anderen Wurzeln zu verbinden; diese Faser fasst Merkel, wie oben gesagt, als trophische Faser des Trigeminus auf und behauptet, dass eine Verletzung desselben stets zur Keratitis neuroparalytica führe. Die Experimente Meissner's [16]) entsprechen nicht nur den Angaben Merkel's, sondern erweitern und vervollständigen sie wesentlich. So fand Meissner in mehreren Fällen, dass trotz der Durchschneidung des Trigeminus und trotz der hiedurch entstandenen Anästhesie der betreffenden Gesichtshälfte die Keratitis neuroparalytica doch ausgeblieben war; die Section wies in diesen Fällen nach, dass der Nerv nicht total durchschnitten war, sondern dass ein nach innen gelegener kleiner Theil unversehrt geblieben. Endlich fand Meissner, dass trotz bestehender Empfindlichkeit der Hornhaut die Keratitis überall dort eintrat, wo er nur den medialen Theil des Nerven eingeschnitten, die übrige Parthie desselben dagegen unversehrt gelassen hatte. Schiff bestätigt die Richtigkeit dieser Experimente, und es ist wol anzunehmen, dass am inneren Rande des Ramus ophthalmicus n. trigemini Fasern verlaufen, welche auf die Ernährung der Hornhaut und der Conjunctiva von wesentlichem Einflusse sind, und deren experimentelle Verletzung auch zu den deletären Folgen für die Hornhaut zu führen pflegt. Dem entsprechend giebt es auch klinische Beobachtungen, welche sich durch die eben genannten Experimente von Meissner und Schiff deuten lassen. Seeligmüller [17]) berichtet von einem Krankheitsfalle, in welchem erst nach einer 3jährigen Beobachtung einer totalen Trigeminuslähmung die Hornhautaffection sich einstellte; Seeligmüller nimmt bei seinem Kranken ein intrakranielles Leiden an, welches, von aussen nach innen fortschreitend, erst sehr spät die Meissner'schen inneren Randfasern des Trigeminus (die trophischen Fasern) ergriffen hatte. Dieser Ansicht schliesst sich Erb [18]), wie auch Hutchinson [19]) in ihren diesbezüglichen Beobachtungen an. — Doch kann auch diese Erklärung nicht für alle in der Literatur verzeichneten Beobachtungen die allein massgebende sein; es würden sich sonst jene Fälle nicht deuten lassen, in denen bei schon ausgebrochener Keratitis neuroparalytica dem Prozess doch noch Einhalt geschah, wenn das Auge durch einen Verband nur vor Insulten geschützt war; ich wenigstens vermag es mir nicht zu erklären, wie bei solchen Kranken trotz der noch fortbestehenden Lähmung der trophischen Fasern der Prozess doch noch sistirt werden konnte, wenn das Auge nur vor äusseren Schädlichkeiten geschützt war. Auch der eine der beiden Krankheitsfälle von Charles Higgens[20]) zeigt, dass der Mangel des trophischen Einflusses allein nicht hinreicht, um die Keratitis neuroparalytica hervorzubringen: Bei einer 47jährigen Frau bestand totale Lähmung des ersten und theilweise Lähmung der beiden anderen Aeste des Trigeminus; daneben noch Ptosis des oberen Lides, bedingt durch Lähmung des Oculomotorius und endlich noch Entropium des unteren Lides; trotzdem das entropionirte Lid die insensibele Hornhaut fortdauernd reizte, trat in diesem Falle doch keine Keratitis neuroparalytica ein, da der obere Theil der Hornhaut durch das herunterhängende Lid vor Insulten geschützt war. Mit Recht schliesst Higgens aus dieser Beobachtung, dass weder der traumatische Einfluss auf eine insensibele Hornhaut, noch auch der Mangel trophischen Einflusses allein hinreichend seien, um jene Hornhautaffection hervorzubringen, sondern dass hiezu noch etwas Drittes hinzukommen müsse, um im Einzelfalle den Endausgang herbeizuführen.

Graefe's genialer Forscherblick hatte, wie oben erwähnt, schon bei seiner ersten Publication über diesen Gegenstand es ausgesprochen, dass bei der nach Trigeminuslähmung entstandenen neuroparalytischen Hornhautentzündung es sich um eine durch ungenügende Befeuchtung hervorgerufene Vertrocknung und Xerosis der Hornhaut handle. Die neueren Untersuchungen Senftlebens[21]) bestätigen in gewissem Sinne Graefe's Voraussetzung; Senftleben nimmt an, dass, da der Lidschlag wegen der bestehenden Unempfindlichkeit der Cornea vermindert und ebenso auch die Befeuchtung des Auges herabgesetzt sei, dass sich durch Vertrocknung der Epithelien eine centrale Nekrose der Hornhaut entwickele, welche ihrerseits wieder einen Entzündungsreiz auf den übrigen Theil der Hornhaut ausübe; während sich also im Centrum der Hornhaut ein bis zur Eiterung gehender Prozess der tiefen Gewebsschichten etablirt, welcher als nichts anderes denn als ein Hornhautabscess aufzufassen

ist, entwickelt sich in der Peripherie eine als Einwanderungskeratitis
(Kerat. mycotica) anzusehende sekundäre rauchige Trübung, welche
sich übrigens bei makroskopischer Untersuchung nicht von einer
gewöhnlichen Hornhautentzündung unterscheidet. Dieser durch das
Experiment wie durch klinische Beobachtung in gleicher Weise
bestätigten Ansicht stimmt in der neuesten Zeit auch noch F e u e r [22])
bei. Wenn nun zum Schluss B a r l o g h in den fibrillären Spalten,
zwischen den Epithelschichten und in dem Innern der Cornea Sphäro-
bakterien vorfindet, und wenn auch T r e i t e l in einer durch Sarkom
der Diploë erzeugten neuroparalytischen Hornhaut neben anderen
Veränderungen in den erweiterten Interlamellarräumen Massen von
ovaler, elliptischer, spiessförmiger Gestalt (Mikrococcen) vorfindet, so
liegt es wol nahe anzunehmen, dass die genannten cellulären Gebilde
nicht die Ursache der Hornhautaffection ausmachen können, sondern
dass sie erst sekundär in die dem nekrotischen Zerfall geweihte
Hornhaut eingewandert sind, wo sie einen für ihre Weiterentwickelung
günstigen Mutterboden vorfanden.

Es schien mir angezeigt, diese allgemeinen Betrachtungen über
die Entstehung der Keratitis neuroparalytica vorauszuschicken, ehe
ich einiger eigenen und fremden Fälle Erwähnung thue, welche im
Verlaufe der Syphilis in Folge des comprimirenden und lähmenden
Einflusses gummöser Neubildungen und Entzündungen auf den
Quintus zu Stande kommen. Ob diese besondere und eigenthümliche
Art von destructiver Hornhautentzündung früher oder später in die
Erscheinung tritt, lässt sich allerdings nicht mit Sicherheit bestimmen;
indessen scheint sie dort, wo der Trigeminus gelähmt ist, nie aus-
zubleiben, wie es auch schon H i r s c h b e r g in einem Vortrag über
die Pathologie des fünften Hirnnerven hervorhob, den er in der
Berliner Gesellschaft für Psychiatrie und Nervenkrankheiten am
10. März 1879 hielt, wo er sagte: „Möge man sich bei vollständiger
und unheilbarer Lähmung des fünften Hirnnerven keiner Täuschung
hingeben bezüglich der neuroparalytischen Keratitis. Spät kommt
sie, doch sie kommt; selbst lange Zeit nach theilweiser Heilung der
neuroparalytischen Affection kann vollständige Zerstörung der Hornhaut nachfolgen“.

Von Fällen syphilitischer Trigeminuslähmung und daraus resul-
tirender Kerat. neuroparalytica habe ich im Ganzen vier beobachtet;
den einen hieher gehörigen Fall habe ich bereits auf S. 28—30
dieser Monographie bei Gelegenheit der Orbitalerkrankungen berück-

sichtigt, wo eine bis in die Tiefe der Orbitalhöhle fühlbare Knochenauftreibung der Orbitalwandungen zu pathologischer Veränderung
im Bereiche des Ramus ophthalmicus nervi quinti führte, die sich
dann weiter bis zum Ganglion Gasseri erstreckt hatte. Der zweite
Fall betraf Dr. S., welcher sich mir am 2. Juli 1870 präsentirte.
Patient ist im Jahre 1862 syphilitisch inficirt und bald folgten der
Infection in der bekannten Reihenfolge Exantheme, Rachengeschwüre,
Plaques ad anum, gegen welche längere Zeit hindurch, jedoch in
durchaus unregelmässiger Weise Hydr. jodat. flav. und Hydr. bichlor.
corrosivi angewandt wurde. Bis zum Jahre 1867 schien die Krankheit
getilgt zu sein, als sie sich im Frühling des genannten Jahres von
Neuem durch stinkenden Ausfluss aus der Nase ankündigte, dem
bald darauf der Abgang mehrerer nekrotischen Knochenstückchen
folgte. Im katholischen Krankenhause zu Berlin wurde Patient längere
Zeit mit Decoct. Zittmanni behandelt, jedoch sistirte weder die Ozäna,
noch verminderte sich die linksseitige Schwerhörigkeit, welche damals
schon den Patienten zu beunruhigen begann. Im Jahre 1869 traten
zum ersten Male cerebrale Erscheinungen auf: anhaltende Kopfschmerzen, Verlust der artikulirten Sprache, Abnahme des Gedächt-
nisses waren die Symptome, gegen welche von Neuem der Merkur
und jetzt in Form von Inunctionen in einem Berliner Privatkranken-
hause angewandt wurde. Der Winter von 1869/70 verlief ziemlich
gut, ebenso erfreute sich Patient noch im Frühlinge des Jahres 1870
eines leidlichen Wohlbefindens, bis er im Juni desselben Jahres von
einer Lähmung des 'linksseitigen Abducens und Facialis befallen
wurde, welche ihn veranlasste, sich in Aachen von Neuem einer
energischen Inunctionskur zu unterziehen. Als nach Verlauf von
einigen Wochen sich auch das linke Auge zu entzünden begann,
wurde ich von dem den Patienten behandelnden Collegen hinzugezogen
und constatirte Folgendes: das knöcherne Gerüst der Nase, sowie
das Septum narium sind zum Theil zerstört, die Uvula ist mit dem
harten Gaumen verwachsen, eine stark tickende Uhr kann mit dem
linken Ohr nur vernommen werden, wenn dieselbe fest an den äusseren
Gehörgang angedrückt wird. Die Stirnfalten sind linkerseits verstrichen, der Mund nach rechts verzogen, das durch Lähmung des
linken Abducens stark convergirende Auge kann nicht geschlossen
werden. Nadelstiche werden auf der linken Stirn- und Backenhälfte
bis zum Unterkiefer herab nicht gespürt, Geruch und Geschmack
scheinen nicht wesentlich gestört zu sein. Die linksseitige Conj.

bulbi et palpebr. ist injicirt und zeigt vermehrte Absonderung; eine geringe subconjunctivale Röthe umgiebt kranzförmig die Hornhaut. Letztere zeigt einen central gelegenen gelben Herd, welcher von einer getrübten Hornhautzone umgeben ist; die Trübung klingt nach der Peripherie hin allmälig ab, so dass deutlich noch die Faserung der geschwellten Iris und ein kleines Hypopyum in der vorderen Kammer sichtbar ist. Die ganze Hornhaut ist total unempfindlich, so dass nicht allein Berührung mit einem Pinsel, sondern auch Eindrücke der Hornhautoberfläche mit der Fingerkuppe vom Patienten nicht empfunden werden und kaum den Lidschlag auslösen. Die Tension des Bulbus ist herabgesetzt (T—1), die wenig dilatirte Pupille reagirt prompt auf Lichteinfall und erweitert sich auf Atropin ad maximum; das Sehvermögen ist der Trübung entsprechend auf das Erkennen von Fingern reducirt. Trotz sorgfältigem Verschluss des Auges durch einen gut schliessenden Druckverband stieg in den nächsten Tagen das Hypopyum, so dass ich durch eine Punctio corneae (welche ebensowenig wie die Fixation des Bulbus mit einer Fixirpincette vom Patienten empfunden wurde) den Eiter aus der vorderen Kammer entleeren musste. Der bald darauf ausbrechende deutsch-französische Krieg zwang mich, den Patienten zu verlassen; er ging, wie ich nach meiner Rückkehr erfuhr, noch im Verlaufe desselben Jahres unter zunehmenden Cerebralerscheinungen zu Grunde.

Wir haben es also mit einer Lähmung des linksseitigen Facialis, Acusticus, Abducens, Trigeminus und seinen drei Aesten und mit einer durch letztere inducirten Keratitis neuroparalytica bei einem Syphilitischen zu thun, die sich zu den schon längere Zeit bestehenden Cerebralerscheinungen, sowie zu den ulcerativen Symptomen der Schleimhaut und des Knochensystems hinzugesellt hatten; wir müssen den Sitz des Leidens an die Basis cranii verlegen, wo die genannten Nerven durch den Druck eines syphilitischen Tumor (Gumma oder Exostose) ihrer Leitungsfähigkeit beraubt waren.

Einen dritten Fall sah ich vor 2 Jahren bei einer 35jährigen Frau aus der Nachbarschaft von Aachen, welche 3 Jahre zuvor inficirt, wiederholt durch den Ausbruch schwerer Hirnsymptome heimgesucht war; die wüthendsten, besonders die linksseitige Kopfhälfte occupirenden Schmerzen, Benommenheit, Doppelsehen in Folge von Lähmung des N. abducens, ferner Lähmung einzelner Facialiszweige waren vorausgegangen, als Patientin im Frühjahr 1885 sich mir mit einer Erkrankung des linken Auges präsentirte. Die Kopfschmerzen sollen seit einigen Wochen verschwunden und einem

pelzigen, tauben Gefühl der linken Gesichtshälfte gewichen sein;
ich fand denn auch eine vollständige Anästhesie im Gebiete des
ersten Astes des Trigeminus, welche sich bis auf die behaarte Kopfhaut erstreckte und genau mit der Mittellinie abschnitt, Gehör,
Geruch und Geschmack waren ungestört. Ferner fand ich eine
Lähmung des linken Abducens, sowie einzelner Aeste des Facialis,
endlich noch vollständige Anästhesie der rauchig getrübten Hornhaut; diese konnte mit dem Sondenknopf eingedrückt werden, ohne
dass sich eine Lidbewegung auslöste, im Centrum hatte sich eine
Ulceration gebildet, die vordere Kammer war in ihrem unteren
Viertel mit Eiter gefüllt. Trotz der sofort eingeleiteten klinischen
Behandlung, die in starken Merkureinreibungen und Verschluss des
anästhetischen Auges bestand, ging dasselbe schliesslich zu Grunde;
die Patientin hatte sich bald von ihrem Leiden erholt und ist bis
heute gesund geblieben. — Den vierten Fall sah ich nur ein Mal
consultativ vor 2 Jahren bei einem Südländer, bei welchem unter
denselben Erscheinungen, wie die bisher beschriebenen waren, das
rechte Auge zu Grunde gegangen war; auch dieser Patient soll
sich bis heute eines leidlichen Wohlbefindens erfreuen.

Aehnliche Fälle veröffentlichte Henry[23]), wo Paralyse des
Trigeminus und Acusticus bei einem schon vor Jahren an Syphilis
erkrankten Manne, sowie Keratitis neuroparalytica beobachtet wurde;
ferner Königstein[24]) bei einem Patienten, bei welchem ebenfalls
in Folge von Lues Lähmung aller äusseren Augenmuskeln des rechten
Auges nebst Anästhesie des rechten Trigeminus und Keratitis neuroparalytica sich vorfanden; ferner Anderson und Gunn[25]), wo zu
linksseitiger Diplopie sich bei einem Syphilitischen Anästhesie des
linken Trigeminus und Keratitis neuroparalytica hinzugesellt hatten;
endlich führe ich den Fall von Genkin[26]) (Refer. in Michel's
Jahresbericht von 1886, S. 339) an, wo bei einem 70jährigen Psycho-
pathen mit constitutioneller Syphilis und lange bestehender beiderseitiger Trigeminusneuralgie sich trotz des Fehlens der Anästhesie
im Bereiche des Trigeminus Keratitis neuroparalytica eingefunden
hatte und wo die Section eine syphilitische Neubildung des Keilbeins
nachwies, welche auf den linken Trigeminus gedrückt hatte. Der
Autor reiht den Fall denjenigen von Charcot beschriebenen und
als reine Trophoneurose gedeuteten Fällen an, in denen noch keine
Anästhesie, sondern eine Hyperästhesie des Trigeminus bestand.

Literatur.

a. N. facialis.

1. Mendel: Neurologisches Centralbl. 1887, No. 23.
2. Vidal de Cassis, mitgetheilt von Leon Gros et Lancereaux S. 415
3. Cruveilhier: Union méd., Februar 1850.
4. Friedreich: Beiträge zur Lehre von den Geschwülsten in der Schädel-höhle. Würzburg 1853, S. 42.
5. Findeisen: Ein Fall von Hirnsyphilis. Inaug.-Dissert. Würzburg 1878.
6. Ballet: Progr. méd. 1880, No. 38, S. 766.
7. Neumann: Wiener med. Wochenschr. 1882, No. 34.
8. Wunderlich: Die syphilitischen Erkrankungen des Nervensystems von Rumpf S. 142.
9. Rosenthal: Deutsches Arch. f. klin. Medizin Bd. XXXVIII, S. 277.

Ferner: Baumgarten: Virchow's Arch. Bd. LXXXVI, S. 179. — Eisen-lohr: Arch. f. Psych. Bd. IX, S. 19. — Nothnagel: Topische Diagnostik der Gehirnkrankheiten. — Hallopeau: Bullet. de la Soc. anat. 1876. — Eulenburg: Lehrbuch der functionellen Nervenkrankheiten.

b. N. trigeminus.

1. Fr. Merkel: Die trophische Wurzel des Trigeminus. Untersuchungen aus dem anatomischen Institut zu Rostock.
2. Rumpf: l. c.
3. Broadbent: Paralysis of the ophthalmic and superior maxillary divisions of the fifth nerve, of the fourth nerve and of the branche of the third to the levator palpebrae. Lancet Bd. I, S. 380.
4. Huguenin: Correspondenzbl. f. Schweizer Aerzte 1875, No. 7.
5. Worms: Citirt bei Leon Gros et Lancereaux S. 387.
6. Balfour: Edinb. med. Journ. 1875, Oct., S. 289.
7. Braus: Hirnsyphilis. Berlin 1873.
8. Magendie: De l'influence de la cinquième paire de nerfs sur la nutrition et les fonctions de l'oeil im Journ. de physiol. experim. et pathol. Bd. IV, S. 176.
9. Gama: Traité des plaies de tête et de l'encéphalite. Paris 1830, S. 173.
10. Alison: Pathol. and practical researches etc., 3 edit. 1836, S. 424.
11. v. Graefe: Arch. f. Ophth. Bd. I, 1, S. 309.
12. Snellen: De invloed der zenuven op de onsteking proefonderimdatijk getoest. Utrecht 1857.
13. Watson: On a case of neuroparalytic keratitis. Med. Times and Gazette, Febr. 14, S. 176.

14. Norris: Paralysis of trigeminus followed by slonyhing of cornea. Transact. americ. ophth. Soc. S. 138—142.

15. Quaglino: Anestesia della cornea e della congiuntiva d'ell' occhio destro. — Cheratite suppurativa neuroparalytica. Annali di ottalm. Bd. II, S. 264.

16. Meissner: Zeitschr. f. rationelle Medizin Bd. XV, S. 254.

17. Seeligmüller: Neuropathologische Beobachtungen. Festschrift. Halle. 41 Seiten.

18. Erb: Krankheiten des Nervensystems S. 197.

19. Hutchinson: What are the trophic nerves of the eyeball. Ophth. Hosp. Rep. Bd. VIII, S. 7.

20. Charles Higgens: a. Paralysis of the fifth nerve with ulceration of the cornea. — b. Paralysis of the fifth nerve and other nerves-no affection of the cornea. Ophth. Hosp. Rep. Bd. VIII, S. 73—77.

21. Senftleben: Ueber die Ursachen und Wirkungen der nach Durchschneidung des Trigeminus auftretenden Hornhautaffectionen. Virchow's Arch. f. path. Anat. Bd. LXV, H. 1, S. 69—99.

22. Feuer: Untersuchungen über die Ursachen der Keratitis nach Trigeminus-Durchschneidung. Sitzungsber. d. Akad. d. Wissensch. in Wien Bd. LXXIV, Abth. II, S. 36.

23. Henry: Cases of paralysis of the fifth cranial nerve. Philadelphia med. Times S. 577, June 12.

24. Koenigstein: Lähmung aller äusseren Augenmuskeln des rechten Auges und Anästhesie des rechten Trigeminus. Wiener med. Presse 1878, No. 18.

25. Anderson und Gunn. Nervous disease with ocular symptoms and alleged monocular diplopia. Ophth. soc. of Great Britain. Brit. med. Journ. Bd. I, S. 955.

26. Genkin: Ein Fall von Ophthalmia neuroparalytica. Russkaja med. No. 9.

Ferner: Schubert: Die syph. Augenkrankheiten S. 162. — Chvostek: Vierteljahrschr. f. Dermatol. u. Syphilis 1881, S. 65. — Duchek: Wiener med. Jahrbücher 1864. — Siegmund: Wiener med. Wochenschr. 1856. — Kussmaul: Merkurialismus 1860. — Ljunggrén: Arch. f. Dermatol. u. Syphilis 1871. — Bamberger: Wiener med. Wochenschr. 1883, No. 5. — Müller: Arch. f. Psych. u. Nervenkrankheiten Bd. XIV, S. 263 u. 513.

Neuntes Kapitel.

Die hereditär-syphilitischen Augenkrankheiten.

Bevor ich zur Besprechung der auf hereditär-syphilitischer Basis beruhenden Augenkrankheiten übergehe, sei es mir gestattet, über die Vererbung der Syphilis einige allgemeine Betrachtungen vorauszusenden. Obgleich über die meisten hieher gehörigen Punkte noch durchaus keine Einigkeit unter den Syphilidologen von Fach besteht, so will ich es doch versuchen, aus der Fülle der Beobachtungen und aus der grossen Zahl der jene Fragen behandelnden Abhandlungen dasjenige kurz hier zusammenzufassen, was entweder als sicher constatirte Thatsache oder wenigstens als plausibele Hypothese angesehen werden kann.

Wenn Boeck u. A. als hereditär bezeichnen, wenn die Mutter schon vor der Conception krank war, als congenital dagegen, wenn die Ansteckung der Mutter erst nach der Conception erfolgte, so will ich, indem ich hierin Hutchinson[1]) folge, die congenitale und die hereditäre Syphilis als synonym der acquirirten gegenüberstellen; ich bin mir indessen hiebei sehr wohl bewusst, dass diese Anordnung als eine allseitig correkte und unanfechtbare nicht angesehen werden kann. Wir setzen bekanntlich bei der acquirirten Syphilis eine Ulceration voraus, durch welche das syphilitische Virus in den Körper eindringt, während wir bei der congenitalen resp. der hereditären eine solche Ulceration vermissen, da hier das Virus aus der Säftemasse der Mutter durch den Placentarkreislauf direkt in den kindlichen Körper übergeht. Gegen eine solche Gegenüberstellung kann nun zunächst eingewandt werden, dass dabei auch stets eine Infection der Mutter vorausgesetzt werden muss, was ja bekanntlich recht häufig nicht zutreffend ist; jene Beobachtungen sind im Gegentheil nicht selten, dass eine durchaus gesunde Mutter entweder ein' syphilitisches Kind zur Welt bringt, oder dass sie erst sekundär durch die syphilitische Frucht inficirt wird (Choc en retour. Ricord, Hutchinson u. A.). Wir dürfen ferner auch nicht vergessen, dass bei dem Durchgang des kindlichen Körpers durch die mit luetischen Affectionen behafteten mütterlichen Geburtstheile das syphilitische Virus die leicht verletzliche kindliche Epidermis durchdringen und so

das Kind inficiren kann (Infectio per partum, Infection au passage,
Girtanner); in diesem Falle werden wir, trotzdem das Kind in
der gewöhnlichen Weise erst mehrere Wochen später syphilitische
Eruptionen aufweist, es doch nicht mit dem zu thun haben, was wir
als hereditär in engerem Sinne ansehen, sondern werden eine acquirirte
Syphilis vor uns haben. Es hiesse indessen die Skeptik zu weit
treiben, wollten wir, wie Baerensprung[2]) es gethan, alle jene von
syphilitischen Müttern geborenen und mit zweifellos syphilitischen
Affectionen der Schleimhäute und der äusseren Bedeckung versehenen
Kinder als solche ansehen, welche acquirirte Syphilis davongetragen
haben. Da es indessen nicht unsere Aufgabe sein kann, in diesem
Widerstreit der Meinungen unter den erfahrensten Syphilidologen
Partei für oder gegen die eine und die andere Behauptung zu nehmen,
so sei es genügend, diese Punkte hier, wenn auch nur oberflächlich
gestreift zu haben, und es sei mir daher gestattet, wie im Eingang
dieses Kapitels erwähnt, alle die bei Neugeborenen zur Beobachtung
gelangenden luetischen Affectionen als im Gegensatz zu den acquirirten zu den hereditären zu zählen.

Die hereditäre Syphilis kann nun sowol durch das inficirte
Ovulum der Mutter wie durch das syphilitische Sperma des Vaters
dem Kinde übertragen werden (Conceptionsvererbung); sie kann
aber auch durch eine erst während der Schwangerschaft acquirirte
Infection der bisher gesunden Frucht einverleibt werden (Schwangerschaftsvererbung). Auch betreffs dieser Punkte, welche dem unbe-
fangenen Beobachter vielleicht selbstverständlich dünken möchten,
existiren Ansichten und Behauptungen, die sich diametral gegenüber-
stehen; während die Einen (Putegnat, Swediaur, Diday[3]),
Trousseau[4]) u. A.) behaupten, dass die hereditäre Syphilis immer
vom Vater ausgehen müsse, da ja syphilitische Weiber meistens
unfruchtbar wären (Mayer, Bednar), beschuldigen Andere
(Vassal[5]), Baerensprung, Bouchut[6]), Cullerier, Notta,
Hunter u. A.) im Gegentheil die Mutter, die Syphilis dem Kinde
einverleiben zu können; während ferner die Einen annehmen, dass
nur in den ersten Monaten der Schwangerschaft eine Uebertragung
auf den gesunden Fötus möglich ist (Koebner, Boeck), sind es
bei Anderen gerade die letzten Monate der Gravidität, in denen
sich eine frische Ansteckung der Mutter der Frucht mittheilen
soll (v. Rosen). Wie dem nun aber auch sein mag, beide Formen,
sowol die Conceptions- wie die Schwangerschaftsvererbung, zeigen

sich unter ganz gleichen Erscheinungen, so dass es absolut unstatthaft ist, aus letzteren entnehmen zu wollen, ob wir es in dem betreffendem Falle mit der einen oder der anderen Weise der Vererbung zu thun haben. Ebensowenig sind wir aber auch im Stande, aus der Art der Erkrankung, aus der Zeit ihres Auftretens, aus der Symptomatologie etc. Rückschlüsse darauf zu machen, ob die Syphilis des Kindes auf eine spermatische oder eine ovuläre Infection zurückzuführen ist; Niemand wird wol heutzutage noch die Ansicht Baerensprung's zu der seinigen zu machen bereit sein, dass die Erkrankung der Leber einen Rückschluss gestatte auf väterliche Syphilis, während die Syphilis der Lungen den vorherrschenden mütterlichen Einfluss voraussetzen lasse. Endlich vermögen wir auch nicht aus den syphilitischen Erscheinungen des Kindes rückzuschliessen auf das Stadium, in welchem sich die elterliche Syphilis befand; das Einzige, was wir nach dieser Richtung hin wol als sicher anzunehmen berechtigt sind, ist, dass meistens gesunde Kinder geboren werden, wenn sich die Lues des Vaters im späteren Stadium befand, wo dieselbe nicht mehr infectionsfähig ist, während das Kind seinem Schicksal, mit Syphilis behaftet zu werden, nicht entgehen kann, wenn die mütterliche Syphilis sich im vorgerückten Stadium befindet.

Im Allgemeinen können wir annehmen, dass die Frucht um so eher syphilitisch inficirt wird, je mehr die Zeugung derselben dem Zeitpunkt der Infection des Vererbenden näher steht und dass allmälig eine graduelle Abnahme der Krankheitsintensität sowol wie eine allmälige Abschwächung des elterlichen Contagiums eintritt. Es zeigt sich dieses Gesetz darin, dass eine Frau, welche von einem mit Primäraffecten behafteten Manne gleichzeitig geschwängert und inficirt wird, zunächst keine reifen Kinder zur Welt bringt: sie abortirt zu wiederholten Malen in den ersten Monaten der Schwangerschaft. Je mehr nun die Syphilis der Eltern ihre Ansteckungsfähigkeit verliert, um so länger werden die darauffolgenden Schwangerschaften dauern; die Kinder werden jetzt im 7., 8. oder 9. Monat der Gravidität mit allen Zeichen der ererbten Syphilis todt geboren oder sterben sehr bald nach der Geburt. Das nächstfolgende Kind derselben Mutter kommt dann vielleicht schon kräftig und lebensfähig zur Welt, an der Haut oder den Schleimhäuten des Kindes zeigt sich selten irgend ein Symptom der Syphilis und erst nach mehreren Wochen bis gegen das Ende des 2. Monats hin brechen die ersten

Zeichen der bisher latenten Syphilis hervor: Coryza, Exantheme der Haut, Ulcerationen am Anus und den Mundwinkeln, ausgebreitete Erytheme u. s. w. sind die unzweideutigen Zeichen des elterlichen Erbes. Diday, Hutchinson haben zur Zeit der Geburt niemals ein Kind mit Symptomen der Syphilis behaftet gesehen, während Astley Cooper, Cullerier, Guérard, Deville, Bouchut u. A. mehrere Kinder mit kupferfarbenen Eruptionen der Hohlhand und der Fusssohlen angetroffen haben; Rosen fand, dass bei einem Dritttheil bis zur Hälfte der Kinder die Syphilis bis zum Ende des 1. Monats, bei $^3/_4$ bis zum Ende des 2. Monats und bei $^9/_{10}$ bis zum Ende des 10. Monats sich zu zeigen pflegt. In den meisten Fällen vermag der kindliche Organismus dem Virus keinen genügenden Widerstand entgegenzusetzen, die Kräfte des Kindes nehmen mehr und mehr ab, die Haut wird welk, das Gesicht bekommt jenes leidende, greisenhafte Aussehen und unter den Erscheinungen fortschreitender Erschöpfung geht das Kind in kürzerer oder längerer Zeit zu Grunde; nach Kassowitz erlagen von 330 Kindern 191, also 58 %o ihrem Erbtheil. Gelingt es indessen, die Kräfte des Kindes zu erhalten resp. durch eine geeignete Therapie der Syphilis Herr zu werden, so tritt derjenige Verlauf der Erkrankung ein, wie wir ihn bei der acquirirten Syphilis kennen. Die Symptome schwinden entweder vollständig, um zunächst nicht mehr wiederzukehren oder sie machen den Erscheinungen vorgeschrittener Syphilis Platz: plastische oder gummöse Iritiden, Erweichung der einen, Auftreibung anderer Röhrenknochen, Ergüsse in die Gelenke werden dem halbweges aufmerksamen Beobachter die Natur der Erkrankung sehr bald offenbaren. Wie bei der acquirirten, so kann aber auch bei der hereditären Syphilis nach dem Ueberstehen der ersten Symptome eine Periode langjähriger Latenz folgen, nach deren Ablauf alsdann jene Erscheinungen eintreten, die wir als Syphilis hereditaria tarda anzusprechen pflegen. Nicht vor dem 6. oder 7. und wohl auch nicht nach dem 20. Lebensjahre zeigt sich bei dem bisher anscheinend gesunden Individuum, bei welchem die ersten luetischen Symptome entweder in der oben angedeuteten Weise der Therapie gewichen sind, oder bei welchem dieselben so gering gewesen, dass sie der Beobachtung vollkommen entgangen waren, bei einem solchen Individuum zeigen sich nun mannigfache Symptome, die wir als das tertiäre Stadium der hereditären Syphilis anzusehen berechtigt sind: Erkrankung des Labyrinths mit Ausgang in Taubheit, Entzündung beider Hornhäute unter dem Bilde der Keratitis parenchymatosa, immer wieder recidivirende Ergüsse in die Gelenke, dabei Abmagerung, Blässe der Haut und der Schleimhäute müssen die Aufmerksamkeit des Arztes nothgedrungen auf die Annahme einer constitutionellen, die Säftemasse des jugendlichen Körpers inficirenden Erkrankung hinlenken.

Dieser kurz skizzirte Verlauf der hereditären Syphilis, bei welchem jenes Gesetz sich geltend macht, welches von Kassowitz[7] als „das von der spontanen graduellen Abschwächung der Intensität der syphilitischen Vererbung" bezeichnet wird, ist auch von vielen Autoren (Putegnat, Simon, Diday, Mainade, Maisonneuve, Rosen) durch zahlreiche Beobachtungen sicher gestellt worden. So findet sich bei Weil[8] folgende von Kassowitz mitgetheilte Reihe:

Mutter allein nach der Geburt des ersten Kindes inficirt; vollständige Reife bis zum Erlöschen der Vererbungsfähigkeit:

1) 1863. Mädchen, immer gesund. 3 Monate nach der Geburt des Kindes wird die Mutter inficirt und im Spital behandelt.

2) 1865, Herbst. Knabe, im 7. Monate todtgeboren.

3) 1866, Ende. Knabe, im 7. Monate geboren, lebte 5 Stunden.

4) 1867, Ende. Knabe, reif, todtgeboren.

5) 1869, Januar. Knabe, reif, bekam in der 1. Woche einen Ausschlag über den ganzen Körper, der 4 Monate lang bis zum Tode fortbestand.

6) 1870, Januar. Knabe, reif, erkrankt zu 6 Wochen an maculopapulösem Exanthem, zu 15 Monaten Recidive, jetzt schlecht genährt, rhachitisch, mit charakteristischer Physiognomie.

7) 1879, Februar. Knabe, gesund.

Diese allgemeinen Betrachtungen mögen genügen; der Leser sieht, dass die Ansichten über viele der wichtigsten hieher gehörigen Fragen noch nicht allseitig geklärt sind und dass noch mancherlei eine unbewiesene Hypothese ist. Ich muss indessen den sich hiefür Interessirenden auf die einschlägigen Arbeiten von Kassowitz, Weil, Fürth[9], Caspary[10] u. A. verweisen und mich jetzt zur Besprechung derjenigen Augenkrankheiten wenden, die wir bei hereditär-syphilitischen Kindern beobachten. Wie häufig dieselben bei solchen Kindern sind, darüber fehlen uns bis jetzt brauchbare statistische Erhebungen; Rabl[11] fand unter 127 Fällen 50 Mal Augenleiden, also in 39,4%. In erster Linie ist es der Uvealtraktus,

dessen Erkrankung wir sowol bei Neugeborenen, wie auch später
noch während der ersten Kindheit beobachten können. Bei Neugeborenen sehen wir zunächst eine abgelaufene Irido-Cyclitis, welche
auf eine Entzündung der Uvea während des intrauterinen Lebens
zurückgeführt werden muss: die Iris ist durch ein retroiritisches Exsudat
vorgebaucht, die Pupille verwachsen, der Bulbus weich. Lawson[12])
sah ein 7 Monate altes Kind, welches an Resten von Iritis mit
Pupillarverschluss linkerseits litt; ausserdem waren noch syphilitische
Eruptionen an den Nates und den Genitalien vorhanden. Bull[13])
sah drei Fälle von congenitalen hinteren Synechien. Ich selber habe
den Prozess im Ganzen 4 Mal zu sehen Gelegenheit gehabt und
auch in allen Fällen Syphilis der Eltern nachzuweisen vermocht;
zwei von den Kindern zeigten bei der Geburt noch Pemphigusblasen,
die über einen Theil des Körpers zerstreut waren, die beiden anderen
waren atrophische, elende Kinder, welche bald darauf zu Grunde
gingen. — Ob der angeborene Hydrophthalmus oder Buphthalmus,
der auf eine intrauterine Chorioiditis serosa zurückzuführen ist, auch
mit Syphilis der Erzeuger zusammenhängt, darüber fehlt es uns
an genügenden Beobachtungen und sicheren Beweisen; ich habe unter
fünf Fällen von Buphthalmus 2 Mal Lues der Mutter nachweisen
können. So publicirt auch Bader[14]) drei Abbildungen, die sich
auf hereditäre Syphilis in hydrophthalmischen Augen beziehen: in
zwei von diesen Augen umgiebt ein sehr breiter weisser Scleralring,
der von bräunlichem Pigment eingesäumt ist, die excavirte Papille;
in dem dritten Auge zeigt sich der Sehnerv blaugrau, atrophisch,
und ist nur von einem schmalen Ringe umsäumt; ausserdem sind
noch circumscripte Chorioidealveränderungen bemerkbar.

Die Iritis plastica scheint bei Neugeborenen nur selten vorzukommen; vielleicht entgeht aber auch die überdies niemals sehr
intensive Entzündung der Beobachtung, zumal die Kinder ihre
Augen nur wenig zu öffnen pflegen. Dagegen zeigt sich schon
etwas häufiger sowol im ersten wie im späteren Kindesalter die
akute Iritis unter genau denselben Erscheinungen, wie ich sie
bereits im fünften Kapitel dieses Werkes bei Besprechung der
auf acquirirter Syphilis beruhenden Iritis geschildert habe. Ohne
befürchten zu müssen, auf Widerspruch bei meinen Fachgenossen zu stossen, kann ich noch einen Schritt weiter gehen und
behaupten, dass eine akute Iritis bei Kindern in den ersten Lebensmonaten, wie auch in den späteren Jugendjahren stets auf hereditärer

Syphilis beruhe; ich wenigstens habe in den von mir beobachteten Fällen anderweitige luetische Erscheinungen nie vermisst und auch die Angaben der Eltern haben in den meisten Fällen die Diagnose zu bestätigen vermocht. Dasselbe behauptet auch v. Wecker[15]), Horner[16]), Hutchinson, Schubert u. A. Unter Anderen publicirte auch Walton[17]) drei hieher gehörige Fälle, von denen der eine mit Glaskörperflocken, der zweite mit der später zu besprechenden Keratitis parenchymatosa complicirt war. Ueberdies fanden sich in zwei Fällen Geschwüre am Mund und After und in allen dreien jene abnorme Zahnbildung, auf welche ich im Verlaufe dieses Kapitels ebenfalls noch näher einzugehen haben werde. Auch Trousseau[18]) fand bei einem von einem syphilitischen Vater gezeugten Mädchen die Zeichen einer chronischen Iritis mit massenhaften Glaskörperflocken, wodurch das Sehvermögen fast vollständig vernichtet war. — Zwei Mal beobachtete ich die Iritis gummosa und zwar den ersten bei einem 8jährigen Knaben, dessen ich bereits auf S. 66 Erwähnung gethan habe. Einen zweiten Fall behandelte ich vor mehreren Jahren bei der 7jährigen Marie X.; die Mittheilung dieses Falles dürfte vielleicht auch noch aus anderen Gründen nicht ohne Interesse sein. Der Vater unserer Patientin hatte in seinem 38. Lebensjahre einen Ausfluss aus der Harnröhre und bald darauf ein über den ganzen Körper verbreitetes Exanthem überstanden. Der Ausfluss wurde von dem Arzte für das Secret eines Harnröhrenschankers gehalten, und dieserhalb wie auch wegen der bald darauf eintretenden Allgemeinerscheinungen unterzog sich Patient einer längeren antisyphilitischen Behandlung; er verblieb darauf länger als 1 Jahr unter steter Beaufsichtigung des sehr sachverständigen Collegen und heirathete, nachdem sich 2 Jahre hindurch keinerlei luetische Symptome mehr gezeigt hatten, ein blühendes kräftiges Mädchen von 24 Jahren; mit derselben zeugte er zwei gesunde Kinder, die auch heute noch am Leben sind. Während der dritten Schwangerschaft kränkelte die Frau anhaltend, wurde bleich, fühlte sich elend und brachte ein schwächliches Kind zur Welt, welches die nächsten Jahre hindurch an häufigem Schnupfen, an Ausschlägen und anderweitigen sogen. skrophulösen Erscheinungen litt. Ich will hier noch einschalten, dass der übrigens durchaus glaubwürdige, für sich und das Wohl seiner Kinder ängstlich besorgte Mann wiederholt und in Ausdrücken, welche einen Zweifel an der Wahrhaftigkeit seiner Angaben nicht zuliessen, mich versicherte, dass er sich während seiner Ehe nie

mehr den Gefahren einer Ansteckung ausgesetzt hätte und auch
seit vielen Jahren nie mehr von irgend welchen Symptomen der
früher überstandenen Syphilis heimgesucht worden wäre; was die
Frau betraf, so dürfte ich selber für deren Reinheit einstehen können.
Das dritte Kind, unsere Patientin Marie litt, wie erwähnt, an häufigen
Exanthemen und Excoriationen der Mundwinkel, hatte stets ein
bleiches schwächliches Aussehen und überstand in ihrem 5. Lebensjahre eine Anschwellung resp. Auftreibung in der Gegend des rechten
Knies und des linken Handgelenkes; kaum waren diese bis auf
geringe Spuren verschwunden, als das linke Auge sich zu entzünden
begann. Die Entzündung dauerte mehrere Wochen und ist im
Laufe desselben wie auch des folgenden Jahres wiederholt recidivirt;
das rechte Auge soll stets intakt geblieben sein. Da die Gelenke
wiederum zu schwellen und das Auge von Neuem sich zu entzünden
begann, so kam die Mutter, die sich seit ihrer letzten Entbindung
nie mehr vollständig erholt hatte und auch selber an häufigen
luetischen Erscheinungen litt, mit ihrem jetzt 7jährigen Kinde hieher
und in meine Behandlung. Bei dem Kinde fand ich eine schmerzhafte
Synovitis des rechten Knie- und eine weniger schmerzhafte der beiden
Handgelenke; das linke Auge thränt leicht und ist injicirt: die
Cornea zeigt auf ihrer Hinterfläche mehrere Präcipitate, der Pupillarrand der etwas geschwellten, schmutzig braunen Iris einige festere
Verwachsungen mit der Linsenkapsel; in der medialen Hälfte der
Iris sitzt zwischen Ciliar- und Pupillarrand ein etwa linsengrosser
braun-gelblicher Tumor, der in die Vorderkammer mit seiner Kuppe
hineinragt; das Kammerwasser ist etwas getrübt, das Sehvermögen
dementsprechend herabgesetzt. Die Mutter des Kindes litt an starker
Leucorrhoe und an einer Rhinitis chronica, die auf Schleimhaut-
veränderungen der mittleren rechtsseitigen und der unteren linksseitigen Muschel beruhte; bisweilen sollen Blut und kleine harte
Massen mittels Schnauben entleert worden sein; der Rachen war
tief geröthet, die Schleimhaut bot die Zeichen eines chronischen
Katarrhs; gegen die Zungenwurzel hin, nahe dem rechten Zungen-
rande, findet sich ein ausgesprochener Gummiknoten. Der Mann,
den ich ebenfalls zu untersuchen häufige Gelegenheit hatte, bot
absolut kein Zeichen dar, welches auf Lues hätte schliessen lassen.
— Wir haben es also mit einem Manne zu thun, der sich nach der
Infection einer regelrechten, antiluetischen Behandlung unterzogen
hatte; sämmtliche sichtbaren Symptome waren hiernach geschwunden,

die Syphilis war in ihr latentes Stadium getreten. Während dieser Zeit zeugte er zwei gesunde Kinder; vor der dritten Schwangerschaft seiner stets blühenden und gesunden Frau trat das bisher latente Virus wiederum in die Blutmasse und jetzt zeugte der Vater, ohne selber irgend welche Zeichen der nunmehr floriden Syphilis darzubieten, ein syphilitisches Kind, welches ausgetragen wurde, indessen schwächlich zur Welt kam und während seines jungen 7jährigen Lebens anhaltend von den Symptomen der nicht getilgten Seuche heimgesucht wurde. Dieses von einem syphilitischen Vater gezeugte Kind inficirte während seines intrauterinen Lebens die bisher gesunde Mutter, welche sich bei ihrer Vorstellung in dem gummösen Stadium der durch Vermittelung der Frucht vom Gatten acquirirten Syphilis befand. — Das Kind wurde übrigens vollständig hergestellt, die Iris behielt atrophische Stellen, der Gummiknoten ist resorbirt, die Kranke erfreut sich heute in ihrem 15. Lebensjahre eines vollkommenen Wohlbefindens. Bei der Mutter machte die Syphilis häufige Stillstände, um dann auch immer von Neuem zu recidiviren; seit 1 Jahr scheint die Frau von allen syphilitischen Symptomen befreit geblieben zu sein. Trousseau theilt l. c. den Fall eines Kindes mit, in dessen Iris die Gummibildung zuerst für Tuberkelknötchen gehalten wurde; die bereits von anderer Seite deshalb vorgeschlagene Enucleatio bulbi wurde von Trousseau verhindert und das Kind durch eine antiluetische Behandlung wieder hergestellt. Watson[19] beschreibt ein Gumma der Iris und des Ciliarkörpers bei einem hereditär-syphilitischen Kinde. Es bildete sich ein kleines Hypopyon und im oberen äusseren Ciliartheile der Sclera eine halberbsendicke Prominenz, die 2 Mal punktirt eine käsige, halbweiche Masse austreten liess. Ausserdem litt das Kind an Ulcus serpiginosum des Oberschenkels und chronischer Laryngitis; die Mutter war nach der Geburt dieses Kindes an secundärer Syphilis erkrankt gewesen.

Auch der dritte Abschnitt der Uvea, die Chorioidea, findet sich bei hereditär-syphilitischen Kindern zuweilen in der Form der Chorio-Retinitis ergriffen; disseminirte, besonders in der Peripherie des Augenhintergrundes sitzende Chorioidealherde mit Atrophie der Netzhaut und sekundärer Pigmentanhäufung in der Nähe und um die Gefässe ergeben zuweilen ein Bild, welches mit der von Leber[20] als atypisch gekennzeichneten Retinitis pigmentosa mancherlei Aehnlichkeit hat. Ausser der Pigmentdegeneration, der Verdünnung der Netzhautgefässe, der gelblichen Atrophie der Seh-

nervenpapille sind beiden Formen auch analoge Functionsstörungen
eigenthümlich; eine häufige Complication ist die mit Keratitis parenchymatosa, nach deren Verschwinden sich erst die Chorioidealveränderungen nachweisen lassen. Von mehreren hieher gehörigen
Fällen, die ich im Laufe der Jahre beobachtet, sei folgender erwähnt:
Der 10jährige Carl X. stammt von einem Vater, der an Leber-
syphilis zu Grunde gegangen war. Die ersten Schwangerschaften
der vor ihrer Ehe gesunden Frau endeten wiederholt durch früh-
zeitige Blutungen und 2 Mal durch Aborte im 7. resp. 8. Schwanger-
schaftsmonate. Endlich wurde unser Patient Carl als ein, wenn
auch schwächliches, doch gesundes Kind geboren, das spät gehen
und sprechen lernte, im 5. Lebensjahre die Masern und im 8. den
Scharlach überstand. Bald darauf trat eine beiderseitige Keratitis
parenchymatosa bei dem blutarmen Knaben ein, zu der sich bald
noch eine Ausschwitzung in das linke Kniegelenk hinzugesellte;
der sehr sachverständige Hausarzt hielt den Prozess sofort für
hereditär-syphilitischer Natur und sandte mir den Knaben zur Behandlung zu. Trotz einer im Allgemeinen tonisirenden Behandlung
mit Jod-Leberthran, Eisen, Jodeisen etc. wollte das Aussehen des
Knaben sich nicht bessern, der Kräftezustand sich nicht heben;
der Knabe sah bleich aus, die geringste körperliche Anstrengung
ermüdete ihn. Beide Hornhäute waren matt-grau, liessen die Iris
kaum durchschimmern und zeigten überdies einige kleine circumscripte braune Pünktchen innerhalb des Gewebes. Patient trat nach
einer fast 3monatlichen erfolglosen Behandlung die Rückreise in
die ziemlich entfernte Heimath an und wurde auf meinen Rath
einer systematischen Milchkur unterzogen bei anhaltendem Landaufenthalt und Bädern mit Kreuznacher Mutterlauge. Als er im
folgenden Jahre wiederum zu mir zurückkehrte, fand ich die Hornhäute bis auf einige zerstreute Flecken durchsichtig, die Iris zeigte
mehrere durch Atropin lösbare Verwachsungen, der Glaskörper war
ungetrübt; nunmehr constatirte ich eine ausgesprochene Chorio-
Retinitis, welche besonders rechtsseitig ziemlich weit vorgeschritten
war. Kleine gelblich-weisse mit Pigment umsäumte, wie auch gelb-
röthliche pigmentarme Flecken occupirten die Peripherie des Augenhintergrundes und rückten concentrisch nach dem Centrum hin
vor; an mehreren Stellen lagen die breiten Intervascularräume
der Chorioidea durch Schwund des Pigmentepithels unbedeckt da;
kleine Pigmentschollen fanden sich oft in zierlichen Zeichnungen

unregelmässig über den ganzen Augenhintergrund zerstreut und bedeckten an einzelnen Stellen die abnorm dünnen Gefässe, während sie an anderen Stellen dieselben einsäumten, die Papilla n. optici zeigte ein atrophisches Aussehen. Wesentlich denselben, wenn auch nicht so weit vorgeschrittenen Spiegelbefund bot das linke Auge des Knaben dar, dessen centrales Sehvermögen ein sehr geringes (ca. $^{10}/_{200}$), dessen peripheres Gesichtsfeld sehr eingeschränkt war. Der Knabe ist in vorigem Jahre nach langem Siechthum zu Grunde gegangen. — Diese und ähnliche Formen, welche Leber l. c. als eine Chorio-Retinitis mit Pigmentinfiltration in die Netzhaut abhandelt und, wie erwähnt, zu den atypischen Formen der Retinitis pigmentosa zählt, hängen häufig genug mit hereditärer Syphilis zusammen. Ob indessen Syphilis der Erzeuger in allen Fällen den Grund abgiebt für die anomalen wie die typischen Fälle der Retinitis pigmentosa — wie es wenigstens Galezowski anzunehmen scheint —, darüber giebt es meiner Ansicht nach der vollgültigen Beweise doch noch zu wenige, während die Krankheitsform an sich ja nicht zu den seltenen Erscheinungen in der Sprechstunde des beschäftigten Augenarztes gehört; ich wenigstens habe, so häufig ich auch die Affection bei mehreren Mitgliedern derselben Familie beobachtet habe und sie auch als hereditäre habe ansprechen müssen, doch nur in vereinzelten Fällen die Syphilis als das veranlassende Moment der hereditären Veranlagung nachzuweisen vermocht. Hutchinson hält es für festgestellt, dass die Syphilis die Ursache von Retinitis pigmentosa werden könne; von der gewöhnlichen Form unterscheide dieselbe sich durch die schnellere Entwickelung des Prozesses und durch die frühzeitig eintretende Erblindung, ferner durch den Mangel symmetrischen Ergriffenseins beider Augen, durch die häufig rundliche Form der Flecken und ihre unregelmässige Anordnung, sowie endlich durch gleichzeitiges Ergriffensein der Chorioidea (cf. Nagel's Jahresbericht pro 1871, refer. von Leber S. 301). Derselbe Autor [21]) fand in einem Falle von hereditärer Syphilis unregelmässig zerstreute Flecken mit Pigmentanhäufung; am zahlreichsten zeigen sich die Flecken, von denen mehrere scharf begrenzt und ohne Pigmentsaum sind, in der Peripherie und in der Nähe des Centrum, während die dazwischenliegende Zone der Chorioidea fast frei davon ist. In einem anderen hieher gehörigen Falle fand Hutchinson [22]) nur wenige runde Flecken in der Gegend des Sehnerveneintritts, dagegen sah er sie zahlreich in der Peripherie des

Augenhintergrundes, mehrere solcher Flecken standen gruppenweise, andere dagegen isolirt; ausserdem waren noch Pigmentanhäufungen und viele dunkele Linien vorhanden, wie bei der Retinitis pigmentosa; hiezu kam dann noch Nystagmus. Ferner theilt Swanzy[23] den Fall eines 11jährigen Knaben mit, wo hereditäre Syphilis zu Grunde lag; ausser früheren syphilitischen Lokalaffectionen waren auch die charakteristischen Zähne vorhanden.

Cerebrale Erkrankungen und die davon abhängigen Affectionen des Sehnerven und der anderen die Augenmuskeln innervirenden Hirnnerven dürften bei hereditär-syphilitischen Kindern nur selten zur Beobachtung kommen; die Inficirung der Säftemasse wird wol eher das Absterben der Frucht oder den Tod des Kindes herbeiführen, als dass sie die Veränderungen hervorzubringen vermöchte, welche jene von uns in früheren Kapiteln behandelten Erkrankungen der Sehnerven und der anderen Augenmuskelnerven veranlassen. Es finden sich daher nur wenige hieher gehörige Fälle in der Literatur veröffentlicht, ich habe deren keine gesehen. Hirschberg[24] veröffentlicht den Fall eines 12jährigen, gesund aussehenden Mädchens, dessen linkes Auge eine Atrophie des Sehnerven aufwies: diese sei in Folge einer im 1. Lebensjahre überstandenen Meningitis specifica entstanden, welche zur Neuritis optica geführt hatte. Zur Pubertätszeit trat dann eine neue Manifestation der Lues in den Augen auf, zuerst eine Retinitis beider Augen, alsdann eine Keratoiritis, später vervollständigte noch das Erscheinen eines Gumma Sterni das Bild der Syphilis. — Was die Lähmungen der Augenmuskeln betrifft, so sind deren ebenfalls nur sehr wenige bei hereditärer Syphilis zu verzeichnen. Zunächst ist der Fall v. Graefe's[25] zu erwähnen; bei einem 2jährigen Kinde zeigte sich auf dem rechten, seit unbestimmter Zeit vollkommen erblindeten Auge eine abgelaufene Iridocyclitis, während linkerseits eine Oculomotoriuslähmung sich nachweisen liess; ein papulöses, über den ganzen Körper verbreitetes und die Charaktere eines Syphilids zeigendes Exanthem sicherte die Diagnose der Syphilis congenita. Die Section zeigte im linken Corpus striatum wie in der rechten Hemisphäre einen Erweichungsherd, innerhalb dessen die Gehirnsubstanz graulich-gelb entfärbt, matschig, zugleich mit zahlreichen feinen Gefässbildungen und capillären Apoplexien durchsäet erschien. Ferner berichtet Mackenzie[26] von einem Kinde syphilitischer Eltern, welches im Alter von 5 Wochen eine Lähmung der rechten oberen Extremität und syphilitische Exantheme, später doppelseitige Keratitis, Abducenslähmung, Ptosis, Otitis media und andere luetische Affectionen durchgemacht hatte.

Diejenige Erkrankung des Auges, welche von vielen, besonders englischen Autoren als ausschliesslich den Spätformen der hereditären Syphilis angehörende Affection beschrieben wird, ist die Keratitis profunda s. parenchymatosa s. interstitialis diffusa. Arlt, der sich bei Eintheilung seiner Krankheitsformen bekanntlich mehr an das ätiologische Prinzip hielt und dabei das pathologisch-anatomische vielleicht allzusehr vernachlässigte, war das Abhängigkeitsverhältniss dieser Form von Cornealaffection von constitutionellen Anomalien nicht entgangen, weshalb er dieselbe[27]) als Keratitis scrofulosa beschreibt; doch erst Hutchinson[28]) war es vorbehalten, darauf hinzuweisen, dass die Erkrankung oft genug nur die Theilerscheinung eines allgemeinen über verschiedene Organe verbreiteten Prozesses sei, den er, besonders wenn er sich mit der von ihm zuerst beschriebenen eigenthümlichen Zahnbildung combinirt, als syphilitischen und zwar als hereditär-syphilitischen glaubte ansprechen zu müssen. Ich habe der Erkrankung bereits auf S. 39 Erwähnung gethan und meinen Standpunkt dahin präcisirt, dass ich deren häufiges Vorkommen bei Syphilis (und zwar wesentlich häufiger bei der hereditären, als bei der acquirirten) betonte, ohne indessen so weit darin zu gehen, wie es Hirschberg in seinen neueren Publicationen im Gegensatz zu seinen früheren und mit ihm auch manche Andere thun, und zu behaupten, dass diese Hornhauterkrankung in der Mehrzahl der Fälle hereditär-syphilitischer Natur sei. So wies Saemisch[29]) die hereditäre Syphilis in 62%o nach, Davidson[30]), welcher über die Complication der Kerat. parenchymatosa mit Trommelfelllleiden geschrieben, fand sie in 20%, Michel in 55%o, Mauthner constatirte mehr als 80%o, Jakolewna wies in ihrer unter des verstorbenen Horner Leitung angefertigten höchst lesenswerthen Arbeit unter 63 Fällen die hereditär-syphilitische Natur 26 Mal als sicher, 10 Mal als wahrscheinlich nach und constatirte nur in zwei Fällen acquirirte Syphilis, später fand Horner sogar das hohe Verhältniss von 64% hereditär-syphilitischer Fälle, wogegen Schmid unter allerdings nur 20 Fällen kein Mal einen Zusammenhang mit hereditärer Lues nachweisen konnte. Was mich betrifft, so finde ich in meinen Journalen 102 Fälle von Kerat. parenchymatosa angeführt, bei denen in 13 Fällen (12,6%) acquirirte Syphilis nachgewiesen werden konnte, 36 Fälle (35,3 %) boten die Erscheinungen der hereditären Syphilis dar, während ich in mehr als 50 % syphilitische Symptome überhaupt nicht wahrzunehmen vermochte und auch durch Nachfragen, wie durch eine mit möglichst grosser Genauigkeit angestellte Anamnese irgend welche auf Syphilis hindeutende Zeichen nicht auffinden konnte. Wol waren es meistens schwächliche, blass aussehende Kranke jugendlichen Alters mit mannigfachen Drüsenschwellungen, bei denen das ganze Aussehen wie auch das doppelseitige Auftreten der Kerat. parenchymatosa eine Allgemeinerkrankung wahrscheinlich erscheinen liess; wo indessen Symptome einer in der ersten Kindheit überstandenen Syphilis, wie Narben an den Mundwinkeln, Auftreibung der Knochen etc. sich nicht vorfanden, wo ferner die Anamnese, so weit sie zu erheben es mir gestattet war, mich im Stich liess, nahm ich Anstand, eine ererbte Syphilis zu supponiren. Die Erkrankung zeigt sich nicht vor dem 6.—8. und wol auch nicht nach dem 20. Lebensjahre; am häufigsten ist sie in den Pubertätsjahren, wo sie in dem Verhältniss von 2:1 die Mädchen häufiger als die Knaben befällt; Fournier [31]) sah das Maximum der Frequenz zwischem dem 8. und 15. Jahre und zwar zwischen dem 2.—9. Jahre 27 Fälle, zwischen dem 10. und 12. 23 Fälle und zwischen dem 13.—20. Jahre 13 Fälle, darunter war die hereditäre Syphilis in 41,5 % vertreten. — Wie schon erwähnt, handelt es sich meistens um schwächliche, bleiche, anämische Individuen jugendlichen Alters, die oft plötzlich von den Symptomen jener Augenerkrankung heimgesucht werden (ich habe deren volle Entwickelung auf beiden Augen schon innerhalb 24 Stunden beobachten können). Unter mehr weniger ausgesprochenen entzündlichen Erscheinungen, mehr weniger hochgradiger Lichtscheu beginnt zunächst die eine, bald darauf auch die andere Hornhaut sich vom Rande aus zu trüben; wolkige, in den verschiedensten Schichten der Hornhaut lagernde weisslich-graue Trübungen schieben sich nach dem Centrum hin vor und geben der wie gestichelt erscheinenden Hornhaut das Aussehen eines matten milchigen Glases; Gefässe schieben sich ebenfalls von der Peripherie her durch alle Lagen der Cornea vor und sind, wie Hirschberg in seinen letzten diesbezüglichen Publicationen besonders betont, auch noch nach vielen Jahren nachweisbar. Zuweilen findet sich eine höchst eigenthümliche periphere Anordnung der Gefässe, welche dicht aneinander gedrängt central in scharfer Linie abschneiden und die

Trübung vor sich herschieben; oft liegen sie so dicht aneinander, dass, wie Horner sich ausdrückt, sie fast den Eindruck einer Blutfläche machen. Diese das ganze Areal der Hornhäute occupirenden Trübungen sind übrigens nicht gleichmässig, sondern bestehen, wie sich das besonders bei seitlicher Beleuchtung und bei Loupenuntersuchung zweifellos nachweisen lässt, aus einzelnen wolkigen Trübungen, welche mit ihren Rändern ineinander übergehen. Die Rückbildung dieser Hornhauttrübungen, welche oft Monate, selbst Jahre erfordert, schreitet ebenfalls von der Peripherie nach dem Centrum hin vor, und ist, wie Hirschberg im Gegensatz zu den meisten Autoren sehr richtig hervorhebt, fast nie eine vollständige, beinahe ausnahmslos bleiben die Hornhäute an einzelnen Stellen durch das ganze Leben hindurch getrübt und gestatten in Folge dessen häufig genug nur ein beschränktes Sehvermögen; das ist besonders bei der malignen Form der Fall, wo sklerosirende Trübungen in grösserer oder geringerer Ausdehnung allen Heilbestrebungen, selbst der von Hirschberg empfohlenen Iridectomie, nicht besiegbaren Widerstand entgegenstellen. Hiebei kommt es nicht ganz selten vor, dass, während auf dem einen Auge eine vollständige oder wenigstens nahezu vollständige Klärung der Cornea stattfindet, das andere Auge die sklerosirende Form aufweist und sich fast erblindet zeigt; unter meiner Klientel finden sich hievon drei Fälle. Andererseits ereignet es sich auch nicht selten, dass die Klärung der Hornhaut in durchaus erwünschter Weise von der Peripherie nach dem Centrum hin vorwärts schreitet, nunmehr aber stille steht und es durch kein Mittel mehr gelingt, die central gelegene Trübung der sonst allseitig klaren Hornhaut zum Schwinden zu bringen; wenn wir auch in einer lege artis ausgeführten optischen Pupillenbildung ein geeignetes Mittel besitzen, um das geschwächte Sehvermögen wenigstens theilweise wieder zu restituiren, so werden wir doch in solchen Fällen von dem Ideal einer vollständigen Heilung weit entfernt bleiben. In meiner Behandlung findet sich endlich noch ein Fall von bläschenförmiger Abhebung des Hornhautepithels; v. Graefe[2]) hat zuerst auf diese Bläschenbildung bei parenchymatöser Keratitis aufmerksam gemacht, die indessen, wie es scheint, nur sehr selten zur Beobachtung gelangt und die Heilung des an sich schon langwierigen Prozesses noch mehr verzögert.

Müssen wir aus dem doppelseitigen Auftreten der besprochenen

Hornhautaffection auf eine allgemeine Constitutionsanomalie zurück-
schliessen, so giebt es noch einige begleitende Symptome, welche
uns die hereditäre Syphilis als diejenige Anomalie der Säftemasse
ansprechen lassen, die jene Keratitis verschuldet. Der Labyrinth-
und Trommelfellerkrankungen habe ich bereits Erwähnung gethan,
ebenso auch der recidivirenden Gelenkentzündungen und der Affectionen des inneren Auges, die sich gerne zu der syphilitischen Kerat.
parenchymatosa hinzugesellen; ich erwähne ferner einer Paronychia
mehrerer Finger, Förster macht auf den eingefallenen Nasenrücken
solcher Individuen und auf strahlige Narbenbildung in der Gegend
der Mundwinkel aufmerksam, welche als Residuen überstandener
Rhagaden und Ulcerationen angesehen werden müssen, Hirschberg
hebt die Zwerghaftigkeit der Gestalt hervor, die er sich durch die
Erkrankung des Knochengerüstes erklärt; es wird ferner auf eine
eigenthümliche Form des Schädels mit seinen vorspringenden Stirn-
höckern, auf die bleiche Gesichtsfarbe, auf eine oft welke, teigige
Haut hingewiesen, welche die Ker. parench. zu einer syphilitischen
stempeln sollen. Dasjenige Symptom indessen, welches nach Hutchinson (dessen diesbezügliche Publicationen bereits aus dem Jahre
1858 stammen und damals nur wenige Anhänger fanden) pathognomonisch für die ererbte Natur der besprochenen Affection sein soll,
ist eine eigenthümliche Zahnbildung, die sich besonders bei den
oberen mittleren Schneidezähnen nachweisen lässt: dieselben seien
meistens verkümmert, convergiren gegeneinander und seien an ihren
Kanten abgerundet; die untere Kaufläche zeige sich ausgebröckelt,
so dass sie einen fast concaven Defect darböte, die Farbe der Zähne
sei graulich oder gelblich. Hutchinson beschreibt sie wörtlich
folgendermassen: The upper incisor teeth are short, narrow, their
angles rounded off, and their edges exhibiting a broad, shallow
notch. Usually, one or two teeth converge towards each other, in
other cases they stand apart with an interspace, or they even
diverge. The single broad notch, of greater or less degree of depth,
is hardly ever wanting. The teeth are almost always of bad colour.
They may, however, in some instances, be of very fair whiteness.
On looking carefully at the surface of the notch, there is almost
always evidence of wearing, that is, the enamel is not perfect on
the scooped-out border of the tooth [33]). Hutchinson geht so
weit, dass er behauptet, die Diagnose auf Syphilis sei beinahe sicher,
sobald nur die beiden oberen mittleren Schneidezähne in ihrem

Wachsthum zurückgeblieben seien und an ihrem freien Rande nur eine einzige centrale Spalte zeigen. Während einige Autoren sich dieser Hutchinson'schen Anschauung voll und ganz anschliessen und die erwähnte Zahnbildung ebenfalls für ein Symptom ansehen, welches mit zwingender Nothwendigkeit für die syphilitische Natur der Ker. parenchym. plädire, verhalten sich wieder andere Autoren dieser Frage gegenüber zurückhaltender. Was mich betrifft, so habe ich die Hutchinson'sche Zahnbildung häufig genug bei an Ker. parenchym. leidenden Patienten vorgefunden, in anderen dagegen vermisst; endlich sind auch jene Fälle nicht ganz selten, wo die Zähne die erwähnten Eigenschaften zeigen, ohne dass die Corneal-affection oder irgend ein anderes auf ererbte Lues hindeutendes Symptom vorhanden gewesen wäre. Ich schliesse mich durchaus der von Baeumler[34]) und einigen anderen Autoren ausgesprochenen Ansicht an, dass es sich hiebei um eine in der Jugend, während die bleibenden Zähne noch in der Alveole steckten, überstandene Stomacace handele, die auf die Entwickelung der späteren Zähne hindernd eingewirkt und jene missgestalteten verschuldet hätte. Ich stehe daher nicht an, eine doppelseitige Ker. parenchym. dann für hereditär-syphilitisch zu halten, sobald es mir gelingt, von den oben erwähnten verdächtigen Symptomen das eine oder das andere oder auch mehrere derselben nachzuweisen; ergiebt überdies noch die Anamnese, dass das betreffende Individuum in den ersten Lebensmonaten Erscheinungen der ererbten Syphilis dargeboten, so stelle ich, unbeirrt um das Verhalten der Zähne, die Diagnose auf Lues hereditaria tarda; fehlen aber jene Erscheinungen, so betrachte ich die Hutchinson'sche Zahnbildung allein nicht für ausschlaggebend, um jene Diagnose rechtfertigen und vertreten zu können.

Endlich sei noch erwähnt, dass hereditär-syphilitische jugendliche Individuen zuweilen auch noch andere Affectionen des Sehorgans darbieten werden — die hereditäre Syphilis verläuft eben nicht wesentlich anders, als es die acquirirte thut. Barlow[35]) hält als besonders charakteristisch für hereditäre Syphilis die Alopecie eines oder beider Augenlider. So erwähnt ferner Hutchinson[36]) scharfrandige exulcerirte Plaques, welche von dem Cilienrande auf die Lidhaut sich ausdehnen. Michel[37]) führt an, dass Wedl eine syphilitische Infiltration des unteren Lides bei einem mit hereditärer Syphilis behafteten Mädchen gefunden habe. Ich erwähne ferner des schon früher bei den Orbitalerkrankungen beschriebenen Falles von Schott, bei welchem es sich um eine Periostitis syphilitica bei einem 15jährigen Kinde mit Gummibildungen in den beiden Orbitae gehandelt hatte.

Literatur.

1. Hutchinson: Syphilis. Deutsche Ausgabe von Dr. Arthur Kollmann. Leipzig 1888.
2. v. Baerensprung: Die hereditäre Syphilis. Berlin 1864.
3. Diday: Traité de la Syphilis des nouveau-nés. Paris 1854.
4. Trousseau: Gaz. des hôpit. 1858.
5. Vassal: Memoire sur la transmission du virus vénérien de la mère à l'enfant. Paris 1807.
6. Bouchut: Traité des maladies des enfants. 1861.
7. Kassowitz: Zur Vererbung der Syphilis. Med. Jahrbücher, Wien 1875, S. 359.
8. Weil, A.: Ueber den gegenwärtigen Stand der Lehre von der Vererbung der Syphilis. Volkmann's Sammlung klin. Vorträge S. 879—910.
9. Fürth, Dr., Ludwig: Die Pathologie und Therapie der hereditären Syphilis. Wien 1879.
10. Caspary: Zur Genese der hereditären Syphilis. Vierteljahrschr. f. Dermatol. u. Syphilis 1877, S. 481, u. 1881, S. 35.
11. Rabl: Wiener med. Presse 1887.
12. Lawson: Case of intra-uterine syphilitic iritis. Med. Times and Gaz. Bd. L, S. 363.
13. Bull, A.: Contribution to the study of inherited syphilis of the eye. Americ. Journ. of med. scienc. S. 66.
14. Bader: Ophthalmoscopische Befunde bei Syphilis. Guys' Hosp. Rep. S. 463.
15. v. Wecker: Erkrankungen des Uvealtractus und des Glaskörpers in Graefe und Saemisch's Sammelwerk Bd. IV, S. 502.
16. Horner: Krankheiten des Auges im Kindesalter in Gerhardt's Kinderkrankheiten Bd. V, 2, S. 355 ff.
17. Walton, H.: Cases of inherited syphilis. Med. Times and Gaz. 1877, S. 800 u. 587.
18. Trousseau: Iritis hérédo-syphilitic chez un enfant de six mois. Annal. de Dermat. et syph. Bd. VI, S. 415, July 25.
19. Watson: An intraocular gumma in a child, the subject of inherrited syphilis. Ophth. Hosp. Rep. Bd. XI, 1, S. 65.
20. Leber: Ueber anomale Formen der Retinitis pigmentosa. Graefe's Arch. f. Ophth. Bd. XVII, 1, S. 314—341.
21. Cases illustrating the ophthalmoscopic appearences of syphilitic Chorioiditis. With plate. Ophth. Hosp. Rep. Bd. VII, S. 494—498.
22. Hutchinson: Chorio-retinitis as the result (possibly intrauterine) of hereditary syphilis. Ressemblance in some points to retinitis pigmentosa. Ophth. Hosp. Rep. Bd. VIII, S. 54.

23. Swanzy: A peculiar form of retinitis pigmentosa in connexion with inherited
Syphilis. The Dublin quart. journ. of med. Scienc. Bd. LI, S. 290.
24. Hirschberg: Centralbl. f. prakt. Augenheilk. 1886, S. 100.
25. v. Graefe: Arch. f. Ophth. Bd. I, S. 438.
26. Mackenzie: A contribution to the study of congenital syphilis. New-York.
med. Journ., May 31.
27. Arlt: Krankheiten des Auges Bd. I. Prag 1858.
28. Hutchinson: Diseases of the eye and ear consequent on inherited Syphilis.
London 1863.
29. Saemisch: Krankheiten der Conj., Corn. und Sclera in Graefe und
Saemisch's Sammelwerk Bd. IV, S. 267.
30. Davidson: De la surdité dans ses rapports avec la kératite panniforme.
Annal. d'Ocul. Bd. LXV.
31. Fournier: De la syphilis héréditaire tardive. La kératite interstitiale.
Rec. d'Opht. S. 705.
32. A. v. Graefe: Notiz über Bläschenbildung auf der Cornea. Arch. f. Ophth.
Bd. II, 1.
33. Becker: Pathologie und Therapie des Linsensystems in Graefe und
Saemisch's Sammelwerk Bd. V, S. 245, und Hutchinson of the
Pathol. Soc. of London Bd. X, S. 294.
34. Baeumler: Syphilis. Handbuch der speziellen Pathologie und Therapie
von Ziemssen 1879, Bd. III, S. 210.
35. Barlow: Alopecia in congenital Syphilis. The Lancet No. 8.
36. Hutchinson: Ophth. Hosp. Rep. Bd. II, S. 258—283.
37. Michel: Krankheiten der Augenlider in Graefe u. Saemisch Bd. IV, S. 419.

Ferner: Manz: Nagel's Jahresbericht 1872, S. 229. — Kortum: Arch.
f. Augen- u. Ohrenheilk. Bd. III, 1, S. 44—59. — Bull: Transact. americ.
ophth. Soc. 1874, S. 195—197. — Hirschberg: Beiträge zur prakt.
Augenheilk. Berlin 1876. — Ottolenghi: Gazz. delle cliniche Bd. XX. —
Leplat: Annal. d'Ocul. Bd. XCII, S. 145. — Manz: Bericht der 56. Ver-
sammlung deutscher Naturforscher u. Aerzte in Freiburg (Pädiatr. Section). —
Couzon: Thèse de Paris. — Baker and Story: Ophth. Review 1885,
S. 321.

Zehntes Kapitel.

Die Behandlung der syphilitischen Augen-
krankheiten.

Die Behandlung der syphilitischen Augenkrankheiten muss
eine allgemeine und eine lokale sein; die allgemeine ist die der
Syphilis überhaupt und beginnt erst dann, wenn Erkrankungen
verschiedener Organe entfernt von der Aufnahmestelle des syphilitischen Virus eintreten. Es würde aber die Grenzen dieser Mono-

graphie weit überschreiten, wollte ich über die Behandlung der Syphilis hier berichten, wie dieselbe von den Initialmanifestationen an geboten erscheint. Im Uebrigen sieht auch der Augenarzt den Patienten meistens sehr viel später, als der Syphilidologe, in dessen Behandlung der Kranke tritt, sobald sich nach einem Coitus impurus eine Induration zeigt; ob diese nun aber excidirt wird, ob von Beginn an Merkur oder Jodkalium oder irgend ein anderes Heilmittel gegeben, oder ob exspectativ behandelt wird, nach kürzerer oder längerer Zeit entwickeln sich erst Allgemeinsymptome, unter denen bekanntlich die der allgemeinen Decke, der Schleimhäute, des Auges den Reigen zu eröffnen pflegen. Erst in diesem Stadium tritt an den Augenarzt die Anforderung heran, das syphilitische Augenleiden zu beseitigen und die Syphilis zu heilen. Die seltenen Fälle von Primäraffecten des Sehorgans machen von dieser Regel kaum eine Ausnahme, da auch hier die Diagnose auf Syphilis erst gesichert und die Allgemeinbehandlung indicirt zu sein pflegt, wenn noch anderweitige Symptome sich hinzugesellen.

Für die Allgemeinbehandlung der Syphilis gelten heutzutage nur noch zwei Mittel — der Merkur und das Jodkalium; insbesondere kann das Quecksilber als ein so zuverlässiges Specificum zur Bekämpfung der Syphilis betrachtet werden, dass kaum irgend ein anderes Heilmittel demselben an die Seite gestellt, ja auch nur einer wissenschaftlichen oder praktischen Prüfung unterzogen werden kann. So alt wie unsere Kenntnisse von der Syphilis, so alt ist auch die Anwendung des Merkur gegen dieselbe, und wenn auch häufig gemissbraucht, von den Aerzten und dem Laienpublikum verlassen und in die Acht erklärt, so hat dasselbe sich doch immer wieder den ihm gebührenden Platz unter den gegen die Lues empfohlenen Heilmitteln erobert und würdig behauptet. In dieser Beziehung erwähnt Simon[1]), dass bereits im XV. Jahrhundert das Quecksilber in Form von Einreibungskuren von den Aerzten gegen Syphilis angewandt worden war, dass dasselbe aber wegen des darauf folgenden heftigen Speichelflusses, wegen des Verfalls der Kräfte wieder verlassen und durch Holztränke ersetzt wurde; im XVI. Jahrhundert wurde der Gebrauch des Quecksilbers wieder allgemeiner, als man, wie Fracastoro angiebt, sah, dass seit einigen Jahren der Morbus Gallicus so rebellisch geworden sei, dass doctissimi viri zur Einreibungskur hätten greifen müssen. Bis zum Beginne unseres Jahrhunderts erhielt sich alsdann uneingeschränkt der Gebrauch des Quecksilbers gegen die Syphilis, bis es dann von Neuem durch andere Behandlungsmethoden verdrängt wurde; erst Mitte der 30er Jahre ist es dann wieder in die Praxis eingeführt und hat sich bis auf den heutigen Tag mit geringen Unterbrechungen erhalten. Selbst das für gewisse Fälle ja ganz vortreffliche Jodkalium hat ihm den Platz nicht streitig zu machen vermocht, und so sehen wir denn heutzutage, dass das Quecksilber als einziges und fast ausschliessliches Heilmittel gegen die Syphilis bei allen Nationen der Erde, in allen Himmelsstrichen und in allen Zonen angesehen wird und unerreicht dasteht — es sei mir daher gestattet, in diesen Blättern auf die physiologische Wirkung und die therapeutische Verwendung des Quecksilbers bei antisyphilitischen Kuren etwas näher einzugehen.

Dass das Quecksilber in die Blutmasse aufgenommen wird, ist schon lange bekannt, wenn auch die Ansichten darüber divergirten, ob das Medikament sich in metallischer Form, als regulinisches Quecksilber oder als lösliche Verbindung im Blute vorfände. Betrachten wir daher das Schicksal des Quecksilbers, wie es sich bei der gebräuchlichsten Anwendung desselben, bei der Einreibungskur, gestaltet, so behaupten die Einen (Overbeck, Oesterlein u. A.), dass die Wanderung der Quecksilberkügelchen durch die intakte Haut und die Lederhaut wol möglich sei; andere Autoren dagegen (Hoffmann, Baerensprung, Rindfleisch, Röhrig, Neumann) bestritten mit aller Entschiedenheit das Eindringen des regulinischen Quecksilbers durch die unversehrte Haut. Die überzeugenden und erschöpfenden Untersuchungen und Publicationen Fürbringer's [2]) machten diesem Streit endlich ein Ende, und haben uns erst die Mittel und die Wege gezeigt, durch welche und auf welchen das Quecksilber in die Säfte- und die Blutmasse übergeführt wird. Fürbringer fand, indem er das Ohr eines Kaninchens oder Partikelchen der menschlichen Haut, in welche er die graue Salbe energisch eingerieben hatte, mikroskopisch untersuchte, dass die Quecksilberkügelchen sich in den Haarsäcken und den Ausführungs-gängen der Talgdrüsen angesammelt hätten; nun treten hier, wie Fürbringer und auch Lewald ferner nachwiesen, die Kügelchen in Contakt mit den einen Bestandtheil des Hautsecretes ausmachenden buttersauren Verbindungen und werden durch das Stadium der Oxydul-bildungen hindurch in wirksame Quecksilberoxydverbindungen über-geführt, welche schliesslich als leicht lösliche in die Blutmasse aufgenommen werden. Es ist dieses indessen nicht der einzige Weg, auf welchem das Quecksilber in lösliche Verbindungen übergeführt und dadurch in die Blutmasse aufgenommen werden kann; ein anderer Weg ist der der Verdampfung. Wie der hiesige Chemiker Dr. Wings[3]) constatirte, tritt schon bei gewöhnlicher Zimmertemperatur ein Gewichtsverlust des regulinischen Quecksilbers · durch Verdampfung desselben ein. So verliert 1 Gramm Hydr., mit kohlensaurem Kalk zu einer Emulsion verrieben und auf eine 50 □ - Ctm. grosse Glasplatte gestrichen, schon bei 10—12° C. 0,008 Gramm in 48 Stunden, bei 12—14° C. 0,0045 Gramm in 24 Stunden; der Gewichtsverlust wird um so grösser, je höher die Temperatur ist, unter der das Hydr. verrieben wird. Nun verhalten sich, wie bekannt, die Quecksilberdämpfe mit Bezug auf ihr Diffusionsvermögen genau wie alle anderen gasförmigen Stoffe, welche durch die Haut in den Organismus eindringen. Unter dem Einfluss des Kochsalzes, des Eiweisses der Gewebe und des Blutes, sowie endlich des Sauerstoffes in den Blutkörperchen wird ein Theil des in Dampfform eingetretenen Quecksilbers in Quecksilberoxyd umgewandelt und durchwandert so als lösliche Verbindung die Gewebe, während ein anderer Theil, wie wir sogleich sehen werden, sich in den Excreten und Secreten wiederfindet und hier durch geeignete Untersuchungsmethoden nachgewiesen werden kann. Vielleicht in noch höherem Grade als durch die Haut treten die Quecksilberdämpfe vermittels der Athmungsorgane in den Körper ein; hier müssen dieselben sich durch den Contakt mit der feuchten Schleimhaut als regulinisches Quecksilber wieder verdichten, können somit in diesem Zustande nicht resorbirt werden. Der über die Schleimhaut der Respirationsorgane streichende Sauerstoff der atmosphärischen Luft ist dagegen im Stande, das regulinische Quecksilber zu oxydiren und somit wieder in jenen Zustand überzuführen, in welchem seiner Resorption in die Blutmasse nichts entgegensteht. Das in die Blutmasse auf den verschiedenen, soeben kurz skizzirten Wegen aufgenommene Quecksilber kreist in derselben, nachdem es, wie Mialhe, Voit nachgewiesen haben, mit den Albuminaten innige Verbindungen als Chlorquecksilber-Chlornatrium und Quecksilberoxyd-Albuminat eingegangen ist. Schliesslich wird dasselbe durch den Urin, wo es schon nach 2—3 tägiger Einreibung mit grauer Salbe gefunden ist, sowie auch durch die verschiedenen anderen Se- und Excrete ausgeschieden und durch die Ludwig'sche Methode nachgewiesen.

Auf welche Weise nun auch das Quecksilber dem Organismus einverleibt werden mag, sei es durch die Haut, sei es durch den Darmtraktus, sei es auf irgend eine andere Weise, stets wird es in die lösliche Oxydform übergeführt werden müssen, ehe dasselbe in das Blut und die Gewebe aufgenommen werden kann.

Der Methoden, nach welchen das Quecksilber angewandt wurde, gab und giebt es verschiedene. Die schon von Massa[4]) empfohlenen Räucherungen mit Calomel-Dämpfen schienen ganz verlassen, als sie in neuerer Zeit noch von H. Paschkis[5]) und Henry Lee[6]) von Neuem zur Geltung gebracht werden sollten; gefahrvolle Zustände, besonders die Feuergefährlichkeit derselben, haben indessen von ihrer allgemeineren Verwendung Abstand nehmen lassen. Ebenso wird in der Neuzeit der innerliche Gebrauch des Hydrargyrum gegen die Syphilis bei Weitem nicht mehr so häufig ausgeübt, als früher; die Djondi'sche Kur mit steigenden Sublimatdosen, das Calomel, das Hydr. bijod. u. A. fanden noch in den 50er und 60er Jahren bei antisyphilitischen Kuren die reichlichste Verwendung; Hutchinson giebt heute noch den Merkur in Form des grauen Pulvers in Dosen von 0,05 Gramm 3 Mal täglich, mindestens 6 Monate lang. Wegen der unsicheren Wirkung jener innerlich gereichten Quecksilberpräparate und vor Allem auch deswegen, weil in ihrem Gefolge Magen- und Darmkatarrhe nur zu häufig auftraten, werden alle jene Mittel nur noch in Ausnahmefällen angewandt. Auch der Quecksilbersuppositorien, der Quecksilberbäder erwähne ich hier der Vollständigkeit wegen. — Die beiden einzigen Methoden, welche heutzutage noch in Betracht kommen, sind die Inunctionsmethode mit Quecksilbersalbe resp. der Quecksilberseife und die Injectionsmethode mit löslichen Quecksilbermitteln (dem Sublimat, dem Quecksilberformamid, dem Peptonquecksilber u. A.), oder mit unlöslichen Mitteln (dem Calomel in verschiedenartiger Suspension, dem Hydr. oxydat. flav.). Diese beiden Methoden sind es, die ich jetzt ausschliesslich als Allgemeinbehandlung bei den syphilitischen Augenleiden verwende, wie es auch meine hiesigen Collegen fast ausnahmslos thun, die zum Theil schon seit Decennien sich einer zahlreichen Fremdenklientel gegenüber befinden.

Wie im Eingang dieses Kapitels erwähnt, ist die Inunctionskur, so häufig dieselbe früher auch zur Verwendung kam, doch immer wieder verlassen worden; nicht allein im Laien-, sondern auch im ärztlichen Publikum begegnet die Inunctionskur auch heute noch

manchem unberechtigten Vorurtheil, sie erweckt mancherlei Be-
fürchtungen. Es lässt sich ja nicht leugnen, dass die Einreibungen
in der Weise, wie sie früher angewandt wurden, wobei dem Kranken
der Genuss der frischen Luft, der stärkenden Nahrungsmittel ent-
zogen wurde, wobei derselbe überdies noch in ungelüfteten, über-
heizten Zimmern, unter künstlich hervorgerufener übermässiger
Transpiration, unter dem Gebrauch starker Laxantien all den Gefahren und den Unbequemlichkeiten des Speichelflusses, des Kräfte-
verbrauchs- und Verfalls preisgegeben war, dass diese so angewandte
Einreibungskur auch die schwersten Bedenken wachzurufen wol
geeignet war. Seitdem indessen nach dem Vorgehen Siegmund's
sich die Ueberzeugung immer mehr Bahn gebrochen hat, dass das
Quecksilber bei guten hygieinisch-diätetischen Massregeln, unter
sorgfältigster Berücksichtigung der individuellen Verhältnisse, bei
reichlicher Zufuhr nahrhafter Speisen, bei zweckmässig geleiteter
Bewegung im Freien, dass unter solchen Verhältnissen der Gebrauch
des Hydrargyrum nun und nimmermehr irgend welche Gefahren
mit sich führt, seitdem hat sich auch die alte, so oft geschmähte
Inunctionskur ein immer grösseres Feld erobert. Es stellt sich
sogar, wie Siegmund[7]) ausdrücklich hervorhebt, bei jeder wohl-
geleiteten Behandlung mit Einreibungen, bei denen die hygieinisch-
diätetischen Massregeln als unentbehrliche Coëffizienten mitwirken,
eine kräftigere Ernährung Syphilitischer ein, was sich schon bei
dem Anblick und dem Wohlbehagen des Kranken bemerkbar macht;
damit im Einklange steht auch die Beobachtung, dass bei dem
Gebrauch kleiner Dosen von Quecksilber die Ernährung auch bei
Nicht-Syphilitischen unter günstigen diätetisch-hygieinischen Verhältnissen zu steigen pflegt. — Diese Anschauungen über den wohl-
thätigen Einfluss selbst grosser und lange anhaltender Einreibungskuren bei der antisyphilitischen Allgemeinbehandlung sind heute
mehr und mehr Gemeingut aller Aerzte geworden. Indessen liegt
die Zeit nicht so sehr fern, dass mir befreundete auswärtige Collegen
sich missbilligend über die grossen Quecksilberdosen aussprachen,
die wir Aachener Aerzte anzuwenden pflegen; 2—3 Gramm der
grauen Salbe wurden mit zeitweiligen Unterbrechungen 20—30 Mal
angewandt und sollten zur Tilgung einer Krankheit genügen, die
Monate, selbst Jahre bis zu ihrem vollständigen Verschwinden
erfordert! Leichtfertig und unglaublich erschien Vielen die Angabe,
dass wir Aachener Aerzte 5—6 Gramm pro die 2, 3 Monate lang

und noch länger zu verwenden pflegen, ohne irgend welche Gefahren
für unsere Patienten dadurch heraufzubeschwören. Ich constatire
deswegen nochmals, dass ich von einer gut geleiteten Inunctionskur,
möge sie selbst Monate lang währen, niemals einen Schaden für
das Allgemeinbefinden des Kranken habe entstehen sehen, dass wir
im Gegentheil fast täglich es beobachten können, wie viele Syphilitische, die abgemagert, mit schlechter Ernährung, fahler Gesichtsfarbe, geringer körperlicher Kraft, abundantem Speichelfluss hieher
kommen, oft schon nach wenigen Wochen ein gesunderes und
normaleres Aussehen darbieten, wie die Kräfte fast ausnahmslos mit
Fortschreiten der Besserung und Schwinden der Symptome zunehmen,
wie das Körpergewicht wägbar von Woche zu Woche ansteigt. Es sei
ferne von mir, behaupten zu wollen, dass nur in Aachen unter gleichzeitiger Verwendung unserer Thermen diese guten Erfolge durch die
Inunctionskur zu erzielen sind: inwiefern unsere Thermen die Heilbestrebungen zu unterstützen vermögen, darüber werde ich im Laufe
dieses Kapitels noch zu sprechen haben; was ich nur wiederholt hier
hervorheben will, ist lediglich der Umstand, dass die richtig gewählte,
sorgfältig geleitete Inunctionskur hier wie überall von den schönsten
sichtbaren Erfolgen begleitet sein wird, und dass dieselbe nun und
nimmermehr in den Händen des erfahrenen Arztes irgend welche
Gefahren mit sich zu bringen vermag. — Es handelt sich zunächst
hiebei um die Art ihrer Anwendung, die indessen, wie mir scheint,
heutzutage überall die nämliche sein wird: 4, 5, 6 Gramm pro die
der gewöhnlichen grauen Salbe werden von geübten Einreibern
15—20 Minuten lang und zur Vermeidung leicht entstehenden Haut-
exanthems in verschiedene Stellen des Körpers so eingerieben, dass
jene Salbenquantität am 1. Tage in beide Waden, am 2. Tage in
beide Oberschenkel, am 3. in Bauch und Brust, am 4. in Rücken
und Seitentheile des Thorax, am 5. in beide Arme verrieben wird;
in der zuerst von Vincent[8]) und später von deutschen Syphilidologen (Schuster[9]), Oberländer[10]) eingeführten harten und
weichen Quecksilberseife habe ich einen Vorzug vor der Salbe
nicht aufzufinden vermocht; Unna[11]) wendet statt der Quecksilbersalbe eine Quecksilbermulle an. Diese Einreibungen werden fortgesetzt, so lange noch sichtbare syphilitische Erscheinungen vorhanden sind. Seitdem schon mit Beginn der Kur die gebräuchlichen
und bekannten Mundwässer mit chlorsaurem Kali, essigsaurer Thon-
erde, Ratanhia- und Myrrhentinctur und vielen anderen Mitteln

zur Verwendung kommen, begegne ich wenigstens nur äusserst
selten den sonst so lästigen und auch gefahrvollen Affectionen
des Mundes und einer übermässig gesteigerten Salivation; wurde
letztere ehedem als ein erwünschtes Zeichen beginnender Merkur-
wirkung angesehen, so suchen wir derselben heutzutage mit allen
uns zu Gebote stehenden Mitteln zu begegnen und ich darf wol
gestehen, dass ich seit Jahr und Tag unter den vielen Kranken,
die ich einer energischen Inunctionskur unterworfen habe, nur
äusserst selten Kranken begegnet bin, bei denen die Inunctionen
wegen stärkerer Mundaffectionen hatten unterbrochen werden
müssen. Nicht schwieriger als jenen Affectionen des Mundes ist
auch den zuweilen bei der Inunctionskur sich einstellenden dysen-
terischen Zuständen mit einigen Dosen Ol. Ricini zu begegnen; dieselben schwinden meistens ebenso schnell als sie gekommen. Dagegen
bin ich schon Kranken begegnet, deren Hautorgan so empfindlich
war, dass weder die Einreibungen mit grauer Salbe, noch mit der
Quecksilberseife vertragen wurden und bei denen zur Anwendung
der sogleich zu besprechenden zweiten Methode, der Injectionsmethode, geschritten werden musste. Indessen gilt letztere immerhin
auch in meiner Praxis als Ausnahme- resp. Unterstützungsverfahren,
da ich vollkommen mit Vajda und Paschkis[12]) darin überein-
stimme, dass die Einreibung von grauer Salbe der chronischen
Natur des Syphilisprozesses noch am meisten angepasst erscheine,
weil bei den Inunctionen das Medikament in einer Weise deponirt
wird, dass der Organismus von dem Vorrath längere Zeit hindurch
zehren kann. Ob wir dabei aber Fournier[13]) folgen wollen, der
eine 2 Jahre lange intermittirende Behandlung eines jeden Kranken
mit Hydr. und Jodkalium verlangt, oder aber, wie andere Autoren
es wollen, erst die etwaigen Recidive abwarten sollen, um denselben
erst dann mit immer erneuter Anwendung der grauen Salbe zu
begegnen, darüber steht dem Syphilidologen von Fach eher das
Urtheil zu, als dem Oculisten; letzterer verliert den Kranken
meistens früher aus den Augen, als ersterer, der den seiner
Obhut sich anvertrauenden syphilitischen Kranken vom Initial-
affecte an meist Jahre lang bis zur vollständigen Tilgung aller
Symptome unter Augen behält. In die Behandlung des Augenarztes dagegen tritt der Kranke erst dann, wenn sich das Auge
im Verlaufe der Diathese afficirt zeigt — die Keratitis, die
Iritis, die Chorioiditis und Retinitis werden entweder beseitigt
und der Kranke ist dann nicht mehr das Objekt einer augenärzt-

lichen Behandlung, oder aber die Sehnervenatrophie, die Neuritis
optica haben zu vollkommener Erblindung geführt und auch in
diesem Falle verschwindet der Kranke meistens aus der Beobachtung
des Oculisten. Ich gestehe deshalb gerne ein, dass ich mir noch
kein abschliessendes Urtheil darüber gebildet habe, ob ich der
Fournier'schen intermittirenden Methode den Vorzug geben soll
oder ob der Kranke nur dann einer energischen Inunctionskur zu
unterziehen ist, wenn erneute Recidive das Fortbestehen der Syphilis
anzeigen. Für unsere hier zu besprechenden Zwecke genüge es
anzugeben, dass wir den Kranken so lange der Anwendung des
Quecksilbers und zunächst und vor Allem in der Form der
Inunctionskur zu unterziehen haben, so lange die Aussicht vorhanden
ist, die durch die Syphilis hervorgerufenen Affectionen des Sehorgans
zu beseitigen.

Ist aus irgend welchen Gründen die Inunctionskur nicht
anwendbar, so besitzen wir in der zuerst von Lewin[14]) empfohlenen
und energisch vertheidigten Injectionskur eine weitere Möglichkeit,
das Quecksilber dem Körper auf gefahrlose Weise einzuverleiben. Es
sind zu diesem Zwecke die verschiedensten löslichen Quecksilberverbindungen empfohlen worden. Lewin injicirt von einer Sublimat-
lösung (0,2 : 20) täglich eine Pravatz'sche Spritze voll; andere
setzten zu dieser Lösung noch Chlornatrium (2,0) hinzu. Bamberger empfiehlt das Pepton-Quecksilber:

> Hydr. bichlor. corrosiv. 0,25
>
> Natr. chlorat. 0,1
>
> Pepton. 0,25
>
> Aq. destill. 20,0

Liebreich das Hydrargyrum formamidatum (0,2—0,4 : 20), andere
Autoren empfehlen wieder andere Lösungen. 30—60 solcher
Injectionen, durch welche dem Syphilitischen täglich 0,005—0,015
Gramm Hydr. einverleibt wird, sollen genügen, auch schwerere
Formen zur Heilung zu bringen. Da indessen alle diese leicht
löslichen und leicht resorbirbaren Mittel, wie die elektrolytischen
Harnuntersuchungen es ergeben haben, auch ebenso schnell wieder
ausgeschieden werden, so dürften sie für unsere Zwecke weniger
tauglich sein, da es sich für uns darum handelt, eine langsame,
stetige und anhaltende Wirkung auf das zu seiner Wiederherstellung
stets längere Zeit erfordernde Sehorgan zu erzielen. Ich mache
deswegen von der Anwendung dieser leicht löslichen Quecksilber-

präparate zu Injectionen bei der Behandlung schwerer Augenleiden keinen Gebrauch mehr. Dagegen mache ich in jenen Fällen, in welchen die sonst unübertreffliche Inunctionskur nicht verwendbar ist, von den Einspritzungen unlöslicher Quecksilbermittel, zumal des Calomel, den ergiebigsten Gebrauch. Scarenzio [15]) war der Erste, welcher schon im Jahre 1864 die Einspritzung von in Wasser suspendirtem Calomel empfahl, doch konnte sich diese Methode wegen der Schmerzen, welche mit derselben verbunden waren, der häufigen Abscesse und der langwierigen Indurationen an der Injectionsstelle nicht lange erhalten. Erst seitdem durch Smirnoff das Calomel in Glycerin, durch Balzer in Vaselinöl, durch Neisser in Kochsalz mit und ohne Gummizusatz und durch eben denselben Autor in Olivenöl in der Formel:

Calomelan. vapore par. 5,0

Ol. Olivarum 50,0

suspendirt wurde, erfreuen sich diese Einspritzungen einer allgemeinen und wolverdienten Beliebtheit. Wird die kleine Operation der Einspritzung unter Anwendung antiseptischer Kautelen ausgeführt, so treten die soeben angeführten Inconvenienzen wenig oder gar nicht in die Erscheinung. Eine nach jeder Einspritzung sorgfältig gereinigte Injectionsspritze, durch deren Nadel nach jeder Einspritzung etwas Carbolöl hindurchgespritzt wird, das tiefe Einführen der scharfen Nadel in die Glutäalmuskeln sind wol im Stande, Abscesse zu verhindern. Ich wenigstens habe unter mehr als 150 Injectionen mit Calomelöl nur 1 Mal einen Abscess entstehen sehen; mehr weniger schmerzhafte Indurationen bleiben zuweilen 5—8 Tage bestehen und sind dem Kranken beim Gehen etwas hinderlich; übrigens sind diese Einspritzungen nur in Zwischenräumen von 8 Tagen anzuwenden und auch wenig schmerzhaft. Ich wende dieselben auch gerne dort an, wo die luetischen Symptome trotz einer energischen Einreibungskur nicht weichen wollen, führe somit dem Kranken dann auf zweifache Weise grosse Mengen Quecksilber zu. Ueber die von Watraszewski empfohlenen Einspritzungen mit Hydr. oxyd. flav., sowie über das von Lang empfohlene Oleum cinereum fehlen mir die Erfahrungen; ich habe bisher noch keine Veranlassung gehabt, von den Calomel-Einspritzungen in jenen soeben hervorgehobenen Fällen Abstand zu nehmen.

Durch diese Einspritzungen unlöslicher Quecksilbermittel wird gewissermassen ein intramuskuläres Quecksilberdepot etablirt, von dem unter Einwirkung des in den Körpersäften enthaltenen Eiweiss und des Kochsalz anhaltend lösliche Quecksilbermengen sich abspalten und in die Blutmasse resorbirt werden, da, wie die Harnuntersuchungen ergeben haben, Wochen lang die Quecksilberausscheidung nach einer Einspritzung vor sich geht. So sehr ich nun auch von diesen Einspritzungen eingenommen bin, so lässt sich doch nicht leugnen, dass wir durch sie dem Körper eine ziemlich grosse Menge Quecksilber zuführen, über die wir nach der Einspritzung absolut keine Herrschaft mehr haben; die Mengen, welche von der injicirten Masse sich fortwährend abspalten und in den Blutstrom aufgenommen werden, wirken anhaltend weiter, selbst wenn wir aus irgend welchen Gründen — vielleicht wegen beginnender Intoxicationserscheinungen — deren Einwirkung zu unterbrechen oder zu verhindern uns veranlasst fühlen sollten. Ist mir selber hiebei auch noch kein ungünstiger Zufall begegnet, so will ich doch nicht unerwähnt lassen, dass Prof. Runeberg [16]) in Helsingfors einen Fall von Quecksilberintoxication mit tödtlichem Ausgang nach subkutaner Calomel-Injection veröffentlichte; es handelte sich dabei um eine 34 Jahre alte syphilitische Person, bei welcher allerdings die Complication mit einer bösartigen Anämie den traurigen Ausgang höchst wahrscheinlich verschuldet hatte. Runeberg führt ferner einen von Kraus auf der syphilitischen Abtheilung des Dr. Zarevicz in Krakau beobachteten ähnlichen Fall an, in welchem ebenfalls durch Quecksilberintoxication nach Calomel-Einspritzungen diphtheritische Infiltrationen des Dickdarms sich entwickelt hatten; ähnliche Fälle sind auch auf Smirnoff's Abtheilung beobachtet. Wenn nun auch die meisten dieser unglücklichen Ausnahmefälle bei anämischen, schwächlichen und durch vorausgegangene Krankheiten geschwächten Individuen vorgekommen sind, so sind doch auch noch individuelle Empfindlichkeiten gegen dieses Mittel nicht ausser Acht zu lassen, die sich leider von vorneherein nicht erkennen lassen. Wir werden deswegen bei der Verwendung unlöslicher Quecksilbermittel zu Injectionen mit einiger Vorsicht verfahren müssen und keinesfalls mehr als 0,1 Gramm in 8 tägigen Zwischenpausen und nur bei gut genährten, kräftigen Individuen verwenden dürfen; ich denke, dass hiebei Unglücksfälle kaum vorkommen werden.

Das zweite Mittel, welches der Allgemeinbehandlung bei syphilitischen Augenleiden dient, ist bekanntlich das schon seit William Wallace [17]) empfohlene Jodkalium, welches entweder allein oder in Verbindung mit der Einreibungskur angewandt wird. Die Wirkung auf den syphilitischen Prozess ist indessen eine weit beschränktere, als die des Quecksilbers, da es fast nur in dem späteren, dem gummösen, Stadium zur Geltung kommt; im Uebrigen hindert oder vermindert dasselbe, wie Stuchow nachgewiesen hat, die Elimination des Quecksilbers durch den Harn. Es wird deshalb gerne noch längere Zeit nach Beendigung der Inunctionskur angewandt, um die Wirkung des Merkurs zu verlangsamen. Neben dem Jodkalium hat sich das Jodnatrium, Jodammonium, Jodcalcium und Jodmagnesium kein Terrain erwerben können, weil deren Wirkung unsicher ist.

Wir sahen, dass das Quecksilber erst dann resorbirt wird und daher erst dann seine heilende Wirkung auf die Lues auszuüben vermag, wenn dasselbe unter dem Einflusse des Bluteiweiss in lösliches Quecksilberalbuminat umgewandelt wird; es werden deshalb alle jene Mittel, welche die Aufnahme des Quecksilbers, dessen Umwandlung und dadurch dessen Resorbirbarkeit befördern, als Unterstützungsmittel jeder antisyphilitischen Kur und dadurch als indirekte Heilmittel der Syphilis angesehen werden müssen. Theils aus theoretischen Gründen, zum Theil aber auch aus praktischen Erfahrungen hat sich die Verbindung von Einreibungskuren mit dem Gebrauche von Thermalwässern, besonders von Schwefelthermen nach dieser Richtung hin bewährt. Bekanntlich ist es noch nicht lange her, dass den Schwefelthermen, namentlich denen von Aachen, von hiesigen wie von auswärtigen Aerzten eine spezifische Wirkung auf die Heilung der Syphilis zugeschrieben wurde; diese unrichtige Anschauung, die nur allzu häufig durch das Ausbleiben der erhofften und versprochenen Wirkung Lügen gestraft wurde, musste naturgemäss auch die Kuren an unsern Thermen in hohem Grade diskreditiren. Seitdem aber die Kenntniss von der Wirkung derselben auf ihr richtiges Maass zurückgeführt, dabei aber auch anerkannt ist, dass die Schwefelwässer ein mächtiges, vielleicht das wirksamste Unterstützungsmittel der antisyphilitischen Heilmittel darstellen, ist diese combinirte Methode als eine nicht hoch genug anzuschlagende Bereicherung angesehen worden; es hat sich daher das Vertrauen zu den Schwefelbädern wieder gehoben und wir sehen deshalb heutzutage, dass hier wie an anderen ähnlich wirkenden Quellen sich die syphilitischen Patienten der ganzen Welt ihr Rendez-vous geben. Auch Siegmund [18]) erkennt an, dass die Verbindung der antisyphilitischen Kuren mit der Balneotherapie nicht nur einem indi-

viduellen und socialen Bedürfnisse entspricht, sondern dass sie auch
die Heilung der syphilitischen Leiden in hohem Grade begünstigt,
vorausgesetzt, dass durch sie die Regelung und Steigerung des Stoff-
umsatzes und der Ernährung nicht beeinträchtigt, sondern gefördert
wird. Sehen wir daher zu, ob die Schwefelthermen diesen An-
forderungen zu genügen geeignet sind.

Was zunächst die Wirkung der beiden Hauptbestandtheile des
Aachener Thermalwassers, der Schwefelalkalien und des Chlornatrium,
betrifft, so hat mein verstorbener College Reumont[19]) in einer inhalts-
reichen und lesenswerthen Abhandlung hierüber seine Ansichten und
die anderer Autoren ausführlicher mitgetheilt. Er kommt dabei zu
dem Resultat, dass die pharmakodynamische und physiologische
Wirkung des Schwefels und seiner Verbindungen auf den Organismus
eine complicirte, sich auf verschiedene Organe erstreckende ist. Er
betont die Vermehrung der Gallensecretion, die Steigerung der
physiologischen Thätigkeit der Leber, ferner, wie schon Böker und
Eulenberg erwiesen haben, eine stärkere Ausscheidung des Harnstoffs und der Harnsäure und hiedurch eine direkte Vermehrung des
Stoffwechsels innerhalb der stickstoffhaltigen Gewebe. Was ferner die
Wirkung des Chlornatrium beträfe, so bewirke es nach Liebig eine
Steigerung der endosmotischen Aufnahme der Nahrungsmittel in die
Chylusgefässe des Darmkanals, also eine Erhöhung des Ernährungs-
prozesses; ferner wirke es beschleunigend auf den Umsatz der
stickstoffhaltigen Gewebe, steigere dadurch die Ausscheidung von
Harnstoff und vermehre die Harnausfuhr. Mit diesen theoretisch
gestellten Forderungen stehen durchaus im Einklang die praktischen
Erfahrungen und experimentellen Untersuchungen Beissel's[20]).
„Es fand sich", sagt Beissel wörtlich, „dass die Menge des nach
einem Aachener Vollbade ausgeschiedenen Harns eine verminderte
war. In den ersten 4 Stunden nach dem Bade betrug dieselbe
230—350 Cub.-Ctm.; die Tagesmenge betrug 1100—1400 Cub.-Ctm.
gegen 1650—1800 Cub.-Ctm. an Normaltagen. Dahingegen war
das specifische Gewicht des Harns, also die Concentration desselben, eine erhöhte. Dasselbe betrug 1019—1022. Der Harn ent-
hielt einen hohen Prozentsatz an Harnstoff und Harnsäure: $2,9^0/_0$
Harnstoff und $0,06^0/_0$ Harnsäure gegen $1,90—2,15^0/_0$ Harnstoff
und $0,05^0/_0$ Harnsäure an Normaltagen. Trotzdem war die in
24 Stunden ausgeschiedene Summe dieser Bestandtheile entsprechend
der geringeren Menge des Harnwassers eine verminderte. So betrug
die Gesammtmenge des Harnstoffs nur 31,50—32,60 Gramm gegen

34,20—35,47 Gramm an Tagen, an denen nicht gebadet wurde. Auch die Harnsäure war entsprechend dem Harnstoff auf 0,7 vermindert gegen 0,9—1,2 an Normaltagen." Endlich fand Beissel auch die Gesammtmenge der ausgeschiedenen Schwefelsäure entsprechend der verringerten Quantität des Urins vermindert. Diese Verminderung der 24stündigen Ausscheidung des Harnstoffs, der Harnsäure und der Schwefelsäure ist jedoch nur eine scheinbare. Wie Beissel angiebt, war die Absonderung des Urins an den Badetagen eine verminderte, da durch vermehrte Blutüberfüllung und Secretion der Haut der Blutdruck in den Gefässen der Nieren herabgesetzt und dadurch die Menge des entleerten Urins vermindert wird. Die Menge des ausgeschiedenen Urins genügt aber, wie Beissel deducirt, nicht, um dem Blute grössere Mengen Harnstoff zu entziehen, wodurch gewissermassen eine Retention jener drei Stoffe stattfindet. Jene Verminderung von Harnstoff, Harnsäure und Schwefelsäure wandelt sich sofort in eine vermehrte Ausscheidung um, sobald mit der Badekur noch die innerliche Anwendung unseres Schwefelwassers verbunden wird. Ein Blick auf die auch nach dieser Richtung hin exakte und einwurfsfreie Untersuchung Beissel's auf S. 35 seiner Brochüre beweist die Richtigkeit des Gesagten: während an Normaltagen in 24 Stunden 34,2—35,47 Gramm Harnstoff ausgeschieden wurde, wurde die Quantität desselben unter Anwendung der Trinkkur auf 40,5 Gramm gesteigert; während die Ausscheidung der Harnsäure an Normaltagen 0,41—0,70 Gramm betrug, stieg sie bei dem kurmässigen Gebrauch des Schwefelwassers auf 1,21 1,25 Gramm in 24 Stunden, während endlich die Menge der ausgeschiedenen Schwefelsäure in 24 Stunden 2,62—2,72 betrug, stieg dieselbe nach dem Genuss von 1200 Cub.-Ctm. Thermalwasser auf 2,97—3,230 in 24 Stunden. Zur Controlle verabreichte Beissel dem Versuchsindividuum an einem anderen Tage 1200 Cub.-Ctm. Brunnenwassers und fand dabei eine 24stündige Ausscheidung des Harnstoffs von 37,5, der Harnsäure von 0,40, der Schwefelsäure von 2,18 Gramm. — Wir sehen somit, dass das was Siegmund, Reumont u. A. theoretisch forderten, sich experimentell sowol wie praktisch bestätigt hat: dass nämlich bei dem Gebrauch unseres Schwefelwassers in Form von Vollbädern, Douchen und Dampfbädern bei gleichzeitiger innerer Anwendung desselben eine starke Hebung des Stoffwechsels eintritt; dementsprechend bemerken wir bei unseren Kranken fast ausnahmslos ein stärkeres Bedürfniss nach Speisen, einen regeren Appetit und eine Zunahme des Körpergewichtes.

Eine andere nicht gering anzuschlagende Wirkung unseres Thermalwassers ist die auf die Hautthätigkeit; durch den Gehalt an Soda findet eine Verseifung der Hautfette statt, die Haut wird geschmeidig, die Poren der Hautdrüsen werden geöffnet, die Hautkultur somit derartig gefördert, dass das Quecksilber leichter aufgenommen werden kann. Da ferner schon bei gewöhnlicher Temperatur eine Verdampfung des Quecksilbers vor sich geht und diese, wie wir sahen, mit Steigerung der Temperatur stetig wächst, so muss dieselbe auch um so grösser werden, je mehr durch die Temperatur des Wassers und dessen Gehalt an Kochsalz die Haut wärmer, turgescenter geworden ist; ferner ist auch der Kochsalzgehalt des Wassers geeignet, das in die Poren eingedrungene Quecksilber in lösliche Verbindungen überzuführen und hiedurch dessen Resorptionsfähigkeit zu steigern. Endlich befördert das Aachener Schwefelwasser auch die Eliminirung des Quecksilbers durch Se- und Excrete, wie das u. A. von Güntz[21]) nachgewiesen ist. Güntz constatirte bei einer grossen Zahl von Kranken, die früher einer Quecksilberkur sich unterzogen hatten, eine stetige Ausscheidung des Metalls, sobald das Aachener Schwefelwasser getrunken wurde; hiebei wurde noch besonders betont, dass vor dem Gebrauch des Schwefelwassers die Ausscheidung des Merkurs nicht stattgefunden hatte. Diese Eliminirung des Quecksilbers durch Urin, Fäces u. s. w. ist von Aerzten und Chemikern in zahlreichen Fällen bei solchen Kranken nachgewiesen worden, die sich hier einer combinirten antisyphilitischen Kur unterzogen hatten. Fasse ich das über die Mitwirkung des Aachener Thermalwassers bei Quecksilberkuren Gesagte zusammen, so fanden wir:

1) dass die Haut durch Verseifung der Fette und Oeffnung der Poren weich und geeignet gemacht wird zur Aufnahme des Quecksilbers;

2) dass das Quecksilber durch die sorgfältige Manipulation des Einreibens in die warme turgescirende Haut leichter in Dampfform umgewandelt wird; der Quecksilberdampf dringt durch die Haut und die Athmungsorgane in den Körper ein und wird hier unter dem Einfluss des Bluteiweisses in lösliche Quecksilberverbindungen übergeführt und resorptionsfähig gemacht;

3) dass bei dem gleichzeitigen Gebrauch des Aachener Schwefelwassers die Ausscheidung des Quecksilbers wieder vor sich geht, selbst wenn dieselbe früher schon sistirt hatte;

    4) dass durch den Gehalt des Wassers an Schwefelalkalien und Kochsalz der Stoffumsatz wesentlich erhöht wird, was durch die vermehrte Ausscheidung von Harnstoff, Harnsäure und Schwefelsäure nachgewiesen wird.

Es sind somit hier alle Bedingungen gegeben, um die durch das Allgemeinleiden geforderte Quecksilberbehandlung in der energischsten Weise selbst lange Zeit hindurch fortzusetzen, ohne dass hiedurch dem Allgemeinbefinden des Kranken auch nur der geringste Schaden zugefügt wird: wir sehen deswegen fast nie bedenklichere Affectionen der Mund- und Magenschleimhaut, sehr selten solche des Darmes, das Aussehen fast aller unserer Kurgäste wird ein besseres, die Waage zeigt fast ausnahmslos eine Zunahme des Körpergewichtes und die Symptome der Syphilis schwinden entsprechend der Einwirkung des Merkurs in kürzerer oder längerer Zeit. Ferne sei es von mir, diese günstige Wirkung ausschliesslich für Aachen, als den Ort meiner eigenen Thätigkeit, in Anspruch nehmen zu wollen; sicherlich werden dort, wo ähnliche günstige Verhältnisse für die Aufnahme, die Resorption, die Umwandlung und die Ausscheidung bestehen, als in Aachen, auch ähnlich gute Resultate erzielt werden, vorausgesetzt, dass die Einreibungen in zweckentsprechender und energischer Weise gemacht werden. Mir genüge es, hier die segensreiche Rolle kurz besprochen zu haben, welche die Aachener Schwefelwässer seit vielen Jahrzehnten als unterstützendes Moment bei Behandlung der Syphilis mit Merkur spielen und auch meinerseits dazu beigetragen zu haben, unbegründete Anfeindungen der Schwefelwässer von berufener und unberufener Seite zurückgewiesen, wie übertriebene und unberechtigte Ansprüche an dieselben auf ihr richtiges Maass zurückgeführt zu haben.

Was nun von der Behandlung der Syphilis im Allgemeinen gilt, gilt in erster Linie auch von der Behandlung der luetischen Augenleiden. Sowie wir es mit einer chronischen Erkrankung des Drüsen- und des Lymphsystems, einer Infection der Blutmasse zu thun haben, die zu ihrer Beseitigung einer langen und energischen Einwirkung des Heilmittels bedarf, so zeichnen sich, wie ich zu wiederholten Malen im Laufe dieser Abhandlung es schon erwähnt habe, auch die syphilitischen Augenleiden durch ihre Hartnäckigkeit, wie die Häufigkeit ihrer Recidive vor ähnlichen idiopathisch entstandenen Augenleiden aus; wir dürfen uns deshalb bei den uns beschäftigenden Augenkrankheiten um so weniger mit schwächlichen Massnahmen, mit verzettelten kleinen Merkurkuren begnügen, als die einmal in die Gewebe des Auges gesetzten syphilitischen Producte, sowie auch die sekundär auftretenden Functionsstörungen der Augennerven und Augenmuskeln Seitens der syphilitisch erkrankten Centralorgane leicht zu irreparabelen Veränderungen des Sehorgans Veranlassung geben können. Ich kann es daher nicht häufig genug wiederholen, dass, vielleicht mit einziger Ausnahme der Sehnervenatrophien, denen gegenüber, selbst wenn sie auf luetischer Basis beruhen, eine energische Merkurbehandlung stets ein zweischneidiges Schwert bleibt, dass, sage ich, mit dieser einzigen Ausnahme sämmtliche syphilitische Augenleiden einer energischen, lange Zeit fortgesetzten Behandlung mit grossen Dosen Quecksilbers bedürfen, dass dabei die grösste Aufmerksamkeit auf das Allgemeinbefinden des Kranken verwandt werden muss und dass alle jene Unterstützungsmittel zu gebrauchen sind, welche in geeigneter Weise die Ernährung des Kranken heben und den Stoffumsatz befördern. Ob dieser Zweck besser in der Heimath oder in einem Krankenhause oder endlich unter gleichzeitiger Anwendung der kochsalzhaltigen Schwefelwässer erreicht wird, das wird der vorsichtige und gewissenhafte Arzt im Interesse seiner Kranken zu entscheiden haben.

Ueber die lokale Behandlung der syphilitischen Augenleiden kann ich mich kurz fassen; sie unterscheidet sich in nichts von der Behandlung ähnlicher idiopathisch entstandener Augenleiden und ist nach jenen allgemein bekannten Gesichtspunkten zu leiten, wie sie ein jedes Handbuch dem Leser darbietet. Nur einige wenige Bemerkungen mögen hier Platz finden.

Zunächst möchte ich dem noch vielfach bestehenden Vorurtheil begegnen, als ob Operationen am Auge von Syphilitischen prognostisch ungünstiger seien, als dieselben Operationen an den Augen anderer Kranken. Operationswunden an den Lidern, der Cornea, der Iris, selbst Enucleationen heilen bei Syphilitischen unter sorgfältiger Antisepsis so schnell und so gut, wie bei Nichtsyphilitischen; sie sind deshalb überall dort auszuführen, wo die Indicationen zu denselben gegeben sind. Iridectomien habe ich bei Syphilitischen wegen totaler Synechie, wegen recidivirender Iritis und Irido-Cyclitis häufig ausgeführt und nie einen Nachtheil davon gesehen. Von der Lösung einzelner zipfelförmiger Synechien, wie sie von Passavant empfohlen worden, habe ich schon seit vielen Jahren Abstand genommen; vereinzelt stehende Verwachsungen der Iris mit der Linsenkapsel pflegen ohne Nachtheil das ganze Leben hindurch ertragen zu werden, können häufig genug auch noch durch abwechselnde Anwendung des Mydriaticum und des Myoticum gelöst werden; ist dagegen die Verwachsung schon eine festere und derbere, so führt das Fassen und Loslösen der Iris von der Linsenkapsel leicht zu Läsionen der letzteren. — Bei Hornhauterkrankungen, besonders bei der Kerat. parenchymatosa pflege ich von Cataplasmen einen ergiebigen Gebrauch zu machen und wende Atropin resp. Duboisin nur in denjenigen Fällen an, wo die Iris geschwellt erscheint oder wo bereits eine ausgesprochene Iritis vorhanden ist; in allen übrigen Fällen ist die Anwendung des Mydriaticum zum Mindesten überflüssig; dagegen wird die Punktion der vorderen Kammer gerne von mir dann ausgeführt, wenn bei Erkrankungen der Cornea resp. des Uvealtractus das Kammerwasser auch nur eine geringe Trübung zeigt; ich habe gefunden, dass der Prozess durch häufige Paracentesen wesentlich abgekürzt werden kann. — Bei Exsudationen in den Glaskörper haben sich mir Pilocarpin-Injectionen bewährt, während ich bei der Chorio-Retinitis, sowie bei der Retinitis syph. neben den Inunctionen resp. den Injectionen von Calomel gerne die Holztränke, besonders das Decoct. Zittmanni verwende; dasselbe geschieht auch bei beiden Formen der Neuritis optica.

Was die Sehnervenatrophien betrifft, so erwähnte ich bereits, dass die energische Anwendung des Merkurs überall dort, wo sich bereits ein Atrophirungsprozess mit Herabsetzung des centralen wie des peripheren Sehens und quantitativer wie qualitativer Verringerung des Farbenunterscheidungsvermögens perimetrisch nachweisen lässt, dass in allen diesen Fällen eine jede energische Merkurbehandlung von zweifelhaftem Werthe ist. Wenn mir gesagt ist, dass Sehnervenatrophien rückbildungsfähig sind, so zweifle ich an der Richtigkeit der gestellten Diagnose; wol ist es mir in denjenigen Fällen, in denen es sich um Druckatrophien handelte, zuweilen gelungen, den Status quo zu erhalten — eine Heilung des durch welche Ursache auch immer eingeleiteten Atrophirungsprozesses der Nervenfaser, einen Zerfall und Rückbildung des neugebildeten Bindegewebes halte ich für ausgeschlossen. Ich habe daher in den ersten Jahren meiner hiesigen Praxis, wo ich, wie auch andere Collegen es thaten, solche Fälle luetischer Natur mit energischen Merkurkuren behandelte, dieselben häufig mit totaler Erblindung endigen sehen. Seitdem ich gewissermassen tastend und probirend vorwärts gehe, das centrale wie das periphere Sehen und auch das Farbenunterscheidungsvermögen wöchentlich 2—3 Mal perimetrisch untersuche, haben sich in meiner Praxis dergleichen Unglücksfälle nicht wieder zugetragen. Indessen entsinne ich mich doch eines Falles, der trotz aller Vorsicht unter meinen Augen mit Erblindung endigte. Von einem unserer ersten Autoritäten auf dem Gebiete der Augenheilkunde wurde mir im Jahre 1884 ein Schauspieler überwiesen, bei welchem auf syphilitischer Basis rechterseits eine totale Sehnervenatrophie vorhanden war, während linkerseits noch volle Sehschärfe constatirt und Jaeger 1 gelesen wurde; nach der 20. Einreibung fand ich eine geringe Einengung des peripheren Sehens, und trotzdem ich sofort mit der Kur sistirte, konnte doch dem weiteren und rapiden Verfall des Sehvermögens nicht mehr Einhalt gethan werden. Ich stehe demnach heute wieder genau auf demselben Standpunkt, den vor 30 Jahren v. Graefe dieser Frage gegenüber einnahm; schon damals rieth Graefe zu der grössten Vorsicht bei der Anwendung des Quecksilbers in Fällen von Sehnervenatrophien, seien dieselben cerebraler oder spinaler Natur. Tonisirende Behandlung mit Jod und Jodeisen, Elektrizität mittels des constanten Stromes, Strychnin, Argent. nitr. etc. sind die Mittel, welche ich in solchen Fällen anzuwenden pflege. Wenn ich bei einer solchen Behandlung nun auch keine Atrophie zu heilen und die Erblindung zu hindern vermag, so habe ich wenigstens das Bewusstsein, durch die von mir empfohlene Behandlung den Verfall der Nervensubstanz und die vollständige Erblindung nicht beschleunigt zu haben.

Von dem inducirten wie dem constanten Strom mache ich auch bei Augenmuskellähmungen syphilitischer Natur vielfachen Gebrauch; auch die von Michel[22]) anempfohlene Manipulation hat mir in einzelnen Fällen gute Dienste geleistet. Michel führt passive Bewegungen dadurch aus, dass er über der Bulbalinsertion des gelähmten Muskels die Conjunctiva mit der Fixirpinzette fasst und den Bulbus in der Richtung der Wirkungssphäre des gelähmten Muskels möglichst weit hinaus- und dann wieder zurückführt.

Bei Erkrankungen der Knochenhaut wird neben den Inunctionen das Jodkalium in grossen Dosen gegeben. Betreffs aller übrigen Punkte verweise ich nochmals auf die Hand- und Lehrbücher der Augenheilkunde.

Literatur.

1. Simon: Syphilis. Virchow's Handbuch der Pathologie und Therapie Bd. II, 1, S. 470.
2. Fürbringer: Experimentelle Untersuchungen über die Resorption und Wirkung des regulinischen Quecksilbers der grauen Salbe. Virchow's Arch. Bd. LXXXII, Abth. 3, S. 491.
3. Dr. Wings: Ueber Abdunstung des Quecksilbers aus dem bei der Inunctionskur in Anwendung kommenden Unguentum hydrargyri cinereum. Vierteljahrschr. f. Dermatol. u. Syphilis.
4. Massa: De Morbo Gallico. Liber I.
5. H. Paschkis: Ueber Quecksilberräucherung. Vierteljahrschr. f. Dermatol. u. Syphilis 1878, S. 415.
6. H. Lee: Lectures on syph. and vaccino-syph. inocul., London 1863, S. 319.
7. Siegmund: Ueber neuere Behandlungsweisen der Syphilis. Wiener Klinik, II. Jahrgang, 1876.
8. Savon neapolitain du Dr. Vincent.
9. Schuster: Die Merkurseife. Vierteljahrschr. f. Dermatol. u. Syphilis 1882, S. 45.
10. Oberländer: Ibidem S. 709.
11. Unna: Die Quecksilbermulle. Berliner klin. Wochenschr. 1881, S. 408.
12. Vajda und Paschkis: Ueber den Einfluss des Hydrargyrum auf den Syphilisprozess, Wien 1880, S. 295.
13. Fournier: Méthode des traitements successifs in des Leçons sur la Syphilis, Paris 1873, S. 1091.
14. Lewin: Die Behandlung der Syphilis mit subcutaner Sublimatinjection. Berlin 1869.
15. Smirnoff: Behandlung der Syphilis mittels subcutaner Calomel-Injection. Helsingfors 1883.
16. Runeberg: Quecksilberintoxication mit tödtlichem Ausgang nach subcutanen Calomel-Injectionen. Deutsche med. Wochenschr. 1889, No. 1.
17. William Wallace: Jodine oder Merkur gegen Syphilis. Vorlesungen. The Lancet 1835, 36.
18. Siegmund: l. c. S. 310.
19. Reumont: Die Schwefelquellen in Valentiners Balneotherapie. Berlin 1873.
20. Beissel: Balneologische Studien. Aachen 1882.
21. Güntz: Neue Erfahrungen über die Behandlung der Syphilis und Quecksilberkrankheit. Dresden 1878.
22. Michel: Ueber eine orthopädische Behandlung von Augenmuskellähmungen. Zehender's klin. Blätter f. Augenheilk. Bd. XV, S. 373.

Ferner: Behrend: Syphilidologie. — Neisser: Deutsche med. Wochenschrift 1884. — Fürbringer: Sitzungsbericht der Jenaischen Gesellsch. f. Medizin und Naturwissenschaften, 7. Mai 1880. — Joseph: Deutsche med. Wochenschr. 1888, No. 42. — Dontrelepont: Deutsche med. Wochenschr. 1888, No. 38. — Bamberger: Wiener med. Wochenschr.

Sach- und Namen-Register des ganzen Werkes.